政府会计制度下事业单位预算管理研究

周罕　金丽莹　郑煜　张颢　著

中国纺织出版社有限公司

图书在版编目（CIP）数据

政府会计制度下事业单位预算管理研究 / 周罕等著
. -- 北京：中国纺织出版社有限公司，2023.1
ISBN 978-7-5229-0323-1

Ⅰ.①政… Ⅱ.①周… Ⅲ.①行政事业单位—预算管理—研究—中国 Ⅳ.①F812.3

中国国家版本馆 CIP 数据核字（2023）第 021238 号

责任编辑：张　宏　　责任校对：高　涵　　责任印制：储志伟

中国纺织出版社有限公司出版发行
地址：北京市朝阳区百子湾东里 A407 号楼　邮政编码：100124
销售电话：010—67004422　传真：010—87155801
http://www.c-textilep.com
中国纺织出版社天猫旗舰店
官方微博 http://weibo.com/2119887771
三河市宏盛印务有限公司印刷　各地新华书店经销
2023 年 1 月第 1 版第 1 次印刷
开本：787×1092　1/16　印张：13.5
字数：265 千字　定价：98.00 元

前言
Preface

　　预算管理工作能够对事业单位发展情况进行规划，并对工作内容进行统筹安排，提高事业单位的管理效率，节约资金，提升资源使用率，因此，预算管理工作对于事业单位发展起着重要作用。而在新《政府会计制度》下，事业单位预算管理工作需要进行相应调整，做好细节方面的优化，转变以往的预算管理意识，以实现预算管理工作的优化，提升资金使用水平，解决预算管理工作中存在的不足之处。只有这样事业单位才能符合当前社会各方面对于其工作职能方面的需求，在提供良好社会服务的同时改善经营状况。

　　新《政府会计制度》对事业单位预算管理工作的内容进行了一定范围的调整，对于事业单位预算管理工作水平的提升起到了推动作用，能够帮助事业单位更好地对各项资源统筹安排，提高了资源使用效率。同时，在新的制度当中，会计核算科目等方面的调整，如固定资产处理的变化，也使事业单位财务人员能够更加全面地了解单位内部的资产情况，为预算管理工作的准确性提供了基础。

　　另外，由于新《政府会计制度》采取权责发生制处理部分会计内容，事业单位可以对财政性资金的使用效益进行合理评估，根据资金使用情况调整预算编制与预算执行等内容，更加真实地反映事业单位的实际情况，提高预算管理的准确性与科学性。但是权责发生制的引入，会在一定程度上与收付实现制的原有工作内容产生冲突，这时需要工作人员根据工作形式进行一定的调整，优化工作细节，保障新旧制度内容可以实现良好衔接。

　　总体而言，在社会经济结构深化改革的大环境下，新《政府会计制度》的实施，能够对事业单位预算管理工作进行强化，对各项资源合理筹划，确保资金使用精确度进一步提升；同时，有助于事业单位做好资金方面的监督管理工作，保证资金使用能够做到专款专用，兼顾事业单位工作的社会效益与经济效益，而且能够在一定程度上提高绩效考核的规范性，帮助事业单位更好地行使自身职能，顺应时代发展趋势。基于此，《新政府会计制度下事业单位预算管理研究》分为6章，就新政府会计制度对事业单位预算管理的影响进行了分析，首先阐述了新政府会计制度及事业单位预算会计的相关概念；然后指出了新政府会计制度执行后事业单位预算会计工作发生的变化，并分析了新政府会计制度对事业单位预算会计产生的影响；提出了新政府会计制度执行之后对事业单位预算管理带来的挑战；最后针对所提供的问题提供针对性建议，旨在促进事业单位预算管理水平提升，为事业单位稳健发展提供一定保障。

著　者

2022 年 8 月

目录 Content

第一章　导论

第一节　研究背景

一、研究背景

党的十八届三中全会提出了建立权责发生制政府综合财务报告制度的重大改革措施，于2014年新修订的《预算法》对各级政府也提出了以权责发生制为基础编制年度综合财务报告的新要求。由于现行政府会计准则体系普遍采用收付实现制，而且最终主要是为了提供反映预算收支绩效的报告，难以准确、全面地反映政府资产负债"家底"和政府的实际运营成本，于是很难满足以权责发生制为核算基础的政府综合性财务报告编制的信息需求。

另外，由于当前政府会计领域存在着诸多制度并存、体系相对复杂、内容相互交叉、核算口径不一致等现象，导致各部门、各不同类型单位之间会计信息的可比性不高，因此经过汇总、调整后的政府财务报告信息质量也大大降低。所以，在新形势下，财政部对现行政府会计准则体系进行了相应的改革。

二、研究意义

我国现行预算会计制度的局限性主要体现在难以对政府资产负债状况进行准确、客观的反映，不能为有效防范财政风险、促进财政可持续性的长期增长提供可靠的信息支持；不能准确计算成本，不能科学合理地反映政府运行成本，不利于降低行政成本；对政府绩效考核工作的开展起着一定的阻碍作用。同时，使得政府财务报告信息的准确性、客观性以及全面性难以得到有效保证，不能充分、清晰地反映政府资产，不利于加强政府资产管理以及提高政府公共服务能力。各个行业的会计制度又是相互独立、相互分离的，不是一个有机的整体。

因此，建立全面、统一、规范、公开、透明的现代预算制度具有一定的紧迫性，建立新的政府会计制度可以加强政府资产负债管理，促进财政的可持续性。建立和有效实施预算绩效评价体系，可以科学地评价政府在履行受托责任方面的绩效情况，促进国家治理能力和治理水平的现代化，提高政府的信息透明度，为宏观经济决策提供有力依据。事业单位会计是我国政府会计的重要组成部分，新制度的许多变化主要是针对事业单位的会计内容，新增多个会计核算科目。为此，《政府会计制度下事业单位预算管理研究》通过对新版政府会计制度改革的新变化以及事业单位实施新制度后会计预算差异的研究，探讨事业单位在新制度实施后对会计预算的影响。这对推动我国事业单位实施政府会计制度改革，提升政府会计信息透明度，提高事业单位会计预算水平，都有着重大的理论意义和实践意义。

第二节 研究综述

一、基础概念规范研究

由于社会进程的推进和市场经济的深入发展，使得会计研究领域得到进一步扩大。从以往的理论研究来看，主要以规范性研究为主，而近年来诸多学者在开展相关研究过程中，主要以中美政府会计差异作为侧重点，如郭嘉、郭玲（2005）在《政府会计》一书中，从会计学角度对政府会计进行探讨，以会计主体、会计准则、会计要素、会计报告等方面作为切入点对中美政治政府会计展开了深层次的剖析。王帆和胡文华（2007）则在我国基本国情的背景下，选取了不同经济环境对中美两国的会计现状展开了综合全面的对比分析。

二、政府会计制度相关研究

伴随市场经济的高速发展，群众的思想价值观念不断发生变化，监督意识显著提升，给政府财政信息公开工作提出新的要求。基于此，国家需要立足基本实情做好政府会计改革具体工作，制定科学合理的发展政策。通过整理和收集研究成果可以发现，国家治理、政治体系等方面的革新能够促使政府会计改革工作发展，起到一定的推动作用。Davisand Bisman（2015）、陈志斌（2003）研究指出，新版政府会计和制度变革需要紧密融合，从而符合利益相关者的信息诉求 ❶。

（一）政府会计制度国外相关研究

欧盟在很早便认识到政府会计制度的革新具有重要意义，能够减少会计准则风险。因此欧盟不断展开研究和分析，揭露财政统计数据中的问题，然后完善欧盟公共部门会计准则（EPSAS）（欧盟统计局，2015）。权责发生制政府综合财务报告能够客观体现政府的财务情况，让更多的群众对其了解和掌握。如果采用收付实现制度，政府针对下属

---

❶ 陈志斌.公共受托责任：政治效应、经济效率与有效的政府会计 [J].会计研究，2003（6）：36-39.

部门等拖欠未偿还的款项将难以体现，最终导致财政赤字的不准确现象❶在研究中积极开展国际比较，发现财政透明度对财政绩效的影响主要是依托降低政府债务和保持财政平衡来实现的。但是，财政透明度的提高并不意味着没有财政风险，决策者和公众可以对潜在风险进行认知，提前采取合理的风险防范措施，将风险控制在合理范围。政府会计上权责发生制在采用内外部信息透明度和政府决策水平的同时，可以帮助政府绩效评价工作稳定发展。经济的快速发展给政府工作提出了新的要求，政府工作模式和理念需要得到升级，帮助实现现代化政府发展目标。很多国家开始投入政府会计权责发生制改革工作中，摒弃过去落后的政府预算和会计体系，对提高国家公共治理水平有很大助力。这些研究内容，让更多的公众熟知政府会计知识。Bernoth 和 Wolff（2008）研究指出，提高财政透明度能够有效降低财政风险，为政府工作稳定落实保驾护航❷。

（二）政府会计制度国内相关研究

自 20 世纪 80 年代以来，国家积极实行走出去的发展战略，不断推进改革开放，国家积极开展对外交往和合作，经济进入快速发展阶段，国家综合实力不断扩大。如今，想要实现国家现代化的发展目标，必须对已有政府会计权责发生制进行变革和完善。并且，国家要认识到高质量的政府会计和财务报告系统的重要性，可以提供必要的信息资源，为国家制定合理的发展政策奠定坚实基础❸。刘炳炎（1982）在《会计专业课程改革问题》中指出，需要摒弃预算会计❹这一理念，而是将其转变为政府会计，把政府会计和权责发生制结合起来，则可以满足市场未来发展需求。

谢志华、何玉润和张宏亮（2010）指出，依托权责发生制，政府会计的信息资源发布将更加高效合理，可以将准确客观的信息传达给群众❺。长此以往，群众对政府的信赖度和认可度将大大提升，对政府工作也将更加配合和支持。由此，建立政府会计和财务报告是重点工作，是保证财政透明的基础和核心。李建发（2011）和陈志斌（2003）研究指出，如实体现政府决策和资源运用情况十分重要，可以帮助政府在制定决策时将公共利益摆在首要位置，切实维护社会公共利益，体现政府决策的科学性和有效性❻。李昊、迟国泰（2010）提出，随着中国综合国力的不断提升，国家想要融入国际化发展行列，提高财政透明度是必经之路❼。李建发（2016）认为，国家需要建立科学合理的权责发生制财务报告制度，推动国家高水平发展。调查发现，国内会计体系还存在诸多漏洞

---

❶ 刘锋.基于新政府会计视角的机关运行成本管理研究 [J].中国行政管理，2020（4）：4-6.

❷ Bernoth K.and Wolff G.B.Foolthe Markets Creative Accounting，Fiscal Transparencyand Sovereign Risk[J]. Scottish Journal of Political Economy，2008（55）：465-487.

❸ 张琦，张娟.供求矛盾、信息决策与政府会计改革——兼评我国公共领域的信息悖论 [J].会计研究 2012（7）：12-15.

❹ 刘炳炎.会计专业课程改革问题.会计研究，1982（3）：32-37.

❺ 谢志华，何玉润，张宏亮.政府"良治"目标与政府会计的治理功能 [J].财政研究，2010（7）：35-41.

❻ 李建发.论改进我国政府会计与财务报告 [J].会计研究，2001（5）：9-16.

❼ 李昊，迟国泰，路军伟.我国地方政府债务风险及其预警：问题及对策 [J].经济经纬，2010（9）：25-29.

和短板，关于政府负债等方面内容较为单一[1]。赵爱玲、马长春（2010）指出，国家建立会计准则体系是目前的工作重点，将权责发生制作为会计基础，以此提高财务报表的科学性[2]。高汉祥、万强（2009）提出，引入权责发生制可以更好地整理分析政府财务信息，避免财务风险进一步扩大[3]。

关于负债管理方面的研究成果如下：戚艳霞、张娟和赵建勇（2010）指出，面对经济下行的压力，很多政府采取的措施是提高负债规模，但是这会给政府财政负担带来很大压力，在一定程度上提高财政风险。但是，很多政府债务信息获取渠道十分有限，给债务问题解决带来麻烦[4]。基于此，政府部门必须积极做出改革，引入权责发生制来客观体现政府负债情况，保证政府工作科学发展，避免引起社会动荡和不安。肖鹏（2010）实践调研分析国内政府会计工作中的不足和短板，提出应当把政府隐性负债纳入核算，可以如实地分析财政风险，及时采取风险防范措施[5]。娄洪、黄国华、张洋（2012）指出，现阶段的首要工作是改善政府会计制度，建立健全新的会计管理体系，确保财政债务风险在合理范围内[6]。李秀玉、李朝阳（2012）指出，现阶段国内政府会计制度存在重大缺陷，对负债和财务风险防范等并不在意，需要积极推进权责发生制改革[7]。很多政府为了完善基础设施建设和实现资源再分配，积极运用融资平台获得发展资金，带来了一定的债务风险，加剧了政府财政压力。面对这一情况，国家要制定科学合理的引导政策，帮助政府会计改革工作顺利实施，助力地方经济又好又快地发展[8]。

关于绩效管理方面研究成果如下：靳能泉（2011）指出，随着市场经济的不断发展，给政府绩效提出更加严格的要求[9]。但是现阶段国内会计体系还存在诸多漏洞，财务报告内容也并不完善[10]，无法帮助绩效考核工作顺利发展。因此，政府需要积极引入权责发生制，帮助绩效考核工作稳定落实。陈志斌、刘静（2010）认为，以往的会计体系把预算和财务信息展示给使用者，政府可以绕过群众监督，无法真实反映政府绩效水平。常丽（2013）对绩效报告展开深入研究，提出报告内多层次、复合型权责发生制政府财务报告体系[11]。

关于信息披露方面，投资者在开展投资活动之前往往会开展系统性的调查分析工

[1] 李建发. 国家治理情境下政府财务报告制度改革问题研究 [J]. 会计研究，2016（6）：11-15.
[2] 赵爱玲，马长春. 公共财政建设与政府会计 [J]. 财会研究，2010（12）：25-31.
[3] 高汉祥，万强. 应对金融危机发展财务理论促进经济繁荣——"金融危机与公司财务"专题研讨会综述 [J]. 会计研究，2009（6）：18-21.
[4] 戚艳霞，张娟，赵建勇. 我国政府会计准则体系的构建——基于我国政府环境和国际经验借鉴的研究 [J]. 会计研究，2010（8）：25-31.
[5] 肖鹏. 基于防范财政风险视角的中国政府会计改革探讨 [J]. 会计研究，2010（6）：20-25.
[6] 娄洪，黄国华，张洋. 从欧洲债务危机看政府会计改革 [J]. 财政研究，2012（4）：67-71.
[7] 李秀玉，李朝阳. 债务危机背景下中国政府会计改革的思考 [J]. 中国行政管理，2012（4）：53-56.
[8] 刘福东，李建发. 公共危机情境下政府会计的技术改进——基于"事项法"会计探讨 [J]. 当代财经，2012（11）：14-19.
[9] 靳能泉. 公共危机下我国政府会计的改进研究 [J]. 财会研究，2011（9）：36-41.
[10] 应益华. 3重底线报告——政府财务报告未来的发展方向 [J]. 华东经济管理，2012（6）：15-21.
[11] 常丽. 公共绩效管理框架下的政府财务绩效报告体系构建研究 [J]. 会计研究，2013（11）：17-19.

作❶，掌握政府财务信息，确保投资风险处于合理范围，为投资收益带来保障。但是，国内体制并不合理，很多政府财政信息具有一定的隐蔽性，当然，政府会计权责发生制改革工作是未来发展的必经之路。权责发生制在政府会计信息披露中需要积极向广大群众收集意见，开展调研分析工作并记录有关信息，对使用者的需求加以掌握。赵西卜、王建英、王彦（2010）认为，在利益最大化的基础上需要提升提高信息披露的深度和广度。对于客体的差异化需求要尽量满足，提高信息的整合能力❷。

三、行政单位预算绩效评价相关研究

随着世界各国政治体系的完善，以及专家学者的理论研究内容更加深入，越来越多的人将研究目光立足于公共管理，政府绩效管理研究综述如下。

（一）行政单位预算绩效评价国外相关研究

1. 关于政府预算绩效评价产生和发展的研究

20世纪80年代之后，传统公共行政模式的地位难以保证，更多西方国家开始开展行政改革工作，尤其是针对绩效管理方面展开改革，取得不错的改革成果。基于此，更多研究学者针对公共管理❸展开研究和分析，课题研究范围日益广泛，相关研究成果开始出现，许多专家学者选择政府预算绩效作为研究方向，经过不懈的努力，研究内容越来越广泛，已经不再局限于绩效管理这一单一层面，而是绩效评价以及绩效测量等。例如，1992年，戴维·奥斯本（David Osborne）和特德·盖布勒（Ted Gaebler）共同完成《改革政府——企业家精神如何改革着公共部门》，其中着重批判了美国政府的官僚主义，提出运用"企业家"式人物来变革政府，帮助政府预算制度科学改革。

2. 关于政府绩效评价的目标

政府部门绩效管理和组织再造以及流程再造服务之间存在密切联系，绩效管理发挥着服务性作用。很多组织之所以具有良好的绩效，其核心原因是十分注重使命、组织目标等问题。绩效管理目标涵盖以下三点：有效保障组织绩效达成目标，明确各方责任，为组织带来更多节支。欧文·E.休斯（2004）认为，政府在开展管理工作过程中要注重"3E"目标，具体指的是经济、效益、效率。哈里（Harry P. Hatry, 1996）等人在上述研究基础上认为，需要把政府绩效管理目标转向追求公共服务质量和客户满意度。并且，还需要将目光集中于公共产品，采取合理的措施提高公共服务质量，确定市场和顾客导向的绩效评估原则。

3. 关于政府绩效评价的作用

政府绩效管理价值在于优化政府预算，这一课题引起诸多学者的思考和关注。1993年美国第103届国会通过《政府绩效与结果法案》（Government Performance Results Act,

---

❶ 刘骏，应益华. 制度伦理视角下的政府会计改革研究 [J]. 会计研究，2012（1）：12-18.
❷ 赵西卜，王建英，王彦. 政府会计信息有用性及需求情况调查报告 [J]. 会计研究，2010（9）：36-41.
❸ 贝洪俊. 新公共管理与政府会计改革 [M]. 浙江大学出版社，2005.

GPRA），从此绩效管理制度具有一定的法律效应。法案明确指出，绩效评估活动的主体是国会和预算管理局，总统和国会主要行使监督职能。预算管理局需要制定完善的绩效预算计划方案，然后递交给总统和国会并加以评估。乔纳森·D.布劳尔（Jonathan D. Breul，2006）等人围绕美国《政府绩效与结果法案》开展深入分析，指出实施绩效预算是建立结果导向型政府的必由之路[●]。可以把价值取向凝炼为"以人为本"，具体特征涵盖责任性、回应性、公平性、节约性、高效性、廉洁性。

4. 关于政府绩效评价的指标体系

在学习国外优秀发展经验和财务审计做法后，国内财政支出绩效评价起初运用指标测量方法，并将其纳入实际运用中。卓越（2004）在研究中立足地方政府实际情况建立一条绩效评价指标体系，主要是由指标和指标要素构成，包括思想建设、组织建设等15个方面。政府部门绩效评价指标需要立足不同部门、不同时期的职能、工作任务来展开分析，最终得到三个一级指标：政务管理、履行职责、资源管理；九个二级指标包括行政决策、行政效率、政务信息等，共同建立完整的指标体系。地方政府绩效评价是建立政府绩效评价指标体系的前提和基础。课题主要针对职能完成、资源耗费等方面的内容建立评价各级政府绩效的指标体系。

近年来，在国内学者的不断研究下，财政绩效评价指标体系不断健全，指标内容也从单一化向多元化方向发展，评分标准更加具体、合理。数据获取渠道呈现多元化的特点，主客观指标配比更加科学。结合财政部文件内容，指标体系具有三级结构。同时，不同阶段设立对应指标，体现出经济性、效率性、效果性、公平性。指标评分标准和财政支出管理各环节密切联系，可以高效获取数据信息，实现横向比较和竖向比较。现阶段指标体系中存在诸多不足，具体分为：责任主体模糊、责任下移、指标体系针对性不强、实质性内容较少。

（二）行政单位预算绩效评价国内相关研究

国内将政府预算绩效评价研究更多地视为一种技术工具，事实上，财政预算绩效评价的作用具有二重属性，融合了价值取向和工具属性及其动态平衡。

1. 关于政府预算绩效评价产生和发展的研究

我国在很长时间内，并未开始政府绩效评价方面的研究，随着西方绩效评价思想及经验传入国内，越来越多的专家学者开始投入此研究方向，研究最早开始于21世纪初。一开始国内学者研究主要是在国外研究基础上，将西方财政支出绩效评价的经验进行中国化，建立以经济、效率、效益为维度的评价体系。近年来，国内学者的研究方向发生转变，开始立足财政绩效目标管理角度展开分析，建立符合当地现实情况的财政支出绩效评价体系。

---

❶ 胡宁生.公共部门绩效评价 [M].复旦大学出版社，2008.

2. 关于政府绩效评价的价值取向

对于价值研究最早起源于马克斯·韦伯"工具—价值"二分法论述。韦伯指出，价值理性指的是遵循个人心中的信念和要求来采取行动。从公共财政角度进行分析，价值取向本质为预算民主。对国外研究结果进行分析和总结，然后对政府绩效评价的价值取向进行论述，应该涵盖增长、公平、民主、秩序四点要素。政府绩效的价值选择和政府职能定位之间存在密切联系，公共服务质量和政府绩效为正相关关系，服务质量的好坏也是评价政府绩效的重要标准。胡宁生（2008）指出，服务型政府是未来政府治理模式发展的大趋势，这也是时代发展的必由之路。

（三）新政府会计制度对行政单位预算绩效评价的影响研究

新政府会计制度要求行政单位由原来的收付实现制改为权责发生制，马蔡琛和朱旭阳（2020）认为，绩效预算地推行要有适当的政府会计制度❶。通过合理制定多类型绩效指标，详细了解指标完成度，以各指标完成情况，开展资金分配工作。因此，如何通过成本核算计算指标完成度，对于资金分配具有重要意义。显然，新型会计信息制度将有利于解决成本预算问题。通过研究发现，合理改革会计制度，能够在一定程度上促进绩效评价机制的发展❷。伴随世界政治格局的变更以及各国政府的需求，越来越多的国家开始着手改革会计制度，许多国家正式引入政府会计制度，对传统制度进行改革，提高政府绩效预算能力。美国于1990年正式引入此制度，并通过财政部签署确认后，于各联邦推广。

随着时代的发展，越来越多的国家开始了解新型政府会计制度，并尝试将此制度引入自身政府财务系统中，取得较为良好的效果。新西兰从1989年开始引入政府会计制度，在20世纪90年代最终全面完成。政府通过引入权责发生制会计，能够在一定程度上促进绩效预算发展，提高政府绩效预算能力❸。

四、财务报告体系和会计信息公开的研究

自改革开放实施以后，我国才逐渐重视对企业会计制度进行调整与优化，因此与发达国家相比，我国政府会计制度尚存在诸多方面的缺陷和不足。从我国当前政府预算会计核算内容来看，难以从中准确全面地体现政府财政管理现状。

陈立齐（2004）在《美国政府会计的原则和重大变化简介》中对其积极意义进行了全面概括与说明：一是保证公共资金的安全，有效识别和预防腐败现象的出现；二是进一步提高财务管理的力度与深度；三是能够准确反映政府当前财政水平❹。郭嘉、郭玲

❶ 马蔡琛，朱旭阳.论绩效审计与预算绩效管理的衔接机制 [J].经济与管理研究，2020（6）：108-118.
❷ 尚虎平，刘俊腾.提升我国政府全面绩效的结构性因素探讨——一个面向预算运行与绩效生成过程的协同分析 [J].中国行政管理，2021（7）：10-17.
❸ 王红梅，李佳鹏，曹堂哲.中西方政府预算绩效管理体系的共性与差异——基于1990—2018年的文献考察 [J].中央财经大学学报，2020（4）：11-19.
❹ 陈立齐.美国政府会计的原则和重大变化简介 [J].会计研究，2004（9）：28-30.

（2005）在《政府会计》中表示，我国政府财政预算往往会在一定程度上受到主观因素的影响，并且难以对财政资源进行准确合理的配置与优化，而政府预算与具体财政资金会计的实际使用却并非同步的分裂关系。王晨明（2009）在《中国政府预算会计的改革和发展》中明确表示，当前我国预算会计体系在应用过程中虽然能够对资金拨付信息进行准确反映，但难以从中体现出其他方面的信心，从而导致无法从中对政府整体财务水平进行有效识别和判断❶。

在最近一段时间内，随着政府审计工作的深入贯彻落实，明显反映出当前政府机关在公共资金利用方面的不合理之处。具体包括：一是在编制预算过程中采取隐瞒虚报的方式，以争取能够更大规模的财政资金支持；二是在预算执行过程中无法按照预定方法严格执行，最终导致公共资金利用效率不高。上述情况的揭露，也从侧面反映出了当前我国对公共资金管理重视程度的提高。

五、引入权责发生制和修订会计准则的研究

刘炳炎（1982）在《会计专业课程改革问题》中明确表示，应将"预算会计"调整为"政府会计"，并且表示将政府会计与权责发生制相结合，更加符合当前市场发展趋势❷。基于此，诸多学者在研究过程中开始重点分析将权责发生制与我国政府会计相结合的可能性。Toin 和 Allen（2002）在研究过程中发现，在权责发生制和收付实现制的支持下，通过对财务报表进行分析能够准确反映当前财务状况以及具体经营情况。基于此，众多学者对这方面的分析与研究更加深入和全面。在《政府会计基础比较研究》中，陈胜群等（2002）以往的收付实现制和对近年来产生的权责发生制进行综合全面的对比与分析。现阶段，众多学者对这方面内容的重视程度也越发提高。郭平、李宁（2010）在《我国政府会计改革初探》文章中明确表示，在改革工作的落实过程中由于涉及了大规模的会计数据信息，从而给改革工作的顺利实施带来了一定的难度❸。因此，在实践过程中既要与国际惯例相联系，同时还要与我国当前经济环境相结合，从资产、债务、收入等方面入手，在这一过程中促进权责发生制的调整与优化。刘光忠博士（财政部会计司副司长兼中国会计学会秘书长）曾经进行更详细的阐述与说明：随着时间的推移，中国企业会计制度在国际范围内的地位逐步提高，并且与国际的联系程度得到了很大程度上的加强❹。刘光忠博士（2010）在研究中表示，当前需要高度重视对政府会计制度改革工作的落实。而在政府会计制度改革推进过程中，需要对企业会计制度进行充分借鉴和参考，是国际公认的有效方法。卡朋特（Carpenter）等人在档案研究方法的支持下，对美国联邦政府的会

❶ 王晨明.中国政府预算会计的改革与发展——纪念建国六十周年[J].中国农业会计，2009（10）：6-11.
❷ 刘炳炎.会计专业课程改革问题[J].会计研究，1982（2）：32-37.
❸ 郭平，李宁.我国政府会计改革初探——基于中美政府会计环境比较视角[J].会计之友（下旬刊），2010（1）：14-16.
❹ 刘光忠.关于推进我国政府会计改革的若干建议[J].会计研究，2010（12）：11-16.

计准则展开了深层次的剖析●。研究过程表明，要想保证我国政府会计制度理论体系得以形成，既需要科学全面的预算会计制度体系做支撑，同时还需要重点制定相应的政府会计准则。在 2012 年，刘光忠博士曾经在首都经济贸易大学针对这方面内容进行过专题演讲，对政府会计改革的相关内容进行了综合全面的阐述与说明。

陈志斌（2011）表示，一是应对政府会计制度的概念以及相关理论进行详细界定和说明；二是应对西方现有相关优秀理论进行充分借鉴和参考；三是基于企业财务会计体系的支持下，促进我国政府会计制度体系的补充与完善。

萨谬尔（Samuel）等人表示，现阶段政府会计和预算会计相关内容的研究较为匮乏，难以与当前实际需求相适应。政府会计对象主要是以公共资金领域为主，具体表现为对产权的核算、确认和保护。当产权所属关系发生了一定的变化和调整，就会对涉及的主体利益造成直接影响。政府会计改革作为一项复杂程度较高的重点工程，是对政府会计理念的具体体现，同时也标志着财务报告体系的建立健全。而随着会计制度的调整使得各个利益主体之间的利益关系也发生了一定的改变，彼此之间难以保持协调与统一的关系，最终对政府会计改革工作的落实造成严重的负面影响。

陆晓晖（2012）表示，当制度安排的复杂程度较高时，往往会对制度的制定和修订造成一定的阻碍。

六、预算资金管理和固定资产采购及折旧方面的研究

随着国库集中收付制度（2001）和政府采购制度（2003）的逐步调整与优化，使得公共财政框架逐渐趋于成熟与完善，预算资金管理模式也发生了调整与变化。中国一直通过政府会计预算和政府会计决算，向全国人民代表大会、立法机关和公众对政府会计信息进行公布。但由于公共预算管理结构的逐步调整与优化，部分学者表示传统的会计信息披露方式难以与当前经济发展趋势相适应，政府会计报告应当考虑增加固定资产的折旧、社保基金未来负债、国债的未来本息偿还、政府担保形成的无形债务等因素。其中，应高度重视固定资产折旧制度，从而保证固定资产价值的准确、客观。由此，能够使资金利用效率得到显著的提升。

基于 2013 年制定并实施的《关于印发〈新旧事业单位会计制度有关衔接问题的处理规定〉的通知》（财会〔2013〕2 号）的支持，吴延亮（2012）表示，在固定资产折旧的相关问题方面，结合当前我国政府会计中固定资金管理的现状，在具体分析过程中可以选择对固定资产的折旧情况和无形资产的摊销情况进行初步登记，并在随后的时间内进行直接计提，计入当期支出●。

● Capenter B V L，Feroz E H.Institutional Theory and Accounting Rule Choice，Analysis of Four US State goverments，Decisions Adopt Center.ally Accepted Accounting Principle，Accounting，Organization，and Society，2001，26.

● 吴延亮，浅析新.《事业单位会计制度》的几点变化——对新制度征求意见稿的解析 [J]. 商业会计，2012（14）：63-65.

七、政府会计改革时机研究

以往，国际上的政府会计制度主要是以收付实现制为基础，但随着经济的快速发展，随着对会计制度发展与经济匹配程度的研究，各国专家学者都支持将权责发生制逐渐引入政府会计制度中来。权责发生制的引入主要发生在 20 世纪 80 年代，兴起于新西兰、美国、英国等多个国家，将权责发生制引入政府会计中的改革想法一经提出便引起广泛关注，其中改革最成功、最彻底的就是美国。美国经济发展起步较早，具有实施权责发生制的外部环境，为政府会计的发展提供了恰当的时机。美国在经历了三次变革之后，借鉴了企业财务会计所使用的权责发生制，将其引入了政府预算会计中。

通过与国外那些政府会计改革相对成功的国家相比较，傅建雯（2018）认为，我国政府会计改革的时机已经成熟，因为我国的政府会计理论研究已经相对成熟，众多学者针对国内具体经济环境，结合国内现有的政府会计制度进行了大量研究，在很多观点上达成了共识，为政府会计改革奠定了扎实的理论基础。同时，国内经济进入新常态，执行比较先进的政府会计制度对于政府把控宏观经济方向也至关重要。因此，推动国内政府会计的改革有了合适的时机。

马静、高精精（2017）等人认为，政府会计改革不仅是会计技术改革的问题，另外与政府管理理念和政府决策等方面还存在着直接的联系。随着国际市场逐渐趋于成熟和国际分工趋势的不断加强，使得国际通用会计准则在世界会计制度体系中的地位越发突出。中美政府会计制度的差异性，主要体现在会计环境方面。基于此，应当对美国政府会计制度实践过程中所积累的优秀经验进行充分借鉴和参考，并在此基础上与我国当前实际相结合，最终形成综合全面的政府会计准则框架。权责发生制的产生对于制度建设过程发挥着基础性作用，FASAB[1]、GASB[2]、IPSASB[3]等在发展过程中一直将权责发生制会计准则的构建作为重点内容，从而准确、客观、全面地反映会计期间的收入与其相关的成本、费用，这更能反映政府会计主体的财务水平。由此，也可以准确反映出权责发生制在政府会计制度体系中的重要地位。

李从萍（2017）认为，从我国以往的政府会计制度来看，主要以收付实现制为核心。因此，收付实现制的理念在我国政府会计制度的各个环节中都有着深刻体现，例如，总预算会计制度、行政单位会计制度、事业单位会计制度、事业单位会计准则和国有建设会计制度，以及医院、学校、科研机构等行业会计制度及准则。自 2010 年以来，财政部对上述部分会计准则进行了修订，基本满足了公共财政管理的需要，也基本满足了现有部门预算管理的需要。虽然在《事业单位会计制度》和《行政事业单位会计制度》中对"累计折旧"和"累计摊销"的相关内容进行了详细的阐述与说明，但实际会计基础仍然

---

[1] 全称：美国联邦会计准则咨询委员会.
[2] 全称：美国州政府会计准则委员会.
[3] 全称：国际公共部门会计准则理事会.

是现金基础，并非真正意义上的折旧和摊销。因此，无论是权责发生制取代现金制，还是二者并驾齐驱，导致权责发生制与政府会计制度相结合的困难程度都相对较高。从基本准则的内容来看，主要涉及预算会计和财务会计两方面。对于前者来讲，主要以现金基础为主；对于后者来讲，主要以权责发生制为主。

庄媛（2016）认为，应在最新构建的政府会计制度的支持下，进一步提高对各级政府会计人员的培训力度。相关部门应充分利用微信公众号、电子杂志等新媒体进一步扩大对相关内容的宣传和传播范围，对新系统的基本概括进行介绍、说明，这样在2019年正式实施时就不会感到太突然。

第二章 "预算管理"理论

第一节 预算管理的基本概念

一、预算的含义和内容

预算是通过对企业内外部环境的分析，在科学的生产经营预测与决策基础上，用价值和实物等多种形态反映企业未来一定时期的投资、生产经营及财务成果等一系列的计划和规划。预算包含的内容不仅仅是预测，它还涉及有计划地巧妙处理所有变量，这些变量决定着公司未来努力达到某一有利地位的绩效。预算（或利润计划）可以说是控制范围最广的技术，因为它关系到整个组织机构而不仅仅是其中的几个部门。

（一）正确理解预算的含义

为了全面、深刻地理解预算的含义，需要对预算作出如下说明。

1. 预算不同于计划经济体制中的计划活动

长期以来，人们总是将预算与计划相联系，认为预算是计划经济的产物，从而持"当前市场经济体制下企业预算没有必要"观点的大有人在。事实上，计划是一种事先安排，反映了人类自觉能动地认识和改造自然、改造社会的主观要求，它并不必然属于某种社会制度，仅仅是一种手段或达到目标的工具，既可以存在于计划经济体制，也可以存在于市场经济体制。企业预算所具有的计划功能与计划经济中的计划有重大的区别，它是指在企业战略目标的指引下，为合理利用企业资源，提高企业经济效益，而对企业的生产、销售和财务等各个环节所进行的统筹安排。企业的生产经营活动是一个非常复杂的过程，涉及许多部门、众多环节的互相衔接和相互制约，要使这一活动协调同步地进行，以达到生产经营目标，没有一个完善的预算，并为全体员工所掌握，是难以实现的。因此，预算是社会化大生产客观要求的必然结果，没有预算的企业则是难以生存的。西方企业的管理实践表明，市场经济越发达的国家，企业内部管理水平尤其是预算水平就越高。

由此可见，企业预算与市场经济并不矛盾；相反地，市场经济的发展对企业运用预算管理这一管理手段提出了迫切要求。

2. 预算不等于财务计划

预算从其本质上看属于计划的范畴，但不等于财务计划，不管从内容上、形式上或其他方面来看，预算与财务计划都有着显著的区别。

从内容上看，预算是企业全方位的计划，而财务计划只是其中的一部分。西方全面预算概念的提出，首先明确了预算存在于企业生产经营活动的始终，包括生产预算、销售预算、财务预算等各种职能预算，其中销售预算与生产预算是其前提和基础，没有销售预算就没有生产预算（包括采购预算、成本费用预算等），进而也就不可能产生财务预算（包括预计资产负债表、预计利润表和预计现金流量表等）。可见，财务计划只是企业预算的一部分，用财务计划替代预算，认为企业实施预算管理就是编制财务计划进行管理的观点，其实犯了以偏概全的错误。

从形式上看，预算既能以价值形式表示，又能以实物等多种数量形式表示；而财务计划则是以价值形式所表现的计划，没有非货币形式。

从组织者及执行过程控制的范围来看，预算是由企业各不同部门、组织的当事人或参与者共同组织执行的，它是一个综合性的管理系统，具有极强的内部协调功能，而且执行过程、反馈与考评过程都是基于不同组织和不同部门进行的，预算管理的范围远远超出了企业财务管理的范围和财务部门与人员的权限，是整个企业管理的重要组成部分；而财务计划则主要是由企业财务部门组织编制并执行和控制的，财务部门在其中起着决定性作用。

3. 预算不同于预测

预算是对未来不可知因素、变量以及结果的不确定性的主观判断（当然，这种判断应是在科学基础上的主观判断）。预测源于经济事件的不确定性与风险，而企业所面临的风险则主要来自市场风险，包括经营风险和财务风险等，通过预测并进行有效的预算是防范风险的一项非常重要的措施，也正是基于此，市场经济越发达，市场风险越高，也就越离不开预算以及预算管理，这也正是西方企业的预算管理能大行其道的原因。

预测是预算的前提，没有预测就没有预算。如果未来经济事项的后果是完全确定已知的，就无须使用预算方法。预算应当是以预测为基础，根据预测结果提出的对策性方案与规划，旨在趋利避险，以求实现较好的结果，力避风险。

由于预测具有风险性，且其风险大小取决于据以预测的基础（如环境或变量因素）和方法是否科学、可靠。因此，不可知因素越少，方法越恰当科学，其风险性也就越小；反之，不可知因素越多，或者方法相对不科学，其风险性也就越大。因此，预测方式的科学性与结果的准确性对于预算的编制来说至关重要，它直接影响到预算编制基础和编制导向的正确性，甚至决定了预算水平及预算质量的高低。因为，预算是针对预测结果采用的一种预先的趋利避险的抵御风险与差异控制系统，预测结果越确定，预算的过程也就越简单，准确性也就越高，效果自然也就越好；而如果预测结果越不确定，预算的过程也就越复杂，预算的方法选择也就越多样化，准确性也就越低，效果可想而知。

（二）预算的性质和作用

预算就是用数字编制未来某一个时期的计划，也就是用财务数字（如在财务预算和投资预算中）或非财务数字（例如，在生产预算中）来表明预计的结果。西方与我国习惯所用的"预算"概念，在含义上有所不同。

在我国，"预算"一般是指经法定程序批准的政府部门、事业单位和企业在一定时期的收支预计；而西方的预算概念则是指计划的数量说明，不仅是金额方面的反映。

预算是一种计划，从而编制预算的工作是一种计划工作。

预算内容可以简单地概括为以下三个方面。

"多少"——为实现计划目标的各种管理工作的收入（或产出）与出（或投入）各是多少。

"为什么"——为什么必须收入（或产出）这么多数量，以及为什么需要支出（或投入）这么多数量。

"何时"——什么时候实现收入（或产出）以及什么时候支出（或入），必须使得收入与支出达到平衡。

预算是一种预测，它是对未来一段时间内收支情况的预计。制定预算数字的方法可以采用统计方法、经验方法或工程方法。

预算主要是一种控制手段。编制预算实际上就是控制过程的第一步——拟定标准。由于预算是以数量化的方式来表明管理工作的标准，从本身就具有可考核性，因而有利于根据标准来评定工作成效，找出偏差（控制过程的第二步），并采取纠正措施，消除偏差（控制过程的第三步）。无疑，编制预算能使确定目标和拟定标准的计划工作得以改进。但是，预算的最大价值还在于它对改进协调和控制的贡献。当为组织的各个职能部门都制定预算时，就为协调组织的活动提供了基础。同时，由于对预期结果的偏离将更容易被查明和评定，预算也为控制工作中的纠正措施奠定了基础。所以，预算有助于更好地计划和协调，并为控制提供基础，这正是编制预算的基本目的。

如果要使一项预算对任何一级主管人员真正具有指导和约束作用，预算就必须反映该组织的机构状况。只有充分按照各部门业务工作的需要来制订，协调并完善计划，才有可能编制一个足以作为控制手段的分部门的预算。

把各种计划缩略为一些确切的数字，以便使主管人员清楚地看到哪些资金由谁来使用，将在哪些单位使用，并涉及哪些费用开支计划、收入计划和实物表示的投入量和产出量计划。主管人员明确了这些情况，就有可能放地授权给下属，以便使之在预算限度内去实施计划。

（三）全面预算的内容

全面预算就是以货币等形式展示未来某一特定时期内，企业全部经营活动的各项目标及其资源配置的定量说明，即按照规定的目标和内容对企业在未来销售、生产、成本、现金流入与流出等有关方面以计划形式具体地、系统地反映出来，以便有效地组织与协调企业的全部生产经营活动，完成企业的既定目标。

全面预算是由一系列预算按其经济内容及相互关系有序排列组成的有机体，主要包括经营预算、财务预算和专门决策预算，具体内容如图2-1所示。

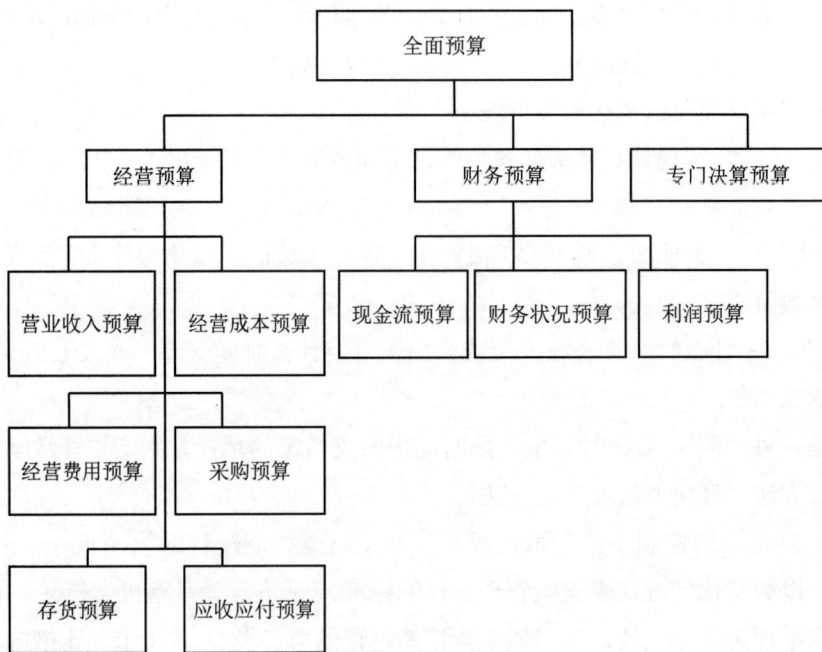

图2-1 全面预算的内容

1. 经营预算

经营预算是指与企业日常业务直接相关、具有实质性基本活动的预算。它主要包括：销售预算、生产预算、直接材料消耗及采购预算、直接人工预算、制造费用预算、期末存货预算、销售和管理费用预算。这些预算以实物量指标和价值量指标分别反映企业收入与费用的构成情况。

（1）销售预算

通过对企业未来产品销售情况所作的预测，推测出下一预算期的产品销售量和销售单价，这样就可求出预计的销售收入，公式如下：

$$销售收入=销售量×销售单价$$

由于销售预算是其他预算的起点，并且销售收入是企业现金收入最主要的来源，因此销售预测的准确程度对整个全面预算的科学合理性起着至关重要的作用。

（2）生产预算

生产预算是根据销售预算编制的。但由于计划期间除必须备有足够的产品以供销售外，还必须考虑计划期初和期末存货的预计水平，以避免存货太多，形成资金的积压、浪费；或存货太少，影响下一季度销售活动的正常进行。为此，在生产预算中的预计产品生产量和销售量之间的关系，可按下式计算：

$$预计生产量 = 预计销售量 + 预计期末存货 - 预计期初存货$$

（3）直接材料消耗及采购预算

编制直接材料预算是以生产预算为基础，直接材料生产上的需用量同预计采购量之间的关系，可按下式计算：

$$预计采购量 = 生产上预计需用量 + 预计期末存货 - 预计期初存货$$

为便于编制现金预算，在直接材料预算中，通常还包括材料方面现金支出的计算，包括上期采购的材料将于本期支付的现金和本期采购的材料中应由本期支付的现金，即考虑企业期初的应收应付状况和预计期末的应收应付状况。

（4）直接人工预算

直接人工预算与直接材料预算相似，也是在生产预算的基础上进行的：

$$直接人工预算额 = 预计生产量 \times 单位产品直接人工小时 \times 小时工资率$$

（5）制造费用预算

制造费用预算是除直接材料和直接人工以外的其他产品成本的计划。这些成本按照其与生产量的相关性，通常可以分为变动制造费用和固定制造费用两类。不同类型的制造费用，其预算的编制方法也完全不同。因此，在编制制造费用预算时，通常是按两类制造费用分别进行编制。

变动制造费用与生产量之间存在着线性关系，因此其计算方法为：

$$变动制造费用预算额 = 预计生产量 \times 单位产品预定分配率$$

固定制造费用与生产量之间不存在线性关系，其预算通常是根据当年的实际水平，经过适当的调整取得的。此外，固定资产折旧作为一项固定制造费用，由于其不涉及现金的支出，因此，在编制制造费用预算、计算现金支出时，需要将其从固定制造费用中扣除。

（6）期末存货预算

期末产成品存货预算是为了综合反映计划期内生产单位产品预计的成本水平，同时也为正确计量预计利润表中的产品销售成本和预计资产负债表中的期末材料存货和期末产成品存货项目提供数据。其预算方法为：先确定产成品的单位成本，然后将产成品的单位成本乘以预计的期末产成品存货量即可。

（7）销售和管理费用预算

销售与管理费用预算包括预算期内将发生的制造费用以外的各项费用，这些费用的预算编制方法与制造费用预算的编制方法相同，也是按照费用的不同形态分别进行编制的。

2. 财务预算

财务预算是指与企业现金收支、经营成果和财务状况有关的各项预算，它主要包括：现金预算、预计利润表、预计资产负债表。这些预算以价值量指标总括反映经营预算和资本支出预算的结果。

（1）现金预算

现金预算主要反映计划期间预计的现金收支详细情况，可供管理当局筹措及控制现金。现金流量预算是企业在预算期内全部经营活动和谐运行的保证，否则整个预算管理将是无米之炊。一般来说，一份现金预算应包括以下四个组成部分。

①现金收入。现金收入部分包括期初的现金余额和预算期内的现金收入。产品销售收入是取得现金收入的最主要来源。

②现金支出。现金支出部分包括预算期预计的各项现金支出，除上述预计支出外，还包括上缴所得税、支付股利和资本支出预算中属于计划期内的现金支出等。

③现金多余或不足。现金的多余或不足部分列示现金收入合计与现金支出合计之间的差额，差额为正，说明收入大于支出，现金有多余，可用于补偿过去向银行取得的借款或用于购买短期证券；若差额为负，则说明支出大于收入，现金不足，要向银行取得新的借款。

④资金的筹措和运用。资金的筹措与运用部分提供预算期内预计向企业外部借款、还款以及有关财务费用支出的详细资料。

（2）预计利润表

预计利润表是在上述各项经营预算的基础上，按照权责发生制的原则进行编制的，其编制方法与编制一般财务报表中的利润表相同。预计利润表揭示的是企业未来的盈利情况，企业管理当局可据此了解企业的发展趋势，并适时调整其经营策略。

（3）预计资产负债表

预计资产负债表反映计划期末各账户的预期余额，其编制方法为，在企业期初资产负债表的基础上，经过对经营预算和现金预算中的有关数字做适当调整，即可编制预计资产负债表。

预计资产负债表可以为企业管理当局提供会计期末企业预期财务状况的信息，据此，有助于企业管理当局预测未来期间的经营状况，并采取适当的预防性措施。

3. 专门决策预算

专门决策预算主要涉及长期投资，故又称为资本支出预算，是指企业不经常发生的、一次性业务的预算，如企业固定资产的购置、扩建、改建、更新等都必须在投资项目可行性研究的基础上编制预算，具体反映投资的时间、规模、收益以及资金的筹措方式等。

在企业预算管理中，尤其是对资本支出项目的预算管理，必须坚持量入为出、量力而行的原则，杜绝没有资金来源或负债风险过大的资本预算。

企业全面预算的各项预算前后衔接，形成一个完整体系。它在企业战略的指导下，为企业所有的经营活动设立目标，为财务资源的获得和使用作出详细计划。

（四）预算的形式

1. 单式预算和复式预算

从预算的技术组织形式来看，国家预算可分为单式预算和复式预算。单式预算，是指通过一个计划表格来反映国家在预算年度内全部集中性预算收支活动的计划。

单式预算是一种传统的预算技术组织形式，它不去区分各项财政收支的经济性质，而是把政府的各项财政收支加以汇总，集中反映在一个"预算平衡表"内。其特点是能直接反映同级预算收支的全貌，从整体上说明其构成，平衡关系比较明了。

复式预算，是指通过两个以上的计划表格来反映政府财政收支计划，复式预算是从单式预算技术组织形式演变而来的。它是将政府全部的财政收入与支出按性质汇集编入两个或两个以上的"预算平衡表"内。

复式预算一般分为经常预算、资本预算和专项基金预算，其特点是区分了各项收入和支出的经济性质和用途，便于政府权衡支出性质，分清轻重缓急，更加合理地安排使用各类资金。

2. 功能预算和部门预算

功能预算，是指收入按类别，支出按性质分类汇总编制的预算。由于预计管理权限的分工，各部门编制和上报预算时需要区分财政经费来源渠道，不同的经费预算编报不同的预算分配部门，如教育事业费预算和有关专项预算报财政部门，科学事业费预算报科技部门，基本建设投资预算报计委，行政经费预算报机关事务管理局；有预算分配权的部门均按此原则分渠道核批，下达预算。部门预算，通俗地讲，就是一个部门一本预算，是指与财政部直接发生缴拨款关系的一级预算单位的预算；它由本部门所属各单位的预算组成，是全面反映本部门全部公共资源配置情况的一种预算形式；根据国际经验，部门预算是由政府各部门编制，经财政部门审核后审议通过的反映部门所有收入和支出的预算。部门编制的预算，既要反映一般预算的收入和支出，又要反映基金预算的收入和支出以及预算外收入和支出；收入包括财政预算安排拨款、行政单位预算外资金、事业收入、事业单位经营收入及其他收入，支出包括用以上收入安排的各项支出，并形成部门收支预算平衡表。总之，部门预算是全面反映部门收支活动的预算。

3. 普通预算和特别预算

普通预算又称经费预算，是指政府编制的一般财政收支项目的预算。特别预算是指政府对某些具有特别意义的项目（特别事业或特殊用途的收支）另行安排的预算，如公共工程投资预算、社会保险预算以及各类特种基金预算等。

4. 正式预算、临时预算和追加预算

正式预算，是指政府依法就各个预算年度的预计收支编成预算草案，经本级权力机关审核通过后即宣告正式成立预算。临时预算，是指为解决正式预算成立前的政府经费开支，先编制临时性的预算，作为在正式预算成立前进行财政收支活动的依据。追加预算，是指正式预算在执行过程中，由于情况变化需要增减正式预算收支时编制的一种预算，它是正式预算的补充，也叫作修正预算。把成立后的追加预算或修正预算与正式预算汇总执行，称之为追加后（修正）预算。

（五）预算的方法

编制成本费用预算的方法按其出发点的特征不同，可分为增量预算方法和零基预算方法两大类。

1. 增量预算方法

增量预算方法，又称调整预算方法，是指以基期成本费用水平为基础，结合预算期业务量水平及有关影响成本因素的未来变动情况，通过调整有关原有费用项目而编制预算的一种方法。

增量预算方法的假定前提有：

一是现有的业务活动是企业必需的；

二是原有的各项开支都是合理的；

三是增加费用预算是值得的。

增量预算方法的缺点是：

一是受原有费用项目的限制，可能导致保护落后；

二是滋长预算中的"平均主义"和"简单化"；

三是不利于企业未来发展。

2. 零基预算方法

零基预算，又称零底预算，是指在编制成本费用预算时，不考虑以往会计期间所发生的费用项目或费用数额，而是将所有的预算支出均以零为出发点，一切从实际需要与可能出发，逐项审议预算期内各项费用的内容及开支标准是否合理，在综合平衡的基础上编制费用预算的一种方法。

零基预算的优点是：不受现有费用项目和开支水平的限制；能够调动各方面降低费用的积极性，有助于企业的发展。其缺点是工作量大，编制时间较长。编制预算的方法按其预算期的时间特征不同，可分为定期预算方法和滚动预算方法两大类。

（1）定期预算方法

定期预算，是指在编制预算时以不变的会计期间（如日历年度）作为预算期的一种预算编制的方法。其优点是能够使预算期间与会计年度相配合，便于考核和评价预算的执行结果；其缺点是远期指导性差、灵活性差和连续性差。

（2）滚动预算方法

滚动预算，又称为连续预算或永续预算，是指在编制预算时，将预算期与会计年度脱离，随着预算的执行不断延伸补充预算，逐期向后滚动，使预算期永远保持为一个固定期间的一种预算编制方法。滚动预算按其预算编制和滚动的时间单位不同，可分为逐月滚动、逐季滚动和混合滚动三种方式。与传统的定期预算方法相比，按滚动预算方法编制的预算具有透明度高、及时性强、连续性好，以及完整性和稳定性突出等优点。

二、预算管理的含义和内容

（一）预算管理的含义

预算包括营业预算、资本预算、财务预算、筹资预算，各项预算的有机组合构成企业总预算，也就是通常所说的全面预算。预算管理可优化企业的资源配置，全方位地调动企业各个层面员工的积极性，是会计将企业内部的管理灵活运用于预算管理的全过程，是促使企业效益最大化的坚实基础。

预算是行为计划的量化，这种量化有助于管理者协调、贯彻计划，是一种重要的管理工具。预算具有以下优点：

第一，制订计划，预算有助于管理者通过计划具体的行为来确定可行的目标，同时能使管理者考虑各种可能的情形。

第二，促进合作与交流，总预算能协调组织的活动，使得管理者全盘考虑整个价值链之间的相互联系，预算是一个有效的沟通手段，能触及企业的各个角落。

第三，有助于业绩评价，通过预算管理各项目标的预测、组织实施，能促进企业各项目标的实现，保证企业各项目标的不断提高和优化，是体现企业业绩的一种合适的管理模式。

第四，激励员工。预算的过程会促进管理者及全体员工面向未来，促进发展，有助于增强预见性，避免盲目行为，激励员工完成企业目标。

正是由于预算管理具备以上优势，它才能在大企业中得以广泛应用，并取得好的效果。企业预算管理是在企业战略目标的指引下，通过预算编制、执行、控制、考评与激励等一系列活动，全面提高企业管理水平和经营效率，实现企业价值最大化。

（二）预算管理的分类

预算管理分为两类：投资预算管理与生产经营预算管理。

1. 投资预算管理

投资决策过程是投资预算的编制、不同预算方案优选的过程。投资预算是对固定资产的购置、改建、改造、更新，在可行性研究的基础上对何时进行投资、投资多少、资金来源、获得收益期限、投资回报率、每年的现金净流量、需要多少时间回收全部投资等。借助计算机建立投资预算决策模型，把采集到的经济信息、投入产出转化为数量，优化组合成不同的预算方案，并进行方案的优选。

2. 生产经营预算管理

公司在某一时期为实现经营目标而编制的计划，描述了在该时期发生的各项基本活动的数量标准，包括销售预算、生产预算、直接材料采购预算、人力资源预算、间接成本预算（包括制造费用预算、行政管理费用预算、销售费用预算和财务费用预算）、经营损益预算、现金流量预算。通过建立预算模型，把销售预算等各分部的预算输入生产经营预算模型进行模拟，优化组合，选择最佳预算方案为执行方案。经营预算同样反映了公司的业务量、收入与支出一览表。向公司及各部门主管解释如何达到工作目标，预算项目和数量是否合理，明确各个部门每个工作责任者的工作标准是什么。

（三）预算控制的目的

通过预算编制，把各项目标具体化，必须进一步将各项预算指标分解落实到各责任部门或责任人。预算编制为实际行动提供控制的标准；控制的目的是实现预期的目标。为了进行有效的控制，要注意对工作成效有关键意义的指标进行控制，如为实现预算利润目标，控制的关键点是销售收入、材料采购成本和数额较大的费用成本。控制对象并不是事物现状，而是事物的变化趋势。如对于某家公司来说，控制原材料国产化的进程，就意味着采购成本的降低和在市场竞争中应变能力的提高。

（四）预算管理的原则

预算管理的原则包括责任制原则、例外管理原则、有效性原则、经济效益原则、动态管理原则等。

1. 责任制原则

指对负责的工作范围可控制事项负责。如我们把各责任区域的成本划分为可控成本和不可控成本，各责任区域对本区域发生的可控制成本负责。

2. 例外管理原则

是要把注意力集中在超乎常情的情况，因为实际发生的情况往往与预算有出入。如发生的差异不大，一般不逐一查明其原因，只把注意力集中在非正常的例外事项。如某一段时间我们发现生产用刀具等用品特别节约，经过核查，是外方管理专家的非程序性采购造成记录的时间差和因非程序性采购造成的工作混乱、数量差错。这是一种不合情理的节约。于是，公司重新修正公布了新的采购控制程序，并随时检查该程序的有效性不强。

3. 有效性原则

是指预算编制不要过于烦琐，预算控程序要有可操作性，避免预算管理时效性不强。

4. 经济效益原则

是为控制所费与所得效益相比，后者应大于前者。

总之，在实践中，预算的执行控制是最大的难点。如投资预算从批准预算到预算执行，其间时间跨度大，情况变化复杂，预算执行偏差大，超预算执行必须申请追加预算，有一定的批准程序；否则，预算就没有严肃性。对经营预算要定期进行调整，因为市场环境在不断发生变化，内部状况也在不断发生变化，所以预算管理必须是动态性管理。我们于每年末调整后五年预算，对年度预算的执行控制，于每季度末分析评价本季度预算执行差异，预测调整年度内后各季度预算，编制管理报告书，以指导下一阶段的工作。

（五）预算管理的组织结构

公司内各职能部门是预算管理的基本单位，负责本部门责任范围的预算编制和执行。公司设预算管理委员会，负责预算管理制度建设。财务部是日常工作机构，负责预算编制的组织及预算的汇编工作。预算批准的最高权力机构是董事会。制度建设是预算管理有效性的保证，其中通过授权明确责任，防止工作推诿或扯皮，这是预算控制有效性的关键一环。建立预算管理程序，包括预算编制程序和预算执行控制程序。预算编制要组织与协调各部门共同进行。预算控制是协调、纠偏过程，不仅涉及面广，而且有个时间过程、先后次序及处理各部门之间关系的规定。程序控制制度的制定旨在避免工作混乱，追求较高的工作效率。

（六）预算管理的相关软件

预算管理软件分为预算编制、预算控制、预算执行、绩效管理四个大的模块（表2-1），满足本土企业预算管理需求的预算管理平台；具备易用、灵活、扩展的特点。

表2-1 预算管理的相关软件

模块	适用对象	说明
预算编制	编报者（编制、审批、汇总）	最终用户进行预算指标的下达、分解、上报、审批、汇总、发布；预算编制用户在此模块操作
预算控制（网上报销）	申请者、审批者、财务管理者	针对预算控制事项，根据预算进行事前控制和预警，报销、付款、事项等申请用户、审批用户、财务人员在此模块操作
预算执行/分析	归口管理者、部门管理者、查询用户、高层领导、高级分析用户	执行报表查询、图形化分析展现；当EP ETL将执行数据从业务系统提取过来后，系统在执行模块自动展现预算执行情况，在分析模块进行图形化展示、趋势分析、旋转、钻取等高级分析内容
绩效管理	绩效管理	根据既定的绩效方案提供动态的绩效评价结果

预算编制：进行预算的编制工作，包括各类预算申报、审批、汇总、调整、最后发布等一系列工作；

预算执行：预算执行情况的跟踪、展示等；

预算分析：预算编制数据和预算执行数据的分析展示，包括固定表分析方式、多维分析方式、图形化展示等；绩效考核：自动摘取关键指标，按照平衡积分卡的管理思想进行预算考核。

（七）预算管理中应当注意的事项

1. 预算管理中应当注意的问题

编制足以反映现实的预算，避免预算过于烦琐。

划定预算的控制责任，划清各责任人的实际业绩；注意防止各部门从本部门出发以预算目标取代企业目标；预算控制不是对现状本身的控制，而是对发展趋势的控制；做好预算执行过程中的业绩记录，以便分析比较；预算责任必须落实到人；预算控制是激励经理人员的依据，是他们对预防偏差、纠正偏差所采取的措施。

预算目标制定得不合理，太高达不到，太低则没有激励性。

各部门编制的计划比较零散，部门内部和部门之间的计划缺乏协调性，容易发生公司资源分配的冲突。

预算编制缺乏依据，成本预算没有按照成本动因进行分解，单纯依靠历史数据和主观判断。

预算确定的目标与各负责人员的职责不相匹配。

企业不能根据自身条件选择适合的预算方法，盲目实施复杂的预算解决方案，无法确认编制预算所需的投入，预计投入人力和时间过于漫长。

2. 预算执行常见的问题

预算执行监控：监督跟踪不到位，没有相应的配套措施。

各管理人员无法控制预算中一些费用分摊方法。

没有预算作为依据，支出审批时不能区分正常的和例外的支出，高管人员不得不应付大量日常审批事务，审批程序复杂周期长，无法适应复杂多变的环境要求。财务部门在对支出审批上不能起到有效的监督作用。

缺乏相应的预算考核制度。造成企业预算的编制与执行相脱离，重编制、轻执行。预算不能成为企业的"硬约束"，使预算失去其应有的权威性和严肃性，部门绩效考核缺乏基础和比较对象。

在分析预算执行情况时，仅将预算值与执行情况进行简单的比例计算，而没有对预算差异进行深入、定量的分析，难以确定预算差异产生的原因，无法把预算执行情况与企业经营状况有机地联系在一起。

第二节 预算体系的构成

预算体系是根据国家行政区域划分和政权结构以及预算管理体制的要求而确定的各级政权的预算构成，又称"国家预算体系"。

一、预算管理组织体系的构建

（一）全面预算管理组织体系概述（图2-2）

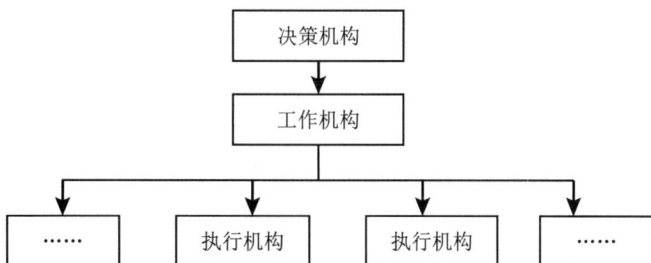

图2-2 全面预算管理组织体系构成示意图

预算决策机构：全面预算管理组织体系的最高层，行使领导决策权；

预算工作机构：全面预算管理组织体系的中间层，行使管理权；

预算执行机构：全面预算管理组织体系的最底层，行使执行权。

（二）预算决策机构

预算决策机构是对企业全面预算管理具有领导决策权，对全面预算管理重大事项作出决定的组织机构。

预算决策机构 = 股东会 + 董事会 + 预算管理委员会 + 公司经理班子

预算管理委员会→非常设机构，召开预算工作会议。

（三）预算工作机构

预算工作机构是指负责预算编制、审查、协调、控制、调整、核算、分析、反馈、考评等全面预算管理工作的职能部门（图2-3）。

预算工作机构 = 预算管理机构 + 预算核算机构 + 预算监控机构 + 预算考评机构。

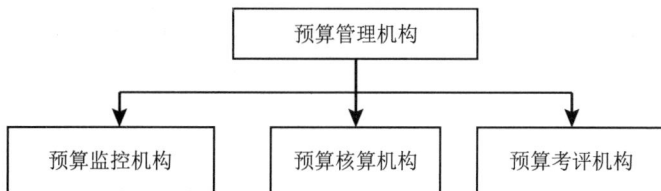

图2-3 预算工作机构组织体系构成示意图

1.预算管理机构

预算管理机构是负责企业全面预算管理具体组织和领导日常工作的部门。

一般可在公司预算管理委员会下设立一个预算管理办公室作为预算管理机构。预算管理办公室既可以单独设立，也可以采用与财务部门"一班人马、两块牌子"的办法设立（该方法需配备一定数量非财务管理人员从事预算管理工作），或在财务部门下设立一个专司预算管理的科室。

2. 预算核算机构

预算核算机构是对预算执行过程和结果进行反映、控制、核算和信息反馈的部门。

实施全面预算管理必须建立责任会计制度（管理会计范畴），推行以"责任中心"为核算对象的责任会计核算。

（1）原因

传统财务会计以资金运动为会计对象，满足了解企业财务状况的需要，却无法满足企业预算管理、控制成本费用的需要。

责任会计核算对象不是生产过程中的产品，而是公司内部各个责任中心，它强调对责任中心进行事前、事中和事后的全过程管理，它所要反映和评价的是每个责任中心的工作业绩。

（2）责任会计核算制度

单轨制：是指把责任会计纳入企业传统的会计核算体系中，使财务会计与责任会计合二为一；

双轨制：按照责任会计的要求，另起炉灶，使企业内部存在两套会计核算体系。

3. 预算监控机构

预算监控机构是对全面预算管理活动及预算执行过程和结果进行监督、控制的部门，包括价格监控、信息监控、质量监控、资金监控等，其在预算管理中的主要监控职责见表2-2。

企业不需要设置一个独立的预算管理监控部门，而是采取规定一个职能部门牵头，其他相关专业部门按照职能分工进行监控的办法。

表2-2 预算监控机构在预算管理中的主要监控职责

部门	在预算管理中的主要监控职责
预算管理办公室	组织、协调预算管理的监控工作
	汇总监控结果，对出现的重大差异及时处理或召开协调会
设计部门	监督、审计公司各责任部门的预算执行情况
	定期撰写审计报告
财会部门	对预算执行过程中的资金流动进行监控
	对预算执行过程中的会计核算进行监控
人力资源部门	对责任单位的人力资源、劳动生产率进行监控
	对工资、奖金及奖惩兑现情况进行监控
	对各部门的工作质量进行考核、监控

部门	在预算管理中的主要监控职责
生产计划部门	对责任单位的产品产量、品种结构进行监控
	对公司综合计划执行情况进行监控
质保部门	对企业供产销各个环节的质量情况进行监控
仓储部门	对外购材料、设备、物资的价格、质量、数量进行监控
	对产品质量、数量、结构进行监控

4. 预算考评机构

负责对全面预算管理活动及预算执行过程和结果进行考核、评价和奖惩兑现的部门。

不单独设置，采取1个职能部门为主，其他相关专业部门按职能分工考评的办法（表2-3）。

表2-3 预算考评机构在预算管理考评中的职责

部门	在预算管理考评中的职责
预算管理办公室	负责预算管理考评工作的组织领导工作
审计部门	负责对预算考评及奖惩兑现方案的审计
财会部门	负责对预算执行过程和结果进行负责核算，并提供考评依据
质保、生产等部门	负责品质、产量、安全等预算指标的考评
人力资源部门	负责组织对各预算执行部门的综合考评，并根据考评结果测算奖惩兑现方案

（四）预算执行机构（预算责任网络）

1. 预算执行机构概述

预算执行机构是指在预算目标实现过程中承担预算执行责任，并享有相应权力和利益的企业内部各个预算责任主体。

建立原则：以企业内部组织机构为基础，遵循分级分层、权责利相结合、责任可控、目标一致原则。

包括：企业内部各职能部门、所属分公司、子公司等。

因为预算执行机构是以责任网络的形式存在，因此也称为"预算责任网络"，预算责任网络中各个预算责任主体可称为责任中心。

2. "责任中心"的确立条件

责任中心是具有一定管理权限，并承担相应经济责任的企业内部责任单位。确立的责任中心应与企业的内部组织机构设置相互适应，并符合以下四个条件：

具有承担经济责任的主体→责任人；

具有确定经济责任的客体→资金运动；

具有承担经济责任的基本条件→职责权限；

具有考核经营责任的基本标准→经营绩效；

凡是符合以上条件的单位或个人，均可成为责任中心。

责任中心既不是法律主体，也不是财务会计主体，如何设立、设立多少取决于企业实施全面预算管理的实际需要。

3. 责任中心的层次（图2-4）

成本中心＜利润中心＜投资中心。

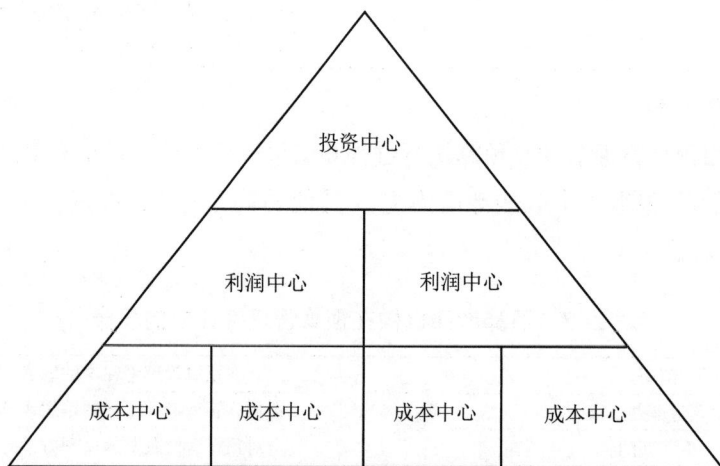

图 2-4　责任中心层次示意图

（1）投资中心

投资中心是对投资负责的责任中心，其特点是既对成本、收入和利润负责，又要对投资结果负责。投资中心是预算责任网络体系的最高层次。

由于投资的目的是获得利润，因此，投资中心同时也是利润中心，但它控制的区域和职权范围比一般利润中心要大得多。

投资中心拥有投资决策权，能够相对独立地运用其所掌握的资金，有权购置和处理固定资产、扩大或缩小生成能力。

只有具备经营决策权和投资权的独立经营单位才能成为投资中心。一般而言，一个独立经营的法人单位，就是一个投资中心。大型集团公司下面的子公司、事业部往往都是投资中心。

投资中心的具体责任人应该是以董事长为代表的企业最高决策层，投资中心的预算目标就是企业的总预算目标。

（2）利润中心

利润中心是对利润负责的责任中心，因为"利润＝收入－成本－费用"，所以利润中心实际上既要对收入负责，又要对成本和费用负责。

利润中心一般是有产品或劳务生产经营决策权，但没有拥有投资决策权的部门。它与成本中心相比，权力更大，责任也更大。

利润中心一般具有较大的自主经营权，同时具有生产和销售的职能；有独立的、经常性的收入来源，可以决定生产什么产品、生产多少、生产资源在不同产品之间如何分配，也可以决定产品销售价格、制定销售政策等。

利润中心的类型：根据收入、利润的形成方式不同，可以分为自然利润中心、人为利润中心、成本中心向利润中心转化。

①自然利润中心。"自然利润中心"是指能够通过对外销售自然形成销售收入，从而形成利润的责任单位。

一般具有产品销售权、价格制定权、材料采购权、生产决策权。

某些公司采用事业部制，每个事业部均有销售、生产、采购的职能，有很大的独立性，这些事业部就是自然利润中心。

②人为利润中心。"人为利润中心"是指不直接对外销售，而是通过内部转移价格结算形成收入，从而形成内部利润的责任单位。一般而言，只要能够制定合理的内部转移价格，就可以将企业大多数生产产品或提供劳务的成本中心改造为人为利润中心。

③成本中心向利润中心转化。通常以内部结算价格的方式，在企业内部相互提供产品和劳务的部门之间进行"内部买卖"，从而使这些本来只对成本、费用负责的部门能够获得收入并创造内部利润，使之由成本中心升格为人为利润中心。

（3）成本中心

成本中心是对成本或费用负责的责任中心，即只负责成本和费用，不负责收入和利润的职能部门。

凡是不能形成收入、只对成本或费用负有一定责任的部门甚至个人，比如，各职能部门和各具体作业中心，如车间、工段、班组、个人等，均可成为一个成本中心。

成本中心处于预算责任网络的最底层，是企业基层预算执行组织，是最基本的预算责任单位。成本控制是企业全面预算管理的核心，尤其是对于外部市场环境较为稳定的企业来说，更是如此。

（五）企业组织结构与预算责任网络

企业组织结构：是指企业内部的机构设置和权力的分配方式。

类别分为：直线制组织结构、直线职能制组织结构、事业部制组织结构、母子公司制组织结构。

1.直线职能制组织结构下的预算责任网络

直线职能制组织结构属于纵向组织结构（我国绝大多数企业采用该种结构形式）。

直线职能制组织结构把企业管理机构和人员分为两类：

①直线领导机构和人员：按命令统一原则对各级组织行使指挥权。

②职能机构和人员：按专业化原则，从事组织的各项职能管理工作。

特点：管理控制集中。

该组织结构下构建预算责任网络时可将整个企业作为一个投资中心，总经理对企业的收入、成本、利润、投资全面负责；

所属的销售部门作为企业的收入中心，对企业的收入和本部门的销售费用负责；

其他各部门、工厂、车间均为成本（费用）中心，只对各自的成本、费用负责，该种组织结构权力比较集中，下属部门自主权比较小，为便于对各个生产工厂的综合评价，企业可以将其界定为"人为利润中心"。

直线职能制组织结构下的预算责任网络：在直线职能制组织结构下，企业预算自上而下逐级分解为各责任中心的责任预算（图2-5）；

各责任中心的责任人对其责任区域内发生的收入、利润（内部）及成本、费用负责；

下级责任中心要对上级责任中心负责；

上层成本中心费用要对下层成本中心发生的成本费用负责；

上级成本中心汇总下层成本中心的成本后逐级上报，直至最高层次的投资中心。

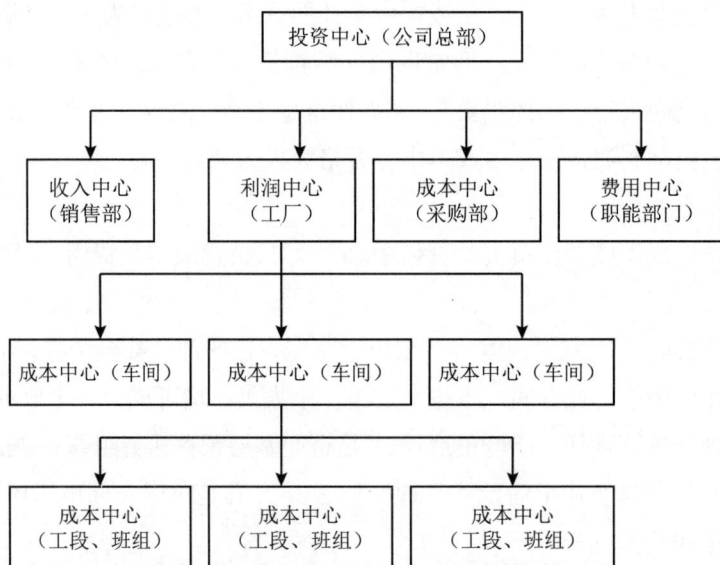

图2-5 直线职能组织机构下的预算责任网络

2. 事业部制组织结构下的预算责任网络

（1）事业部制组织结构属于横向组织结构

特点：管理控制采取直接控制与间接控制相结合的方式，企业总部对各事业部进行直接控制，各事业部对其管辖业务具有自主权。

事业部制组织结构是一种高层集权下的分权管理体制，采取分级管理、分级核算、自负盈亏的组织结构形式。即一个公司按地区/产品类别分成若干个事业部，从产品的设计、原料采购、成本核算、产品制造，一直到产品销售，均由事业部及所属工厂负责，实行"单独核算、独立经营"（也有的事业部只负责指挥和组织生产，不负责采购和销售——生产和供销分立）。

企业总部对事业部财权集中，对重大的、全局性的财务事项作出决策（如重大筹资、投资决策），而根据需要将一部分次要财务决策权力下放给事业部。

适用对象：适用于规模庞大、品种繁多、技术复杂的大型企业，是国外较大的联合公司所采用的一种组织形式（近年来，我国一些大型企业集团或公司也引进了该形式）。

（2）事业部制组织结构下的预算责任网络

事业部制组织结构下，企业预算自上而下逐级分解为各责任中心的责任预算。

下层成本中心对上层成本中心负责；高层成本中心对利润中心负责；利润中心则对投资中心负责；中层投资中心对企业最高层投资中心负责。

3. 母子公司制组织结构下的预算责任网络

（1）母子公司制组织结构属于横向组织结构

特点：管理控制采取间接控制方式，管理控制权下放。

母子公司制组织结构企业的经营决策权一般由各成员企业分散行使，成员企业独立经营、分散管理、独立核算→所以构建预算责任网络时，除了将母公司作为投资中心外，其子公司也设立为投资中心；各子公司的下属部门则根据其具体职责分别设立为利润中心或成本／费用中心。

（2）母子公司制组织结构下的预算责任网络

在母子公司制组织结构下，企业预算可以采取自上而下的方式逐级分解为各责任中心的责任预算；也可以采用自下而上由各责任中心的责任预算，逐级汇总为企业总预算。

二、预算管理目标体系的构建

预算目标的确定，一般存在两种倾向，即定位过高与定位过低。前者认为，预算目标是企业的战略目标，将预算与长远规划等同。其结果是预算"高不成、低不就"，使用者大失所望，甚至怀疑预算的有用性。后者认为，预算不过是对近期业务所做的预期，甚至将预算与预测混为一谈。其结果是预算没有明确的目标，从而大大降低预算的有用性。这两种倾向在预算目标的确定中都应该避免，预算目标应是企业战略目标在本预算期的具体体现。其中，战略目标作为一种目标导向，引导确定年度预算目标；年度预算目标则应强调可操作性，必须可以通过预算的编制体现出来。实际上，预算目标不能凭空提出，必须考虑企业战略。预算目标是企业目标或战略意图的体现。预算目标的确定，必须综合企业特定的内外部环境状况。脱离环境的预算目标是不现实的，也就失去了其规划和指导的意义。这些环境因素主要包括：预期市场变动、宏观政策变动、主要竞争对手业绩表现和企业上年实际业绩及其增长率等。还需要特别强调，确定非财务目标（如作业目标）时，除应考虑上述因素外，还必须考虑顾客的要求，设立相应的目标标准等。

按照现代企业制度的要求，任何预算目标的确定，从根本上说都是公司股东、董事会、经营者等利益相关者之间相互协调的过程。它符合现代财务分层管理思想，同时体现现代企业制度下的决策、执行与监督三分立的原则。事实上，预算目标的确定，就是一个各个不同利益集团间讨价还价的过程。在这个过程中，股东及股东大会对预算目标确定主要借助两种机制：董事会机制（内部机制）和市场机制（外部机制）。在市场机制并不完全有效的情况下，董事会被认为是最有效的股东代理机制。董事会是预算目标确定的核心机构，它代表着一方的力量，经营者意见是确定预算目标的重要参考因素，它代表着另外一方的力量。因此，确定目标在很大程度上就是这两种力量之间的较量。

三、预算管理方法体系的构建

（一）现代预算编制方法比较

①弹性预算是适应不同业务量情况的预算，是针对固定预算的不足而设计的。其预算编制的依据不是某一固定的业务量，而是一个可预见的业务量范围，因而使预算具有弹性，增强了预算的实用性。

②滚动预算的预算期通常以一年为固定长度，每经历一个月或一个季度，立即根据前一个月或季度的预算执行情况，对以后的一个月或季度进行修订。它的理论依据是，生产经营活动是永续不断地进行。

③零基预算采用的是一种上下结合式的预算编制程序，充分体现了群策群力的精神，便于预算的贯彻和实施。而且，这种方法打破了旧框框的束缚，既能促使人们充分发挥其积极性和创造性，又能迫使人们精打细算，将有限的资源用到最需要的地方，从而提高全部资源的使用效率。应注意，简单地将零基预算理解为一切从零开始是不恰当的。在大多数情况下，项目都将继续执行，我们应将注意力集中在其效率与效益的评估，而非绝对的从头开始。

上述三种先进的预算编制方法，它们分别有着各自的优势。如弹性预算，一方面，能够适应不同经营活动情况的变化，扩大预算的范围，更好地发挥预算的控制作用，避免在实际情况发生变化时，对预算做频繁的更改；另一方面，使预算对实际执行情况的评价和考核，建立在更加客观可比的基础上。显然，弹性预算的适用性更强，但其比较复杂，工作量较大。滚动预算，有利于提高预算的准确性，有利于企业管理当局从动态中把握企业的未来。同时，它更符合人们的认识规律。采用滚动预算的方法编制预算，也同样会加大预算的工作量。零基预算，在降低费用方面具有充分的优势，因为它打破了旧框框的束缚，能促使人们充分发挥其积极性和创造性，精打细算，合理使用资金，提高效益。但它也存在工作量较大、成本较高、易引起人们注重短期利益而忽视长期利益等缺陷。

（二）预算编制方法的选择

各种预算方法均有所长，也有所短。不同企业因环境、技术、成本等因素不同，所采取的预算方法也不一样。同样的预算方法，运用于不同企业，其效果可能会大相径庭；同一企业不同时段对预算方法的选择也不同。如果企业不重视实际情况而盲目编制预算，可能事倍功半，达不到预算的效果。因此，企业在编制预算时，不能因为追赶时髦，采用一些先进的预算编制方法，不考虑成本和人员等方面的因素，而应根据自身的实际情况选择适合的预算方法，尤其应该注意各种预算方法之间的结合应用。

四、预算管理调控体系的构建

（一）预算信息反馈系统的建立

预算调控的实现以及预算管理最终能否见效，关键取决于预算信息反馈系统的完善与否。同时，预算信息反馈还是预算过程控制的基础。因此，探讨预算管理调控体系的构建，首先应明白预算信息反馈系统如何构建。理论上，预算信息反馈系统的构建有双轨制和单轨制两种不同模式。双轨制模式是预算信息反馈系统独立于财务会计反馈系统，两种会计核算各成体系。其中，财务会计反馈系统是按照会计制度的要求设置账簿；预算信息反馈系统则是按照责任会计的要求，就各预算责任主体的责任成本、责任利润等所进行的核算。财务会计反馈系统和预算信息反馈系统两者没有直接联系。实行双轨制时，企业可以完全按照预算管理的要求进行责任会计的核算，而不受会计制度的制约，具有较大的灵活性，能更好地保证预算调控职能发挥。所以，它的最大优点就是便于理解而且较易操作。但数据之间缺少直接联系，还可能导致两种核算之间发生信息冲突，加大企业内部管理对信息的利用难度。

（二）预算调控体系的构建

1. 预算调整

预算调整一般分为两类：一是当外部市场环境发生较大变化时，需重新安排原定的生产经营计划，或因生产经营中发生意外事件而需改动原定计划；二是由上述调整而引起的预算目标责任的调整，如预算利润指标、预算成本指标、预算资金占用指标等。理论上，预算是企业的"交通规则"，即要求"司机"一律按既定规则和通道行车。换言之，预算作为企业行为的依据，应该具有严肃性和刚性，即不应出现"正偏差"和"负偏差"。为更好地发挥预算的规划、指导和约束作用，客观地评价预算的执行情况，根据环境变化适时调整预算便是明智之举。对第二类预算调整则必须从严掌握，不可轻易从事。

首先，预算目标责任既是企业生存与发展的基本保证，又是对预算责任人的要求。外界环境的变化随时会发生，如果稍有变化便调整预算责任，企业目标则无从实现，预算也就失去了本身的意义。同时，决策部门轻易修改预算的态度，也会减轻有关责任人的压力，易使下级责任单位寻找种种借口拒不执行预算，或对预算指标不负责任，应付了事。

2. 预算监控

预算监控主体是实施预算监控职能的机构。预算监控涉及整个企业各个环节、各个部门和全体成员，所以，设置一个兼职的低层次的预算监控机构有时难以担负整个系统的预算监控重任。有效的监控应该借助各部门、各成员的共同努力，应该是预算执行者之间的自我监控和相互监控的结合。

因此，预算监控主体应是与各项职能相对应的监控网，我们应重点强调以下三个层次的监控。

第一层次是监事会的监控。对于预算编制和执行过程，监事会无疑应作为最高级别的监控主体，承担其监控职责。

第二层次是财务总监的监控。财务总监是受出资人或出资代表的委托，对其重大决策的落实和企业具体运行情况进行全程监控，也是预算运行情况的高层监控主体。

第三层次是相关职能部门的监控。比如，财务部应成立预算监控中心，审计部、企划部、人力资源部、生产经营管理部和质量管理部等部门均应承担相应的预算监控职责。在全面预算运行过程中，监控重点主要是企业的业务流和资金流两大方面。对业务流的监控，通常采取组织控制的方式，即有关组织机构、组织分工和责任制度等方面的预算控制。同时，对业务流的监控，还必须注重预算执行中相应的权责划分及其履行方面，即授权控制。对资金流的监控更不容忽视，在成功实行资金监控的企业中，设置财务结算中心是一种很好的手段。财务结算中心是完善企业内部经济责任制、强化财务管理的一种管理形式，它主要通过"结算管理"和"信贷管理"两个方面来把握企业资金的调剂工作，为企业的正常运营提供资金保障。

第三节　预算编制的基本原理

"规划"是谋划组织未来发展方向以达到组织既定目标的过程。"战略"是将组织优势与市场机会相结合以实现组织长期目标和短期目标的组织计划。"预算"为"规划"打下了坚实的基础，因为成功的预算是通过将组织的资源与战略相协调而构建起来的。

一、预算循环及编制预算的理由

（一）预算循环

预算循环通常涉及以下六个关键步骤。

对整个实体和它的子单位分别编制预算。高级管理者要根据预算给他们的管理人员一整套具体的目标。

所有子单位的管理人员都同意完成他们那部分的预算。预算过程的一个关键是子单位管理人员确认并承诺接受和履行他们那部分的预算，以支持公司总体目标的实现。这种管理人员的承诺使子单位的战略与公司总体目标相一致。

一旦预算完成，预算就成为公司的业绩基准。因此，实际结果的好坏是根据已制定的预算来衡量的。

与预算不一致的所有变化都要进行严密的分析，以确定发生变化的根本原因。

管理层借助差异分析的方法尽可能地采取所有必要的纠正措施重新设定未来的结果，并相应调整预算期望值。

对绩效进行更深入的评估，并严密监控评估结果。如果当前条件不能被改变，导致重新设定的结果无法符合预算期望值，那么管理层必须在考虑那些条件的基础上制订适当的计划，这些计划确定了未来的期望值。由于这些修订后的计划考虑了业务和经济环境的重大变化，所以它们经常用于后续的预算编制工作。图 2-6 展示了这些步骤如何形成一个预算循环。

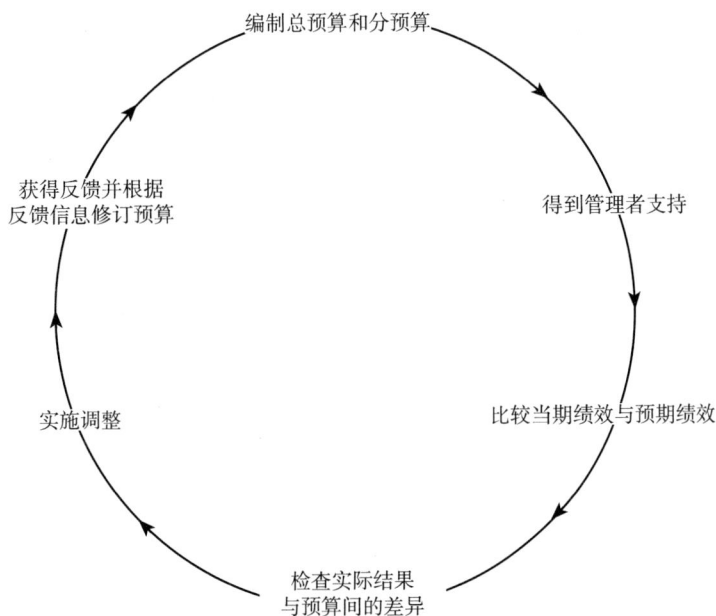

图 2-6　预算循环

（二）公司编制预算的原因

公司编制预算有四个主要原因，即规划、沟通与协调、监控以及评估。

1. 规划

编制预算的主要好处之一是它能促使组织审视未来。对收入、费用、人才需求、增长或收缩等方面的预期必须建立起来。战略和运营计划考虑到了来自多个源头的想法和组织内的各种观点。规划过程中可能会就组织的未来发展方向提出新的思路，或发现更好的方法以实现组织的既定目标。预算作为计划流程的产物，为实现组织目标提供了一个框架。如果没有这个预算框架，个别管理者只会临时做决策并且被动经营，而不是根据预算框架主动决策。因此，组织的活动会缺乏方向感和协调性。

2. 沟通与协调

编制预算也促进了组织内部的沟通与协调。在预算编制过程中，组织中的各个部门（如生产部门、市场营销部门、物料管理部门等）必须就各自的计划与需要相互沟通，这样所有部门均能评估其他部门的计划与需要会对本部门产生怎样的影响。为实现预算目标，组织的各个部门必须相互协调。例如，要开发新产品，就必须为产品开发提供足够的资金，为新产品的生产采购必要的物料，市场营销与销售部门必须拥有足够的资源推广和销售新产品。另外，可能还需要更多的产品存储空间、配送资源和分销渠道。预算还允许组织将其目标传达给组织中的每个人，包括那些没有参与预算程序中的人。预算编制提供了一个使组织全体成员为实现组织目标共同努力的舞台。

3. 监控

预算设立了标准或绩效指标，根据这些标准和指标，管理者可以监控组织目标的实现进度。通过比较某段时间内的实际结果与预算结果，管理者能明确组织是否正沿着正确的路径实现其目标。组织的总预算可以分解至事业部和部门层级，这样组织的每个层级均能得到评估。当个别事业部或某个部门无法达成预算目标时，组织作为一个整体仍可能实现其预算目标。判断实际结果与预算结果的差异是有利还是不利，要看其对净利润的影响。销售额的增加和费用的减少是有利差异，两者都使净利润增加。但是，销售额的减少和费用增加被认为是不利差异，两者都使净利润减少。

4. 评估

预算也可以作为员工绩效评估的工具。一旦确立预算，管理者就需承担与预算绩效相关的责任，管理者需努力完成预算中应由自己负责的那一部分。通过比较一个特定时期内的实际结果与预算，可以评估管理者的绩效。不利的结果并不必然意味着管理者的表现不佳，而是提供了找到差异根本原因的线索。同样地，有利结果也并不必然意味着管理者的表现特别出色。绩效评估使得组织能通过奖励业绩出色的员工来达到激励员工的目的，比如，可以设立绩效奖金，和/或将绩效评估纳入未来的薪酬或升职决策中来。

（三）预算编制过程中对经济因素的考量

经济条件、行业状况、组织计划与预算编制之间存在千丝万缕的联系。当预算编制过程同组织的总体战略联系在一起时，预算编制是最有效的。管理者应该在构建组织战略时关注所有的经济因素，包括决策的财务影响以及了解竞争因素。当制定组织战略时，管理者应该问这些问题：

我们的组织目标是什么？

如何将我们的组织目标与预算编制联系在一起？

谁是我们的竞争对手？我们怎样才能将自己与竞争对手区别开来？

市场竞争状况与发展趋势会怎样影响我们？

存在哪些组织风险可能会影响到预算编制流程？

存在哪些组织机会可能会影响到预算编制流程？

二、经营活动与绩效目标

预算编制的先决条件是战略分析，战略分析将企业的能力与市场上可利用的机会相结合。战略提出组织目标；界定潜在市场；考虑重大事件、竞争对手以及总体经济状况对企业的影响；确定组织结构；并且评估替代战略的风险。战略分析是制订长期计划和短期计划的基础，这些计划又相应地产生了长期预算和短期预算，这些预算反过来又使得总预算以及构成总预算的各个部分预算得以产生（图2-7）。

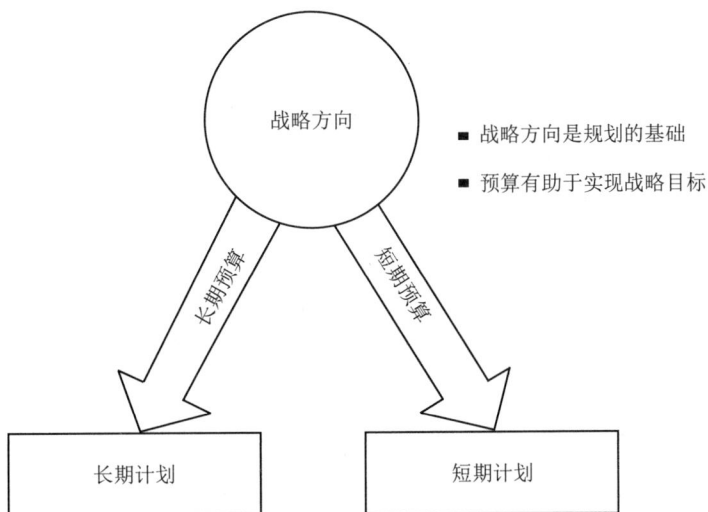

■ 战略方向是规划的基础

■ 预算有助于实现战略目标

战略方向

长期预算 短期预算

长期计划 短期计划

图 2-7 战略、规划及预算

预算在根据既定目标对绩效进行衡量方面发挥了重要作用。如果仅仅单独根据过去的绩效来评估现在的结果，过去发生的错误和问题就会自然而然地被纳入当期绩效评估的基准中。

例如，某公司的报告声称，由于销售团队是新组建的并且缺乏经验，因而销售业绩欠佳。如果该公司使用业绩欠佳年度的数据作为下一年度的销售绩效评估标准，那么这个标准就会低于应达到的正常水平，不利于激励销售团队努力工作。然而，如果评估标准设立得太高，员工可能会因为目标不切实际而放弃努力。

将具有预测性质的预算当作计划使用，考虑了使用预期的结果作为基准这一因素。用预算代替历史结果的另一个好处是过去的业绩并不总能预示未来的结果。仅仅依靠历史数据，就会产生一种感觉，即无论环境如何，过去的表现总是需要得到改善。

当采购人员或管理者能自主决定是否发生某项成本或在短期内能改变该项成本的大小时，这一成本就被认为是"可控的"或"可自由决定的"。管理者能直接控制的变动成本和其他成本被称为可控成本。管理者可以通过削减工人工作时间、使用更便宜的原料或者其他措施来限制这些可控成本，比如，部门经理能够将维修成本和广告成本控制在一定的范围内。

固定成本，如行政管理人员薪金或租金，通常不能被经理控制。这些成本被称作

"约束性"或不可控成本。可控成本这一概念对绩效评估十分有用。

那些被评估的管理者认为，用部门净收入减去可控成本来评估其对资金的使用情况是更为合理的方法。经理不应该为不可控的成本负责，因为这不能起到激励作用。

关注可控成本能够将重点放在通过预算编制能获得最大效益的地方。

三、成功的预算编制的特征

从任何单一因素出发来制定预算都不可能形成一个成功的预算。要制定一个成功的预算，必须综合考虑以下诸多因素。

预算必须与公司战略保持一致。

预算流程应保持相对独立，但预算的编制应根据战略规划和预测来进行。

战略规划。战略规划是更高层次、更长期、构建在公司整体层面上的，比如，产品线相关内容就属于战略规划，但责任中心相关内容则不属于战略规划。然而，预算编制步骤中最初的几个步骤可用于完善公司的战略方向，因为这些步骤中使用了更多的最新信息。

预算必须从更全面的预测中使用前瞻性信息。因此，在预算编制过程中直接使用的预测，如销售预测，有助于让管理人员形成高度的责任感。

预算能用来缓解潜在的"瓶颈"问题，并将资源分配到那些能最有效率地对其加以利用，并能得到最好效果的领域。

预算中必须给出技术上正确无误并且相当准确的数据和事实。

管理层（包括最高管理层）必须充分认可该预算，并接受实现预算目标的责任。

员工必须将预算视作一种规划、沟通及协调的工具，而不是压力或惩罚措施。预算必须被作为一种激励工具，用来帮助员工朝着组织目标的方向工作。

预算必须被视为一项内部控制工具，内部使用的预算应基于可控成本或可自由决定的成本进行绩效评估。

销售和管理费用的预算应足够详细以便关键假设能够被更好地理解。

必须由预算编制团队的上级部门（而不是编制团队）对编制好的预算进行审查及批准。最终形成的预算不应轻易变动，但必须足够灵活，这样才能很好地发挥其作用。预算应该让规划得以强制执行，促进沟通和协调，并提供绩效评估标准。预算程序必须对来源不同的两类意见进行平衡：一类意见来自那些以后需要执行预算的人；另一类意见来自高级管理人员，而且这类意见是通过对预算进行彻底且公正的审查后得出的。

四、成功的预算流程的特征

无论组织自身及其预算非常简单还是高度复杂，一个成功的预算流程所具有的特征体现在以下方面：预算期间、预算流程的参与者、预算编制的基本步骤以及成本标准的应用。

（一）预算期间

预算期间是指达到预算目的所需的时间长度。短期预算是为企业一年的经营制定的，这与企业的会计年度相一致。总预算通常是一年时间。总预算可以进一步分解为月度或季度预算。长期预算通常是为企业三年、五年以及十年的经营制定的。这适合战略规划。时间越短，预算就越详细。预算可以采用连续（滚动）预算的形式。一个连续的预算一般以一个月、一个季度或一年为基础。在每期期末，通过在预算的末尾增加一个新的预算期间来修改下一期的预算，编制这种连续性预算可利用专门的软件进行。

（二）预算流程

每家公司的预算编制方法不尽相同，但所有方法事实上都介于完全权威式预算和完全参与式预算这两个方法之间。在权威式预算（自上而下的预算）中，最高管理层负责确立从战略目标直至单个部门的具体预算项目等一切预算内容，他们期望下级管理者和员工将会遵循预算并达到目标。在参与式预算（自下而上或自愿接受的预算）中，所有层级的经理与某些关键员工共同制定其所在领域的预算，最高管理层通常保留最后的审批权。理想的预算流程应综合采用这两种方法的长处，即介于权威式预算和参与式预算之间（表 2-4）。

表 2-4　权威式预算法、混合式预算法与参与式预算法的比较

权威式预算法	混合式预算法	参与式预算法
最高管理层将战略目标整合到预算中	自上而下沟通战略目标，并自下而上实施该目标	在预算流程中不优先考虑战略目标
能更好地控制决策	保留了对预算编制的控制权，且能获得专业知识，但代价是预算编制时间会稍有增加	专业知识使预算决策更能博采众长
用命令代替沟通	双向沟通：最高管理层理解参与者的困难与需要；预算参与者理解管理层的困境	向管理层传达较低层级的观点（产品/服务或市场）
员工：不满不受激励	员工的参与使其接受预算，这使得他们能对实现预算目标做出更大的个人承诺	员工：参与受激励
较低组织层级可能不会完全遵循严格的预算	所有人都参与预算制定而产生的对预算的责任感以及全面的审查使得收紧的预算能得到遵循	高层管理者过松或不作为的审批会导致宽松的预算以及预算松弛
不推荐这种方法，但该方法比较适用于小型企业或环境变化不大的企业	对大多数公司来说都是最好的；能实现战略与战术投入间的平衡	对于高度变化环境中的各个责任中心这是最好的方法，在这种情况下，各个领域的经理拥有最好的经营数据

表 2-4 列出了完全权威式预算法和完全参与式预算法的好处与局限性，并指出了混合式预算法如何提供了最大限度的检查并且对两种方法的预算过程进行了平衡。需要注意的是，混合式预算法有时被看成参与式预算法的一种形式。

混合式预算法包含以下五个步骤：

①确定预算参与者，包括各个组织层级的代表以及在特定领域拥有专长的关键员工。

②最高管理层与预算参与者沟通战略方向。

③预算参与者编制预算初稿。

④较低组织层级将预算提交给上一级审查，审查以迭代的方式进行以加强双向沟通。

⑤通过严格而公正的审查以及预算审批形成最终的预算。

（三）预算参与者

预算的制定或废除由董事会、最高管理层以及预算委员会三方决定。中层管理者和基层管理者也扮演着重要角色，因为他们根据高层管理者的计划制订更加详细的预算。预算协调者和流程专家可能参与预算的制定，这取决于公司规模和编制预算的类型。

（四）董事会

董事会并不制定预算，但它不能放弃审查预算的责任，要么批准，要么退回重新修订，董事会通常任命预算委员会的成员。

（五）最高管理层

最高管理层对预算负有最终责任，他们履行这项责任的主要方法是确保所有层级的管理人员都能理解并支持预算和整个预算控制流程。如果最高管理层不能旗帜鲜明地支持预算，一线管理人员也不可能严格地遵循预算。另外，最高管理层应密切关注自身对每一位一线管理人员预算的影响，因为不近人情的政策可能会导致员工在预算编制上会花样百出。

高层管理人员应该为下属设计一种激励机制，鼓励下属制定真实、完整的预算，例如，对准确的预算编制进行奖励。一个需要避免的常见问题是预算松弛。当预算绩效与实际绩效不同时就会产生预算松弛，这是因为每个经理都会在其预算中预留一笔额外的资金以应对意外事件。预算松弛使得管理人员不再害怕失败，但每个层级的预算松弛会让总预算变得非常不准确。预算松弛不利于目标一致性，因为管理者在做预算时没有考虑到组织目标。

然而，在某些情况下，与适度的弹性预算相比，预算的僵化执行会给组织带来更高的长期营运成本。例如，如果维修经理拒绝批准机械工加班完成某项紧急的维修任务，因为"这样做会消耗一大笔维修预算"，那么可能给工厂造成的损失将数以千万计。

（六）预算委员会

大型公司通常需要组建一个由高层管理者组成的预算委员会，并且该委员会经常是由首席执行官或者一个董事会副主席领导。委员会的规模因组织规模而异。预算委员会负责：编制预算，核准预算，裁决不同的意见，监控预算，检查结果，并批准预算修订。

（七）中低管理层

一旦预算委员会设定了预算流程的基调，组织中的其他人员就要发挥其应有的作用。

中低管理层要承担许多具体的预算编制工作。这些中低层管理者遵循预算指导方针，这些指导方针是最高管理层或预算委员会为各个责任中心准备预算编制的一般准则。责任中心、成本中心或战略业务单位是公司的组成部分，管理者被授予作出成本、收入和投资决策的权力，也可以制定预算。预算指导方针是围绕公司战略及长期计划而制订的。预算指导方针中规定了预算编制方法、预算安排以及需要考虑的事件，如新的裁员要求或经济状况的变化。

（八）预算协调者

参与预算过程的人越多，就越需要某个人或团队能识别并解决不同责任中心在预算上的分歧以及总预算不同组成部分之间的衔接。

（九）流程专家

当使用参与式预算法时，预算团队中常常会加入某些关键的非管理人员。团队参与者一般是那些对特定领域，尤其是复杂多变的领域的成本有非常细致的了解。这样的参与者不仅会把更多精力放在预算上，而且使他们对预算拥有了一定的责任感，从而增加了预算在操作层面得到遵循的可能性。

（十）预算编制步骤

各责任中心在编制预算时应采取的步骤包括：最初的预算提案、预算协商、预算审查与批准以及预算修正。

1. 预算提案

在首席执行官确定公司战略之后，一份关于战略的备忘录或指令就会被传达给每个一线经理或责任中心，这样就可以让他们的预算流程和公司的战略规划保持一致（指一个自上而下的实施过程）。根据公司战略规划，各个责任中心将编制初步的预算提案，并且在预算提案中要兼顾内外部因素。其中，内部因素包括价格、可用资源以及生产流程的变化，新产品或新服务，相互关联的责任中心的变化以及员工的变化。外部因素包括经济及劳动力市场的变化，商品和服务的价格与可获得性，行业趋势以及竞争对手的行为。

2. 预算协商

将预算提案呈交高层管理者或预算委员会后，他们会审查预算是否符合组织的战略目标，是否在可接受的范围内，以及是否与类似的预算相一致。审查者还会确定这项预算是否可行，是否符合下一级组织的目标。预算协商会占用很多时间，这是因为预算从高层管理者那儿退回来后，高层管理者和责任中心会都会就优先级进行重新协商。

3. 预算审查与批准

预算沿着命令链条经过逐层审查与批准最终到达预算委员会。预算委员会审查预算与预算指导方针、长短期目标以及战略规划的一致性后，将预算合并成总预算。一旦预算委员会和委员会的领导批准了预算，它就会被提交给董事会进行最后的批准。

4.预算修正

预算的严格程度因组织而异。有些预算必须被不打折扣地执行；另外一些在特定环境下允许修改；还有一些预算需要不断改动。对外部环境的变化视而不见，僵化地执行一项预算可能会导致给企业带来灾难。管理层不应将预算作为唯一的运营指南。定期修改预算可以更好地指引组织发展，然而这可能会使管理者将定期的修改视为例行公事，不会很认真地编制预算。允许定期修改预算的组织应该确保设置足够高的预算修改门槛，以使员工尽可能高效地工作。当定期修改预算时，应保留原始的预算副本，以便与本期间结束时的实际结果进行比较。

（十一）成本标准

组织会设定各种不同类型并要努力达到的标准。标准可以是任何经过仔细考虑而确立的价格、数量、服务水平或成本。制造业中的标准通常是以单位产品为基础设定的。标准成本是指一项操作或服务耗费多少成本，或者是在假设所有事项都按计划进行的情况下（预期执行时间和产能）企业预期产生的成本。预算编制人员使用标准成本制定预算，并且当环境发生变化时相应更新标准成本。实际上，预算数额和标准数额之间并没有明确的界限。在较短的时间范围内，预算数额和标准数额之间几乎没有区别。

（十二）标准的类型

标准可以被设置为权威式的，也可以被设置为参与式的。

1.权威式标准

权威式标准完全由管理层确定。权威式标准可以更快地制定出来，并且能够同整个企业的目标匹配起来，但权威式标准可能会导致员工不满或者根本无法执行。

2.参与式标准

参与式标准是通过管理层和所涉及各方之间进行意见交换来制定的。相比权威式标准，参与式标准更容易被接受，但其制定过程需要耗费较多时间，因为他们需要各方之间谈判，以确保组织运营目标能够实现。

第四节　预算管理的意义

一、预算管理的程序

（一）建立企业预算管理系统

系统是指由若干个相互作用的部分组成，在一定的环境中具有特定功能的有机整体，本质上系统是过程的复合体。企业预算管理系统就是以企业战略目标的实现为宗旨，分解目标、配置资源，组织与协调企业生产经营活动的管理系统。一个完善而有效的企业预算管理系统由四个部分组成：预算管理机构、预算编制管理、预算控制管理、预算评价管理。

（二）选择企业预算管理的起点

从本质上说，企业预算管理就是以市场为导向，对企业内部资源进行优化配置，把企业的目标利润与企业的经济活动连接起来，使有关目标利润实现的各要素都发挥最大潜能，从而避免某些制约因素的产生对企业运营效率产生的影响。由此可见，预算管理一头连着市场，一头连着企业内部，而不同的市场环境和不同的企业，以及同一企业因项目产品的生命周期不同而处于不同的企业生命周期，其预算管理模式的起点及选择是不同的。通常按照企业生命周期，可将预算管理分为以下四大模式。

1. 企业初创期——以资本预算为起点的预算管理模式

企业初创期面临来自两个方面的经营风险：一是大量资本支出与现金流出，使得企业净现金流量为负值；二是新产品开发的成败以及未来现金流量的大小具有较大的不确定性，因而投资风险较大。

投资的高风险性，使得新产品开发及其相关资本投入需要慎重决策，这使得预算管理以资本预算为重点。与传统的项目抉择过程不同之处在于资本预算具有更广泛的含义：

投资项目的总预算，即从资本需要量方面对拟投资项目的总支出进行规划；

项目的可行性分析与决策过程，即从决策理性角度对项目的优劣进行取舍，需要借助未来预期现金流；

在时间序列上考虑多项目资本支出的时间安排，即从时间维度上考虑多项目资本支出的现金流出量规划；

在考虑总预算、项目预算和时间序列后，结合企业的筹资方式进行筹资预算；

从机制与制度设计上确定资本预算的审批程序和资本支出的监督控制，并对资本预算进行全面考评。

综上所述，可以看出，资本预算管理模式同样包括预算的编制（项目预算、总预算、各时间序列的资本支出预算和筹资预算）、预算的执行与控制以及预算的评价三方面内容，只是由于产品开发期的不确定性，需要从资本投入预算开始介入管理的全过程，以资本投入为中心的资本预算也就成为该阶段的主要预算管理模式。

2. 企业增长期——以销售为起点的预算管理模式，

步入增长期的企业，尽管产品逐渐被市场所接受，尽管对产品生产技术的把握程度已大大提高，但企业仍然面临较高的风险，它一方面来自产品能否为市场所完全接受、能在多大的价格上接受，从而表现为经营风险；另一方面来自现金的负值及由此而产生的财务风险，即由于大量的市场营销费用投入、各种有利于客户的信用条件和信用政策的制定而需要补充大量流动资产。因此，现金净流量仍然维持在入不敷出的状态。这些特征，是由于企业的战略定位而固有的，增长期的战略重点不在财务而在营销，即通过市场营销来开发市场潜力和提高市场占有率。同样，预算管理的重点是借助预算机制与管理形式来促进营销战略的全面落实，以取得企业可持续的竞争优势。

在这一阶段，企业战略管理重点是扩大市场占有率，并在此基础上理顺内部组织的管理关系。以销售为起点的预算管理模式，应该而且能够为企业营销战略实施并持续提高其竞争力提供全方位的管理支持，该模式下的预算编制思想如下。

从预算机制角度，该预算模式下的管理以营销管理为中心，具体地说，销售预测需由营销等职能部门全面参与，在市场预测的基础上确定各营销网络的销售预算，上报企业预算管理中心（简称预算中心，下同），由预算中心结合企业发展战略及区域定位来调整各网络的销售预算，防止偷懒行为，在预算中心与各网络就销售预算进行讨价还价并最终达成一致后，由预算中心下达各网络的销售指令，从而形成对各网络的硬预算约束；同时，对于非销售的其他辅助管理部门，它们在本质上都属于销售预算管理的支持与辅助部门，预算中心要通过测定调整各职能预算，确定并下达各职能部门的预算责任，预算责任成为各部门工作的标杆和管理依据，成为自我控制与自我调整管理行为的指挥棒。它表明，预算已使得各职能部门变被动接受上级管理为主动进行自我管理，预算管理是过程管理、机制管理。

3. 市场成熟期——以成本控制为起点的预算管理模式

这一阶段的市场环境与企业应变能力都有不同程度的改善，一方面市场增长减慢但企业却占有相对较高、较稳定的份额，市场价格也趋于稳定；另一方面，从企业角度来看，由于大量销售和较低的资本支出，现金净流量为正数，且保持较高的稳定性。企业经营风险相对较低，但潜在的压力非常大，这种压力体现在两方面：是成熟期长短变化所导致的持续经营压力与风险；二是成本下降压力与风险。前者是不可控风险，后者是可控风险，也就是说，在既定产品价格的前提下，企业收益能力大小完全取决于成本这一相对可控因素。成本下降风险是指由于其他企业的竞争优势（如果全部来自总成本领先战略时）对企业的收益威胁。因此，成本控制成为这一阶段财务管理乃至企业管理的核心。

以成本为控制点，以成本为预算起点的成本管理模式也就理所当然地成为这一阶段企业预算管理的主导模式。这一模式的内在逻辑在于：既然市场价格基本稳定，企业欲获得期望收益必在成本上进行挖潜，即成本预算现实售价期望利润。对于成熟期产品而言，利润实现高低完全不取决于定价策略，而是取决于成本管理策略，邯钢经验正是基于这一逻辑而展开的。

可见，以市场为导向、以企业成本预算为起点的预算管理模式，对于大多数处于成熟状态产品的企业来说，具有重要的指导意义。

以成本预算为起点的预算管理模式，强调成本管理是企业管理的核心与主线，它以企业期望收益为依据、以市场价格为已知变量来规划企业总预算成本，它以预算总成本为基础，分解到涉及成本发生的所有管理部门或单位，形成约束各预算单位管理行为的分预算成本。不论是总预算成本还是分预算成本，都不是传统意义上的标准成本（标准成本的最大缺陷就在于，它是与标准产量而不是与市场可接受的需要量相联系的，完全标准成本并不等于企业实现利润目标，而预算成本直接与市场相对接，从而能在制度上保证，实现预算成本也就意味着实现目标利润）。在成本预算管理逻辑、机制形成及其管理体系方面，邯钢都是一个典型示范。

4. 企业衰退期——以现金流量为起点的预算管理模式

这一时期的预算管理模式只能是过渡式的，因为企业所有者和经营者并不希望企业就此退出市场。尽管是过渡式的，衰退期的经营特征和财务特征昭示我们，采用所拥有的市场份额稳定但市场总量下降，销售出现负增长；在财务上，大量应收账款在本期收回，而潜在的投资项目并未确定。因此，自由现金流量大量闲置，并可能被个人效用最大化日益膨胀的经营者滥用。如何针对上述特点，做到监控现金有效收回并保证其有效利用等，均应成为其管理重点，以现金流量为起点的预算管理，以现金流入流出控制为核心，也就具有必然性。

以现金流量为起点的预算管理模式，必须借助现金预算，它旨在解释企业及其各部门的现金是从哪里得来的？又用到何处去了？在某一时点上能被用以周转使用的余额是多少？企业将在未来何时需要现金？如何筹资以用于到期的现金支付？现金支出的合理程度有多大？如何通过预算方式避免不合理的现金支出？如何通过现金预算来抑制自由现金流量被滥用？与预算管理相对应的，企业应采用何种现金管理模式，是现金收支两条线还是采用备用金制度？是采用现金的内部结算周转信用制度还是采用集团内的财务公开制度？等等。所有这些问题都与现金预算管理模式相关，离开了预算管理，企业财务管理就失去了管理的依据和管理重心。当然，并不是只有当企业步入衰退期时，企业才起用现金预算这一妙招的。事实上，现金流量及其流转与财务管理的重要性，使得以现金预算为起点的预算管理模式应当而且必须成为企业日常财务管理的关键。国内企业利用现金预算加强财务管理的例子很多，其中宝山钢铁（集团）公司的案例就具有代表性。

从上述分析也可得出，以现金流量为起点的预算管理模式并不完全等同于现金预算。现金预算仅仅是财务预算的一部分，它旨在降低支付风险，协调现金流动性与收益性的矛盾。与此不同，以现金流量为起点的预算管理模式，要求企业管理必须围绕现金的收回与合理支出为核心，它以防止自由现金流量被滥用为目的，同时也为下一轮新产品的开发和新的经济增长点积蓄资本潜力。

按产品生命周期及企业生命周期理论来解释预算管理模式，只是一种理论上的抽象，它适用于单一产品的生产企业。但是，这种抽象并不意味着对于多产品生产企业乃至多企业的集团公司不具有指导意义，因为，不论是多产品企业还是多企业的集团公司，其管理对象都最终要落实在某一产品中，企业内部的分工与管理对象的细化，往往使得某

一、二级管理主体（如某产品分部）只针对一种或少数类别的产品实施管理，这样，上述预算模式即可用于二级管理主体，总部的任务即为对各二级管理主体或分部从预算管理过程上进行必要的控制与协调，这种控制与协调并不损害预算管理主线及其管理的权威性本身。尤其对于集团公司，总部完全可以按照分部或下属子公司的产品本身，根据上述思想所设定的不同预算起点，制定不同的预算战略与管理体系。

（三）预算管理的三个主要环节

预算管理由若干密切联系的环节组成，从编制到执行，从考核到奖惩，任何一个环节的疏漏都会造成管理上的失误，甚至出现重大的经营管理失败。因此，对预算管理的每一个组成部分都要给予足够的关注，同时对预算管理主要的三个环节：预算的编制、预算的执行与控制、预算的考评与激励进行控制。

1.预算的编制

在环环相扣的各部分中，预算的编制无疑是整个预算管理体系的基础和起点。如果缺乏经过精心准备的、合理而明确的预算文件，以下各阶段工作也就无从开展。通常情况下，预算编制可以采用自上而下、自下而上或上下结合的主动参与性编制方法。整个过程为：

先由高层管理者提出企业总目标和部门分目标。

各级责任单位和个人根据一级管理一级的原则据以制定本单位的预算方案，呈报分部门。

分部门再根据各下属单位的预算方案，制定本部门的预算草案，呈报预算委员会。

预算委员会审查各分部预算草案，进行沟通和综合平衡，拟定整个组织的预算方案。

预算方案再反馈回各部门征求意见。经过自上而下、自下而上的多次反复，形成最终预算，经企业最高决策层审批后，成为正式预算，逐级下达各部门执行。

2.预算的执行与控制

预算虽然编制完成了，但在预算执行之前，还需要经过预算的分解、下达和具体讲解等准备步骤来保证预算的有序执行，保证预算体系运转良好。

预算开始执行之后，必须以预算为标准进行严格的控制：支出性项目必须严格控制在预算范围之内，收入项目务必完成预算，现金流动必须满足企业日常和长期发展的需要。预算控制的标准就是预算编制产生的各级各类预算指标，即经营预算、资本支出预算和财务预算。预算的执行与控制是整个预算管理工作的核心环节，需要企业，上下各部门和全体人员的通力合作。

在预算执行与控制过程中和预算完成后，一个尤为重要的环节是实际与预算差异的分析。在分析实际和预算差异的时候，一般按照以下几个步骤进行。

①对比实际业绩和预算标准找出差异。

②分析出现差异的原因。

③提出恰当的处理措施。

其中，预算执行过程中的差异分析可以根据周围环境和相关条件的变化帮助调控预算合理而顺利地执行；预算完成后的差异分析则可以总结预算完成情况，帮助评价预算期间工作的好坏，进而为企业评价激励制度的公平有效提供数据依据。因此，差异分析贯穿预算管理的全过程，既为预算的执行与控制明确了工作重点，也为下期编制预测、预算提供了可资借鉴的丰富经验。

3. 预算的考评与激励

预算考评是对企业内部各级责任单位和个人预算执行情况的考核与评价。对预算的执行情况进行考评，监督预算的执行、落实，可以加强和完善企业的内部控制。在企业的全面预算管理体系中，预算考评起着检查、督促各级责任单位和个人积极落实预算任务，及时提供预算执行情况的相关信息以便纠正实际与预算的偏差，有助于企业管理当局了解企业生产经营情况，进而实现企业总体目标的重要作用。同时，从整个企业生产经营循环来看，预算考评作为一次预算管理循环的结束总结，它为下一次科学、准确地编制企业全面预算积累了丰富的资料和实际经验，是以后编制企业全面预算的基础。

预算提供了明确的一定期间所要求达到的经营目标，是对企业计划数量化和货币化的表现，为业绩评价提供了考评标准，是业绩评价的重要依据，便于对各部门实施量化的业绩考评和奖惩制度，使得企业有效激励相关部门和人员有了合理、可靠的依据。确立"考评与奖惩是预算管理工作生命线"的理念可以确保预算管理落实到位。严格考评不仅是为了将预算指标值与预算的实际执行结果进行比较，肯定成绩，找出问题，分析原因，改进以后的工作，也是为了对员工实施公正的奖惩，以便奖勤罚懒，调动员工的积极性，激励员工共同努力，确保企业战略目标最终得以实现。由此可见，预算考评与激励在整个企业全面预算体系中占有极其重要的地位。

二、预算管理的作用

（一）落实企业战略目标

预算管理是以价值形式和其他数量形式综合反映企业未来计划和目标等各个方面信息的全面预算，是全面落实企业战略目标的具体行动方案与控制制度，它通过对企业的销售、生产、分配以及筹措等活动确定明确的目标，进而据以执行与控制，分析并调节差异，指导企业在市场竞争中趋利避险，全面实现企业战略目标。

（二）完善企业管理机制

预算管理通过对企业及各部门和成员在预算编制、执行与控制、考评与激励等过程中责、权、利关系的全面规范，将企业管理机制具体化、数量化、明晰化；通过以市场为起点的研究和预测，将外部市场竞争及风险与企业内部管理机制连接起来，有助于完善企业管理机制，为优化公司治理结构提供了切实保障。

（三）明确各部门的工作目标

预算管理是经营方针、目标及经营计划的定量反映，明确规定了整个企业各部门、各层次以及个人所要达到的具体预算目标。预算管理的过程就是将企业的总体目标分解、落实到各个部门的过程，从而使各部门明确自己的工作目标和任务。企业的总体目标只有在各部门的共同努力下才能得以实现，这样可避免各部门忽视企业总体利益，片面追求部门利益的现象。而且，明确目标可以起到两个作用：一是引导，即引导企业的各项活动按预定的轨道运行，防止出现偏差；二是激励，即最大限度地发挥企业员工的积极性，创造最大的经济效益。

（四）协调各部门的工作

预算的编制使各部门的经理人员都了解到本部门与企业总体的关系、本部门与其他部门间的关系。在努力实现企业总体目标的前提下，各部门都能够自觉调整好自己的工作，配合其他部门共同完成企业的总体目标，同时部门间也有了交换意见的基础。预算的制定过程同时也是企业各部门信息互相交换的过程。一个好的预算的编制并不仅仅是企业内部信息简单地从上到下，或简单地从下到上的过程，还包括员工之间进行流动，综合企业内部的所有信息求得最优解。这一过程可以促进各部门之间、各部门与管理层之间的互动沟通，使整个企业做到协调一致。同时，预算本身也是企业内部经过协商所制定的一个契约，它反映了各部门之间的利益关系，合理的预算能够正确处理好这些部门之间的关系，减少内部矛盾，做到公平与效率兼顾，鼓励企业所有员工为争取实现企业的共同目标而努力，发挥企业内部资源的最大功能。另外，预算的实施要求在工作中所有部门和员工都按预算的要求开.展活动，这其实是一项事前控制，防止部门之间出现不协调、互相扯皮的可能性，提高企业的运作效率。

（五）控制各部门的经济活动

预算管理具有基本的控制职能，预算的控制作用贯穿在整个经营活动过程中。通过预算编制，可以进行事前控制；在预算的执行中随时发现差异，及时调整或纠正，进行事中控制；而预算的差异分析、考评、总结经验教训则是一种事后控制。预算的控制职能具体体现在以下几个方面。

预算是对企业未来时期经营状况的全面估计，预算编制是管理者对企业资源的利用状况所进行的整体性协调控制。

预算将企业目标以财务数字和非财务数字进行表达，是对企业经营活动状态的计量，也是控制其经营活动的依据，衡量其合理性的标准。

预算目标具有较强的约束性，是企业各级各部门的行为准则，是执行者进行自我约束、自我控制的标准。

分析预算与实际差异的原因，明确责任归属，及时采取措施或修正预算，并将这些信息作为制定下一次预算有价值的参考资料。

（六）考评各部门的业绩

对各部门业绩的考核是企业管理体系的一项重要内容，具体来说，有两个方面的含义：一是对整个企业经营业绩的评价；二是对企业内部各管理部门、每一位员工的业绩进行评价。经企业确定的各项预算数据，可以作为评价部门、员工工作情况的标准，可以将各部门、员工的实际工作情况与预算标准相比较，对部门和员工进行考核。根据实际情况进行总结或在企业范围内统一调整预算或改进本身的工作，以减少未来期间差异的发生。

另外，预算管理除了上述几种常规作用外，编制预算、实施预算管理还有一个重要的作用，那就是预算管理的激励作用。预算是全体员工精心规划的产物，而非管理者的主观意志。因此，通过扩大预算编制的参与面，在预算管理的全过程中激发员工的积极性、主动性和能动性，使员工的目标与公司的目标相结合，从而顺利地完成预算任务，实现企业的经营目标。

第三章　新政府会计制度对事业单位预算管理产生的变化

第一节　预算会计科目设置发生变化

新政府会计制度对预算科目进行了改革和完善。新政府会计制度要求事业单位将经营及项目产生的收入全部并入"事业预算收入"科目，体现预算会计的全面性。新政府会计制度要求事业单位将经营业务发生的成本、管理费用以及财政对单位开展项目所拨付的补助支出全部并入"事业支出"科目。新政府会计制度要求事业单位非财政拨款产生的资金结转，根据实际性质妥善结转"非财政拨款结转"以及"非财政拨款结余"科目。新政府会计制度为了能够更加妥善地实现账务处理，增设了"经营结余""其他结余"以及"非财政拨款结余分配"会计科目。

一、新政府制度下预算会计科目新旧衔接转换

（一）预算结余类科目新旧会计制度转换思路解析

2019 年 1 月 1 日，衔接转换时新制度预算会计仅预算结余类科目有年初余额，应当以原账中净资产相关科目年末余额为基础，并根据原账净资产与新账预算结余口径不一致的事项所涉及的金额，对新账预算结余类科目年初余额进行调整。

1. 口径不一致的主要事项

原账确认收入，增加了净资产，但尚未收到资金，不应计入预算结余，以原账相关的净资产为基础确定新账预算结余，导致预算结余虚增。因此，对于这类事项，在衔接转换时应当以原账相关净资产科目余额为基础，调减这类事项涉及的金额，确定新账预算结余年初数。这类事项主要包括：应收票据、应收账款、其他应收款中的应收账款等。

原账未确认支出，未减少净资产，但已支付资金，应减少预算结余，以原账相关净资产为基础确定新账预算结余，导致预算结余虚增。因此，对于这类事项，在衔接转换时，应当以原账相关净资产科目余额为基础，调减这类事项涉及的金额，确定新账预算

结余年初数。这类事项主要包括短期投资、预付账款、其他应收款中的暂付款、存货等。

原账未确认收入、未增加净资产，但已收到资金，应计入预算结余，以原账相关净资产为基础确定新账预算结余，导致预算结余虚减。因此，对于这类事项，在衔接转换时，应当以原账相关净资产科目余额为基础，调整这类事项涉及的金额，确定新账预算结余年初数。这类事项主要包括短期借款、预收账款、长期借款等。

原账确认支出，减少了净资产，但尚未支付资金，不应减少预算结余，以原账相关净资产为基础确定新账预算结余，导致预算结余虚减。因此，对于这类事项，在衔接转换时，应当以原账相关净资产科目余额为基础，调整这类事项涉及的金额，确定新账预算结余年初数。这类事项主要包括应付职工薪酬（贷方余额）、应付账款、其他应交税费、其他应付款中的质量保证金等。

应交增值税。原制度规定，增值税属于价外税，不计入收入和支出。但新制度规定，收取的增值税销项税额计入预算收入，支付的增值税进项税额和缴纳的增值税计入预算支出，以原账相关净资产为基础确定新账预算结余，导致预算结余少计。为保持新账年初余额与本年发生额账务处理的一贯性，应在原账相关净资产科目余额的基础上，对原账"应缴税费——应缴增值税"科目余额进行分析，划分与非财政补助专项资金相关的金额和与非财政补助非专项资金相关的金额，根据应缴增值税（贷方余额），调增非财政拨款结转或非财政拨款结余，如果应交增值税原科目年末余额为借方，则应当调减非财政拨款结转或非财政拨款结余。

2. 重点关注事项

周转类的其他应收款（暂付押金）和其他应付款（暂收押金），由于在未来收回或支付时不计入预算收支，因此衔接转换时，不需要进行调整。

应交增值税中，如果应收票据应收账款中科目余额可能包含增值税，为简化衔接转换工作，可不必区分应收应付的价款和增值税，按照规定进行处理。

各单位应认真分析 2018 年末资产负债类往来科目及短期投资、长期投资、短期借款、长期借款、存货等科目余额形成原因，结合新制度下预算会计记账原则，根据导致预算结余虚增虚减的事项所涉及的金额，对新账预算结余类科目年初余额进行调整。

（二）预算结余类科目新旧衔接

1. "财政拨款结转"和"财政拨款结余"科目及对应的"资金结存"科目余额

新制度设置了"财政拨款结转""财政拨款结余"科目及对应的"资金结存"科目。在新旧制度转换时，单位应当对原账的"财政补助结转"科目余额进行逐项分析，加上各项结转转入的支出中已经计入支出尚未支付财政资金（如发生时列支的应付账款）的金额，减去已经支付财政资金尚未计入支出（如购入的库存材料、预付账款等）的金额，按照增减后的金额，登记新账的"财政拨款结转"科目及其明细科目贷方；按照原账"财政补助结余"科目余额，登记新账的"财政拨款结余"科目及其明细科目贷方。按照原账"财政应返还额度"科目余额登记新账的"资金结存——财政应返还额度"科目借方；按照新账的"财政拨款结转"和"财政拨款结余"科目贷方余额合计数，减去新账的"资金结存——财政应返还额度"科目借方余额后的差额，登记新账"资金结存——货币资金"科目借方（表3-1）。

表 3-1 "财政拨款结转"科目调整表

调整	内容（原账"财政补助结转"科目余额）	调整原因
加	应付票据、应付账款（财政拨款结转资金应付部分）	原已列支，减少净资产，资金未付，虚减预算结余
	其他应付款（财政拨款结转资金应付部分）	原已列支，减少净资产，资金未付，虚减预算结余
	应付职工薪酬（财政拨款结转资金应付部分）	原已列支，减少净资产，资金未付，虚减预算结余
	其他应交税费（财政拨款结转资金应付部分）	原已列支，减少资产，资金未付，虚减预算结余
减	预付账款（财政拨款结转资金预付部分）	原未列支，未减净资产，资金已付，虚增预算结余
	其他应收款（财政拨款资金暂付部分）	原未列支，未减净资产，资金已付，虚增预算结余
	存货（财政拨款资金购入且尚未领用）	原未列支，未减净资产，资金已付，虚增预算结余
等于	新账"财政拨款结转"科目余额	—

解释说明：

"原已列支，减少净资产，未付资金，虚减预算结余"是指业务发生时，按原制度要求借记各类支出，同时贷记往来负债科目，各类支出在年末结转时冲减了事业基金；但由于资金尚未支付，新制度执行后如果发生资金支付，要求必须列入预算支出并与年末冲减预算结余，使同一笔业务两次减少了单位预算结余，因此需在新旧衔接转换时予以调整。

"原未列支，未减净资产，资金已付，虚增预算结余"是指业务发生时，原制度要求借记往来资产科目，同时贷记"银行存款"等科目，这些资金已实际支付，但未反映为各类支出，年末支出结转时无法冲减事业基金；由于资金已经支付，新制度执行后没有现金流出，按新制度要求无法列入预算支出并于年末冲减预算结余，造成同一笔业务从未减少单位预算结余。因此，在新旧衔接转换时予以调减。

2. "非财政拨款结转"科目及对应的"资金结存"科目余额

新制度设置了"非财政拨款结转"科目及对应的"资金结存"科目。在新旧制度转换时，事业单位应当对原账的"非财政补助结转"科目余额进行逐项分析，加上各项结转转入的支出中已经计入支出尚未支付非财政补助专项资金（如发生时列支的应付账款）的金额，减去已经支付非财政补助专项资金尚未计入支出（如购入的库存材料、预付账款等）的金额，加上各项结转转入的收入中已经收到非财政补助专项资金尚未计入收入（如预收账款）的金额，减去已经计入收入尚未收到非财政补助专项资金（如应收账款）的金额，按照增减后的金额，登记新账的"非财政拨款结转"科目及其明细科目贷方；同时，按照相同的金额登记新账的"资金结存——货币资金"科目借方（表3-2）。

表3-2 "非财政拨款结转"科目调整表

调整	内容（原账的"事业基金"科目余额、专用基金"扣除非财政拨款结余分配形成的专用基金部分"科目余额之和）	调整原因
加	应付票据、应付账款（非财政补助非专项资金应付部分）	原已列支，减少净资产，资金未付，虚减预算结余
	其他应交税费（非财政补助非专项列支部分）	原已列支，减少净资产，资金未付，虚减预算结余
	应付职工薪酬（非财政补助非专项列支部分）	原已列支，减少净资产，资金未付，虚减预算结余
	其他应付款（支出类，非财政补助非专项列支部分）	原已列支，未增加净资产，已收资金，虚减预算结余
	预收账款（预收非财政补助非专项部分）	原已列支，未增加净资产，已收资金，虚减预算结余
	短期借款、长期借款	原未计入净资产，已收资金，少计预算结余
	应交增值税（将来非财政补助非专项需支出部分）	原已列收，增加净资产，未收资金，虚增预算结余
减	应收票据、应收账款（计入非财政非专项资金部分）	原已列收，增加净资产，未收到资金，虚增预算结余
	其他应收款（确认收入类，计入非财政补助非专项资金部分）	原未列支，未减净资产，已付资金，虚增预算结余
	短期投资	原已列支，未减净资产，已付资金，虚增预算结余
	预付账款（非财政补助非专项）资金预付	原未列支，未减净资产，已付资金，虚增预算结余
	其他应收款（支出类，非财政补助非专项资金暂付）	原未列支，未减净资产，已付资金，虚增预算结余
	存货（非财政补助非专项资金购入）	原未列支，未减净资产，已付资金，虚增预算结余
不调整	长期投资（用现金取得的长期股权投资部分并且已计入"非流动资产基金"）	原未列支，已付资金，已调净资产结构
	长期投资（长期债券投资部分且计入"非流动资产基金"）	原未列支，已付资金，已调净资产结构
等于	新账的"非财政拨款结余"科目余额	—

解释说明：

"原已列支，减少净资产，资金未付，虚减预算结余"是指业务发生时，按原制度要求借记各类支出，同时贷记往来类负债科目，各类支出在年末结转时冲减了非财政补助专项资金；但由于资金尚未支付，新制度执行后一旦发生资金支付，按新制度要求需列入预算支出并于年末冲减预算结余，使得同一业务两次减少了单位预算结余。因此，需要在制度转换时予以调整。

"原未列收，未增净资产，已收资金，虚减预算结余"是指业务发生时，按原制度要求借记银行存款等资产类科目，同时贷记往来类负债科目，这些资金已实际收到，但未反映为各类收入，使得在年末收入结转时无法增加事业基金；由于资金已经收到，新制度执行后没有现金流动，按新制度要求无法列入预算收入并于年末增加预算结余，使得同一业务从未增加单位预算结余，因此，需要在制度转换时予以调整。

"原未计入净资产，已收资金，少记预算结余"是指增值税业务发生时，按原制度规定不确认收入和支出；不影响净资产，但这些资金已经收支，新制度执行后将有现金流出，按新制度要求列入预算支出并于年末减少预算结余，因此，需要在制度转换时予以调整。

"原已列收，增加净资产，未收资金，虚增预算结余"是指业务发生时，按原制度要求借记往来类资产科目，同时贷记收入科目，这些资金尚未收到，但反映为各类收入，使得在年末收入结转时增加非财政拨款结转；由于资金尚未收到，新制度执行后将有现金流入，按照新制度要求列入预算收入并于年末增加预算结余，使得同一业务两次增加单位预算结余，因此，需要在制度转换时予以调减。

"原未列支，未减净资产，已付资金，虚增预算结余"是指业务发生时，按原制度要求借记往来类资产科目，同时贷记"银行存款"等科目，这些资金已实际支付，但未反映为各类支出，使得年末支出结转时无法冲减非财政拨款结转；由于资金已经支付，新制度执行后没有现金流动，按新制度要求无法列入预算支出并于年末冲减预算结余，使得同一业务从未减少单位预算结余。因此，需要在制度转换时予以调减。

3. "非财政拨款结余"科目及对应的"资金结存"科目余额

登记"非财政拨款结余"科目余额新制度设置了"非财政拨款结余"科目及对应的"资金结存"科目。在新旧制度转换时，事业单位应当按照原账的"事业基金"科目余额，借记新账的"资金结存——货币资金"科目，贷记新账的"非财政拨款结余"科目。

对新账"非财政拨款结余"科目及"资金结存"科目余额进行调整（表3-3）。

表 3-3　"非财政拨款结余"科目调整表

调整	内容（原账的"事业基金"科目余额，专用基金"扣除非财政拨款结余分配形成的专用基金部分"科目余额之和）	调整原因
加	应付票据、应付账款（非财政补助非专项资金应付部分）	原已列支，减少净资产，资金未付，虚减预算结余
	其他应交税费（非财政补助非专项列支部分）	原已列支，减少净资产，资金未付，虚减预算结余
	应付职工薪酬（非财政补助非专项列支部分）	原已列支，减少净资产，资金未付，虚减预算结余
	其他应付款（支出类，非财政补助非专项列支部分）	原已列支，减少净资产，资金未付，虚减预算结余
	预收账款款（预售非财政补助非专项部分）	原未列收，为增加净资产，已收资金，虚减预算结余
	短期借款、长期借款	原未列收，为增加净资产，已收资金，虚减预算结余
	应交增值税（将来非财政补助非专项需支出部分）	原未计入净资产，已收资金，少及预算结余
减	应收票据、应收账款（计入非财政非专项资金部分）	原已列收，增加净资产，未收资金，虚增预算结余
	其他应收款（确认收入类，计入非财政补助非专项资金部分）	原已列收，增加净资产，已付资金，虚增预算结余
	短期投资	原已列收，增加净资产，已付资金，虚增预算结余
	预付账款（非财政补助非专项）资金预付	原已列收，增加净资产，已付资金，虚增预算结余
	其他应收款（支出类，非财政补助非专项资金暂付）	原已列收，增加净资产，已付资金，虚增预算结余
	存货（非财政补助非专项资金购入）	原已列收，增加净资产，已付资金，虚增预算结余
不调整	长期投资（用现金取得的长期股权投资部分并且已计入"非流动资产基金"）	原未列支，已付资金，已调整净资产结构
	长期投资（长期债券投资部分且已计入"非流动资产基金"）	原未列支，已付资金，已调整净资产结构
等于	新账的"非财政拨款结余"科目余额	—

解释说明：

"原已列支，减少净资产，资金未付，虚减预算结余"是指业务发生时，按原制度要求借记各类支出，同时贷记往来类负债科目，各类支出在年末结转时冲减了非财政补助专项资金；但由于资金尚未支付，新制度执行后一旦发生资金支付，按新制度要求需列入预算支出并于年末冲减预算结余，使得同一业务两次减少了单位预算结余，因此，需要在制度转换时予以调整。

"原未列收，未增净资产，已收资金，虚减预算结余"是指业务发生时，按原制度要求借记银行存款等资产类科目，同时贷记往来类负债科目，这些资金已实际收到，但未反映为各类收入，使得在年末收入结转时无法增加事业基金；由于资金已经收到，新制度执行后没有现金流动，按新制度要求无法列入预算收入并于年末增加预算结余，使得同一业务从未增加单位预算结余。因此，需要在制度转换时予以调整。

"原未计入净资产，已收资金，少记预算结余"是指增值税业务发生时，按原制度规定不确认收入和支出；不影响净资产，但这些资金已经收支，新制度执行后将有现金流出，按新制度要求列入预算支出并于年末减少预算结余，因此，需要在制度转换时予以调整。

"原已列收，增加净资产，未收资金，虚增预算结余"是指业务发生时，按原制度要求借记往来类资产科目，同时贷记收入科目，这些资金尚未收到，但反映为各类收入，使得在年末收入结转时增加非财政拨款结转；由于资金尚未收到，新制度执行后将有现金流入，按照新制度要求列入预算收入并于年末增加预算结余，使得同一业务两次增加单位预算结余。因此，需要在制度转换时予以调减。

"原未列支，未减净资产，已付资金，虚增预算结余"是指业务发生时，按原制度要求借记往来类资产科目，同时贷记"银行存款"等科目，这些资金已实际支付，但未反映为各类支出，使得年末支出结转时无法冲减非财政拨款结转；由于资金已经支付，新制度执行后没有现金流动，按新制度要求无法列入预算支出并于年末冲减预算结余，使得同一业务从未减少单位预算结余，因此，需要在制度转换时予以调减。

"原未列支，已付资金，已调净资产结构"是指按照原制度不确认为支出，而按照新制度需要确认预算支出的业务。这个主要是指"长期投资"科目的处理。需要注意的是，虽然财政部出台的新旧衔接说明此项需要进行调整，但考虑到业务在发生时，原《事业单位会计制度》处理方式为：借记"长期投资"科目，贷记"银行存款"科目，同时借记"事业基金"科目，贷记"非流动资产基金"科目。也就是说，原制度账务处理结果已经减少了事业基金。

本次新旧制度转换，"非财政拨款结余"以原账中的"事业基金"为基数进行调增，如果再次进行冲减，同一业务两次对同一科目进行处理，会虚减"事业基金"。因此，在实际操作中，应核实"长期投资"业务发生时的会计分录，如果当时已冲减"事业基金"，此事项则不作为调整项；反之，如果未冲减"事业基金"，应按照财政部规定冲减"非财政拨款结余"科目。

事业单位难以准确调整出"非财政拨款结余"科目及对应的"资金结存"科目余额的，在新旧制度转换时，可以在新账的"库存现金""银行存款""其他货币资金""财政应返还额度"科目借方余额合计数基础上，对不纳入单位预算管理的资金进行调整（如减去新账中货币资金形式的受托代理资产、应缴财政款、已收取将来需要退回资金的其他应付款等，加上已支付将来需要收回资金的其他应收款等），按照调整后的金额减去新账的"财政拨款结转""财政拨款结余""非财政拨款结转""专用结余"科目贷方余额合计数，加上"经营结余"科目借方余额后的金额，登记新账的"非财政拨款结余"科目贷方；同时，按照相同的金额登记新账的"资金结存——货币资金"科目借方。

资金结存＝库存现金＋银行存款＋其他货币资金＋财政应返还额度＋/-不纳入单位预算管理的资金

非财政拨款结余＝资金结存-新账的"财政拨款结转"-新账的"财政拨款结余"-新账的"非财政拨款结转"-新账的"专用结余"＋"经营结余"（借方余额）

4."专用结余"科目"专用结余"科目及对应的"资金结存"科目余额

新制度设置了"专用结余"科目及对应的"资金结存"科目。在新旧制度转换时，事业单位应当按照原账"专用基金"科目余额中通过非财政补助结余分配形成的金额，借记新账的"资金结存——货币资金"科目，贷记新账的"专用结余"科目（表3-4）。

表3-4　"专用结余"科目调整表

调整内容	内容（原账"专用基金"科目余额通过非财政补助结余分配形成的部分）	调整原因
减	其他应收款（支出类、专用结余资金预付部分）	原未列支，未减净资产，已付资金，虚增预算结余
等于	新账"专用结余"科目余额	—

解释说明：

"原未列支，未减净资产，已付资金，虚增预算结余"是指业务发生时，按原制度要求借记往来类资产科目，同时贷记银行存款等科目，这些资金已实际支付，但未反映为专用基金减少；由于资金已经支付，新制度执行后没有现金流动，按新制度要求无法列入专用结余减少，使得同一业务从未减少单位专用结余。因此，需要在制度转换时予以减去。

5."经营结余"科目及对应的"资金结存"科目余额

新制度设置了"经营结余"科目及对应的"资金结存"科目，如果原账的"经营结余"科目期末有借方余额，在新旧制度转换时，事业单位应当按照原账的"经营结余"科目余额，借记新账的"经营结余"科目，贷记新账的"资金结存——货币资金"科目。

注意：单位对预算会计科目的期初余额登记和调整，应当编制记账凭证，并将期初余额登记和调整的依据作为原始凭证。

二、新旧制度预算结余（净资产）类科目变化

第一，从核算基础上，两制度的核算模式都采用收付实现制模式。

第二，从科目数量上，没有发生变化，都是9个一级科目，全新增加了"资金结存""非财政拨款结余"两个一级科目，删除了"事业基金""非流动资产基金"两个一级科目。将旧制度的"专用基金"和"事业结余"分别改为"专用结余"和"其他结余"科目，余下的几个科目只是将旧制度的"补助"二字变为"拨款"。

第三，从明细科目核算上，变化较大，新制度增加了规范性明细科目核算。如"财政拨款结转"科目设置了3种情况7个明细科目进行核算，归纳起来为"3归集""2调整""2结转"。其中，与会计差错更正、以前年度支出收回相关的业务设置了"年初余调整"1个明细科目；与财政拨款调拨业务相关业务设置了"归集调入""归集调出""归集上缴""单位内部调剂"4个明细科目；与年末财政拨款结转业务相关业务设置了"本年收支结转""累计结转"2个明细科目；将旧制度的"基本支出结转"和"项目支出结转"2个明细合并为"累计结转"一个明细科目进行核算，具体科目对应关系如表3-5所示。

表3-5　新旧制度预算结余（净资产）类科目对照

新制度		旧制度	
一级科目名称	明细科目	一级科目名称	明细科目
财政拨款结转	年初余额调整、归集调入、归集调出、归集上缴、单位内部调剂、本年收支结转、累计结转	财政补助结转	基本支出结转、项目支出结转
财政拨款结余	年初余额调整、归集上缴、单位内部调剂、结转转入、累计结余	财政补助结余	—
非财政拨款结转	初余额调整、缴回资金、项目间接费或管理费、本年收支结转、累计结转	非财政补助结转	无
非财政拨款结余	初余额调整、项目间接费或管理费、结转转入、累计结余	事业基金	一般基金、项目管理费及间接费
其他结余	无	事业结余	无
专用结余	职工福利基金、学生奖助基金	专用基金	职工福利基金、学生奖助基金、其他专用基金
经营结余	无	经营结余	无
非财政拨款结余分配	—	非财政补助结余分配	—
资金结存	零余额账户用款额度、货币资金、财政应返还额度	非流动资产基金	长期投资、固定资产、在建工程、无形资产

三、预算会计核算年末结转流程及业务举例

（一）财政拨款预算资金科目的结转

1. 财政拨款预算资金科目的结转流程

新制度中"会计科目使用说明"和"附录主要业务和事项账务处理举例"用不同形式分别介绍了"财政拨款预算资金结转"的业务账务处理及流程，从结转过程来看，可归纳为三大步。

第一步，将本年财政拨款预算收支结转到财政拨款结转。结转财政拨款预算收入，借记"财政拨款预算收入"科目，贷记"财政拨款结转——本年收支结转"科目。结转财政拨款预算支出，借记"财政拨款结转——本年收支结转"科目，贷记"事业支出——财

政拨款支出"科目。

第二步，冲销财政拨款结转的有关明细科目余额。将财政拨款结转科目下"年初余额调整""归集调入""归集调出""归集上缴""单位内部调剂""本年收支结转"结转到"财政拨款结转——累计结转"科目。当年末"年初余额调整""本年收支结转"科目为贷方余额时，借记"财政拨款结转——年初余额调整/归集调入/单位内部调剂/本年收支结转"科目，贷记"财政拨款结转——累计结转"科目。当年末"年初余额调整""本年收支结转"科目为借方余额时，借记"财政拨款结转——累计结转"科目，贷记"财政拨款结转——归集上缴/年初余额调整/归集调出/本年收支结转"科目。

第三步，对财政拨款预算资金结转使用情况进行分析。根据财政拨款结转各明细项目执行情况进行分析，按照有关规定将符合财政拨款结余性质的项目余额转入财政拨款结余科目，借记"非财政拨款结转——累计结转"，贷记"非财政拨款结余——结转转入"。

2. 财政拨款资金的结转业务举例

【例1】假设A高校2019年期初财政拨款结转余额为800万元，其中基本支出结转300万元，项目支出结转500万元，2019年度发生如下经济业务事项，以下业务只进行"预算会计"的账务处理。

事项①2018年年末，购入一批教学实习用材料5万元，用于B项目项，材料作为"库存物品"入账。2019年年初领用时，发现该批材料质量有问题，不能使用，经协商予以退回，货款从企业账户退回到单位基本账户。

事项②2019年5月，A高校根据财政部门批复，从其他单位调入财政拨款项目结转资金100万元，用于C项目，当月增加了单位零余额账户用款额度。

事项③2019年6月，A高校根据上级要求，停止D项目实施，项目结转资金150万元调出其他单位使用，当月减少了单位零余额账户用款额度。

事项④2019年年末，A高校按照财政部门要求，上缴B项目财政拨款结转资金80万元，当月减少了单位零余额账户用款额度。

事项⑤2019年年末，A高校经财政部门批准，将以前年度财政拨款结余资金200万元调整用于本单位未完工的A项目。

事项⑥A高校2019年度财政拨款预算收入12000万元，其中项目（专项）资金5000万元；财政拨款预算支出11000万元，其中项目（专项）支出4500万元，用于教育支出3000万元，用于科研支出500万元，用于后勤保障支出1000万元；基本支出中用于教育支出3000万元，用于科研支出200万元，用于行政管理支出800万元，用于后勤保障支出1500万元。

根据新制度的规定，对照事项①至⑥业务事项，事项①属于年初余额调整业务，事项②属于归集调入业务，事项③属于归集调出业务，事项④属于归集上缴业务，事项⑤

属于单位内部调剂业务，事项⑥属于本年收支结转业务。其中，事项①至事项⑤属于日常业务的核算，事项⑥属于年末结转业务核算。

（1）事项①~⑤的账务处理。

事项①的账务处理：

借：资金结存——货币资金　　　　　　　　　　50000

　　贷：财政拨款结转——年初余额调整——B 项目　　　　50000

事项②的账务处理：

借：资金结存——零余额账户用款额度　　　　1000000

　　贷：财政拨款结转——归集调入——C 项目　　　　1000000

事项③的账务处理：

借：财政拨款结转——归集调出——D 项目　　　1500000

　　贷：资金结存——零余额账户用款额度　　　　1500000

事项④的账务处理：

借：财政拨款结转——归集上缴——B 项目　　　800000

　　贷：资金结存——零余额账户用款额度　　　　800000

事项⑤的账务处理：

借：财政拨款结余——单位内部调剂　　　　　2000000

　　贷：财政拨款结转——单位内部调剂——A 项目　　　2000000

（2）年末结转的账务处理

第一步，将本年财政拨款预算收支结转到财政拨款结转。

①结转财政拨款预算收入：

借：财政拨款预算收入——基本支出　　　　　70000000

　　　　　　　　　　——项目支出　　　　　50000000

　　贷：财政拨款结转——本年收支结转

　　　　　　　　　——基本支出结转　　　　　　70000000

　　　　　　　　　——项目支出结转　　　　　　50000000

②结转财政拨款预算支出：

借：财政拨款结转——本年收支结转

　　　　　　　　——基本支出结转　　　　　65000000

　　　　　　　　——项目支出结转　　　　　45000000

　　贷：事业支出——教育支出——财政拨款支出

　　　　　　　　——基本支出　　　　　　　　30000000

　　　　事业支出——科研支出——财政拨款支出

　　　　　　　　——基本支出　　　　　　　　12000000

事业支出——行政管理支出——财政拨款支出

　　——基本支出　　　　　　　　　　　8000000

事业支出——后勤保障支出——财政拨款支出

　　——基本支出　　　　　　　　　　　15000000

事业支出——教育支出——财政拨款支出

　　——项目支出——A 项目　　　　　　30000000

事业支出——科研支出——财政拨款支出

　　——项目支出——B 项目　　　　　　5000000

事业支出——后勤保障支出——财政拨款支出

　　——项目支出——C 项目　　　　　　10000000

本步结转后，"财政拨款结转——本年收支结转"科目为贷方余额 1000（12000-11000）万元。

第二步，冲销财政拨款结转的有关明细科目余额。假定 A 高校只有事项①至⑤冲销财政拨款结转明细科目的发生额，年末结转前各明细账户余额如下："年初余额调整"科目为贷方余额 5 万元；"归集调入"科目为贷方余额 100 万元；"归集调出"科目为借方余额 150 万元；"归集上缴"科目为借方余额余 80 万元；"单位内部调剂"科目为贷方余额 200 万元。

①结转冲销有关明细科目的贷方余额：

借：财政拨款结转——年初余额调整——B 项目　　50000

　　——归集调入——C 项目　　　　　　　　　　1000000

　　——单位内部调剂——A 项目　　　　　　　　2000000

　贷：财政拨款结转——累计结转——项目支出结转——B 项目　50000

　　　——C 项目　　　　　　　　　1000000

　　　——A 项目　　　　　　　　　2000000

②结转冲销有关明细科目的借方余额：

借：财政拨款结转——累计结转——项目支出结转——D 项目　1500000

　　　——B 项目　　　　　　　　　800000

　贷：财政拨款结转——归集调出——D 项目　　　　　　　　1500000

　　　——归集上缴——B 项目　　　　　　　　　　　　　800000

本步结转后，"财政拨款结转——累计结转——项目支出结转"科目为贷方余额 75（5+100+200-150-80）万元。

第三步，对财政拨款预算资金结转使用情况进行分析。经过分析，上述财政拨款剩余资金全部继续按原用途使用。最后，将"本年收支结转"明细科目余额转入"累计结转"明细科目。

借：财政拨款结转——本年收支结转　　　　　　　　10000000

　　贷：财政拨款结转——累计结转——基本支出结转　　　　　　5000000

　　　　　　　　　　　　　　　　——项目支出结转　　　　　　5000000

经过上述结转后，除"累计结转"明细科目外，其他明细科目均无余额，全部结转后则"财政拨款结转——累计结转"账户贷方余额为1875（1000+75+800）万元。

（3）财政拨款预算资金科目的结转分析

从上述结转内容来看，新制度对预算会计年末"财政拨款资金"的结转分为"三大步""五结转""一分析"；与旧制度相比，增加了第二步，即"冲销财政拨款结转的有关明细科目余额"的结转，此步的增加，由过去的任意性规范变成了强制性规范。第一步和第三步基本上沿用了旧制度的结转思路，继续遵循了2012年2月7日财政部修改的第68号《事业单位财务规则》规定的财政资金结转内容。

（二）非财政拨款专项资金的结转

1.非财政拨款专项资金科目的结转及流程

新制度中"会计科目使用说明"和"附录主要业务和事项账务处理举例"用不同形式分别介绍了"非财政拨款专项资金结转"的业务账务处理流程，从结转的过程来看，结转也可归纳为以下三大步。

第一步，将本年的非财政拨款专项资金收支结转到非财政拨款结转。结转非财政拨款专项收入，借记"事业预算收入""上级补助预算收入""附属单位上缴预算收入""非同级财政拨款预算收入""其他预算收入""债务预算收入"科目，贷记"非财政拨款结转——本年收支结转"科目。结转非财政拨款专项支出，借记"非财政拨款结转——本年收支结转"科目，贷记"事业支出""其他支出"科目。

第二步，冲销非财政拨款专项结转的有关明细科目余额。将非财政拨款结转科目下的"年初余额调整""项目间接费用或管理费用""缴回资金""本年收支结转"余额转入非财政拨款结转科目下的累计结转科目。当年末"年初余额调整""本年收支结转"明细科目为贷方余额时，借记"非财政拨款结转——年初余额调整/本年收支结转"，贷记"非财政拨款结转——累计结转"科目。当年末"年初余额调整""本年收支结转"明细科目为借方余额时，借记"非财政拨款结转——累计结转"，贷记"非财政拨款结转——年初余额调整/本年收支结转/缴回资金/项目间接费用或管理费"。

第三步，对非财政拨款专项资金结转使用情况进行分析。根据非财政拨款结转各明细项目的情况，对项目已经完成，留归单位使用的非财政拨款专项剩余的资金转入非财政拨款结余科目，借记"非财政拨款结转——累计结转"，贷记"非财政拨款结余——结转转入"。

2.非财政拨款专项资金的结转业务举例

【例2】假定A高校2019年度教育事业预算收入为10000万元，其中专项资金收入为 3000 万元；科研事业预算收入 1000 万元，其中专项资金收入为 800 万元；非同级财政拨款预算收入 500 万元，其中专项资金收入 400 万元；其他预算收入 900 万元。当年共发生非财政专项资金支出 4000 万元，其中用于教育支出 2900 万元、用于科研支出 750 万元、用于后勤保障支出 350 万元；其他资金支出 7000 万元，其中用于教育支出 4000 万元、用于科研支出 500 万元、用于行政管理支出 1000 万元、用于后勤保障支出 1500 万元。

第一步，将非财政拨款专项资金收支结转到非财政拨款结转科目。

（1）结转非财政拨款专项收入

借：教育事业预算收入——专项收入——A 项目　　　　30000000

　　科研事业预算收入——专项收入——B 项目　　　　8000000

　　非同级财政拨款预算收入——专项收入——C 项目　　4000000

　　贷：非财政拨款结转——本年收支结转　　　　　　　　42000000

（2）结转非财政拨款专项支出

借：非财政拨款结转——本年收支结转　　　　　　　　40000000

　　贷：事业支出——教育支出——非财政专项资金支出——A 项目　29000000

　　　　事业支出——科研支出——非财政专项资金支出——B 项目　7500000

　　　　事业支出——后勤保障支出——非财政专项资金支出——C 项目　3500000

本步结转后，"非财政拨款结转——本年收支结转"科目为 200 万元（4200-4000）。

第二步，受篇幅所限，本步省略。此步与财政拨款结转思路基本相同。在实务中，这类业务事项较少。

第三步，对非财政拨款专项资金结转使用情况进行分析。通过对本专项资金使用情况进行分析，A 项目和 B 项目并没有完成，结转到下年继续使用，C 项目已经完成，经批准剩余资金留归单位使用。

借：非财政拨款结转——本年收支结转　　　　　　　　2000000

　　贷：非财政拨款结余——结转转入　　　　　　　　　500000

　　　　非财政拨款结转——累计结转——A 项目　　　　1000000

　　　　非财政拨款结转——累计结转——B 项目　　　　500000

3. 非财政拨款专项资金的结转分析

如新制度对预算会计年末的"非财政专项资金"的结转也分为"三大步""五结转""一分析"；与旧制度相比，也增加了第二步，即"冲销非财政拨款专项结转的有关明细科目余额"的结转，此步的增加同样对过去的任意性规范变成了强制性规范。需要特别说明的是，过去的旧制度对于以实施完毕的非财政拨款专项资金，留归单位使用的剩余资金直接结转到"事业基金——一般基金"科目中去，而新制度则用"非财政拨款结余"科目来替代"事业基金"科目加以反映。

（三）非财政非专项资金的结转

1.非财政拨款非专项资金的结转及流程

从结转的过程来看，结转可归纳为以下四步。

第一步，将本年的非财政非专项资金收支结转到其他结余科目。

首先，结转非财政非专项收入，借记"事业预算收入""上级补助预算收入""附属单位上缴预算收入""非同级财政拨款预算收入""其他预算收入""债务预算收入""投资预算收益"科目，贷记"其他结余"科目。

其次，结转非财政非专项支出，借记"其他结余"科目，贷记"事业支出""其他支出""上缴上级支出""对附属单位补助支出""投资支出""债务还本支出"科目。

第二步，转入结余分配科目。当"其他结余"科目为贷方余额时，借记"其他结余"科目，贷记"非财政拨款结余分配"科目。"其他结余"科目为借方余额时，借记"非财政拨款结余分配"科目，贷记"其他结余"科目。

第三步，计提专用基金。计提时，借记"非财政拨款结余分配"科目，贷记"专用结余"科目。

第四步，转入非财政拨款结余科目。当非财政拨款结余分配为贷方余额时，借记"非财政拨款结余分配"科目，贷记"非财政拨款结余——累计结余"科目。当非财政拨款结余分配为借方余额时，借记"非财政拨款结余——累计结余"科目，贷记"非财政拨款结余分配"科目。

2.非财政拨款非专项资金的结转业务举例

非财政非专项资金账务处理结转如下：

第一步，将本年的非财政非专项资金收支结转到其他结余科目。结转非财政拨款非专项收入：

借：教育事业预算收入	70000000	
科研事业预算收入	2000000	
非同级财政拨款预算收入	1000000	
其他预算收入	9000000	
贷：其他结余		82000000

结转非财政拨款非专项支出：

借：其他结余	70000000	
贷：事业支出——教育支出——其他资金支出		40000000
事业支出——科研支出——其他资金支出		5000000
事业支出——后勤保障支出——其他资金支出		15000000
事业支出——行政管理支出——其他资金支出		10000000

结转后，"其他结余"科目为贷方余额 1200（8200-7000）万元。

第二步，转入结余分配科目。

借：其他结余   12000000

　　贷：非财政拨款结余分配   12000000

第三步，计提专用基金。A高校根据相关规定，计提了职工福利基金400万元。

借：非财政拨款结余分配   4000000

　　贷：专用结余   4000000

计提后"非财政拨款结余分配"科目贷方余额800（1200-400）万元。

第四步：转入非财政拨款结余科目。

借：非财政拨款结余分配   8000000

　　贷：非财政拨款结余——累计结余   8000000

3. 非财政拨款非专项资金的结转分析

从上述结转中可以得知："非财政拨款结余——累计结余"科目来源渠道有三种：一是从"非财政拨款结转——累计结转"中转入；二是从"其他结余"中转入；三是从"经营结余"中转入。该科目年末贷方余额，反映单位非同级财政拨款结余资金的累计滚存数额，该部分资金结余政府会计主体可以用于以后年度各种用途、灵活支配以及弥补除经营收支以外的亏损。

结转中需要特别注意以下几点。

当"投资预算收益"为贷方余额时，结转到"其他结余"科目贷方中去；如果"投资预算收益"为借方余额时，表明当年的投资收益为亏损，则结转时应结转到"其他结余"科目借方中去。

经营结余要单独结转，不得与其他结余合在一起进行结转，因为制度规定，如果"经营结余"年末为借方余额时，不予结转；这样的做法主要是为了防止当年"经营收支"出现亏损的情况下，用"其他结余"的盈余来弥补"经营收支"业务范围所发生的亏损。

计提专用基金（结余）前，即上述结转的第三步时，当"非财政拨款结余分配"科目为贷方余额时，才可以进行计提，如果"非财政拨款结余分配"为借方余额时，表明当年为亏损状态，不得计提，需用"非财政拨款结余"进行弥补。

四、"预算会计核算"收支结转的常用模块示例

（一）预算收入科目体系设置及简要说明

在新制度下，预算收入科目包括"财政拨款预算收入""事业预算收入""上级补助预算收入""附属单位上缴预算收入""经营预算收入""债务预算收入""非同级财政拨款预算收入""投资预算收益""其他预算收入"9个一级科目；其中"事业预算收入"科目，根据《高校补充规定》下设了"教育事业预算收入"和"科研事业预算收入"两个二级明细科目。反映高校日常主要收入来源的科目，有"财政拨款预算收入""事业预算收

入""非同级财政拨款预算收入""其他预算收入"4个一级科目；主要收入来源的会计科目设置、辅助项核算设置如表3-6所示。

辅助项核算内容的设置说明：项目、客户、功能分别表示为项目核算、客户核算、功能科目核算，其中项目核算为收到各类专项资金（用款计划）入账时直接挂项目进行核算，客户核算是收到各类资金（用款计划）入账时按照收入来源进行核算，功能科目核算是收到各类资金（用款计划）入账时按照《政府收支分类科目》中的"支出功能分类科目"项级进行核算。

表3-6　主要预算收入科目体系设置表

科目编码	科目名称	辅助项核算内容
6001	财政拨款预算收入	
600101	基本支出	
60010101	人员经费	客户、功能
60010102	日常公用经费	客户、功能
600102	项目支出	项目、客户、功能
6101	事业预算收入	
610101	教育事业预算收入	
61010101	一般收入	客户、功能
61010102	非财政资金专项资金收入	项目、客户、功能
61010103	其他收入	客户、功能
610102	科研事业预算收入	
61010201	非同级财政拨款	项目、客户、功能
61010202	一般收入	客户、功能
6601	非同级财政拨款预算收入	
660101	专项资金收入	客户、功能
660102	非专项资金收入	项目、客户、功能
6609	其他预算收入	
660901	捐赠预算收入	客户
660902	利息预算收入	客户
660903	租金预算收入	客户
660999	其他收入	客户

从表3-6的科目体系设置中可以看出，本科目体系设置打破了过去垂直树形"单维度""多级次"的结构模式，在科目设置上实现了"多维度"核算模式。如果科目体系全部按照"单维度"设置的话，根据制度要求，多的要设置成6级，最少也要设置成4级明细科目。实现"多维度"科目设置后，科目核算最多的为3级，其他设置成辅助项进行核算。

（二）主要预算收入核算界定

1. 财政拨款预算收入

该科目核算高校从同级政府财政部门取得的各类财政拨款。此科目的核算，需要特别注意单位（高校）的隶属关系，是部属高校、省属高校或市属高校，然后对应相应的财政部门，通常这类收入都是以同级政府财政部门下达"用款计划指标"的形式体现，在实务工作中比较容易判断，核算差错较少。

2. 事业预算收入

该科目核算高校开展专业业务活动及其辅助活动取得的现金流入。此科目的核算对于高校而言，最容易混淆概念以及核算出错。要解决这些问题：一是仍然要考虑单位（高校）隶属关系；二是要判断各类收入来源性质，是单位（高校）开展业务活动取得的非同级财政拨款的收入，还是单纯的非同级财政拨款收入。经过对照制度，认真梳理，将"事业预算收入"各明细科目具体核算设置如下：

科目61010101核算高校从财政专户返还的收入，如学费、住宿费；科目61010102核算高校用财政专户资金用作专项资金使用，收到用款计划指标时需要按项目名称一一对应挂账核算；科目61010103核算高校开展教学活动有关及其辅助活动的收入，不需要上缴财政专户的收入，如委托合作费、考试考务费、向社会收取的培训费等。

科目61010201核算高校开展科研活动及其辅助活动取得的现金收入，不通过同级政府财政部门归口下达的各种科研经费收入，资金形式表现为直接到单位银行基本账户上，通常所说的纵向科研课题收入，款项收到时进行项目挂账一一对应进行核算，如科技部、国家自然科学基金课题，省市各类科研课题等；科目61010202核算高校纵向课题以外的各类与科研活动及其辅助活动的有关收入，如与企业合作的横向课题科研费，单位转让、出让各项专利科研成果取得的收入等。

非同级财政拨款预算收入。该科目核算高校从非同级政府财政部门取得的财政拨款，该科目名称和科目61010201极其相似，在实务中很容易发生混淆；科目660101核算高校从同级财政以外的同级政府部门取得的横向转拨财政款和从上级或下级政府取得的各类财政拨款，该类款项资金的表现形式也是直接到单位银行基本账户上，并且款项收到时进行项目挂账一一对应核算；科目660102核算高校该类款收到时不需要进行专项核算的收入。

其他预算收入。由于该科目下的几个明细核算较为直观，在日常核算中不易发生错误，参照制度执行即可。

（三）预算支出主要科目体系设置及简要说明

在新制度下，预算会计支出科目包括"事业支出""经营支出""上缴上级支出""对附属单位补助支出""投资支出""债务还本支出""其他支出"7个一级科目；根据《高校补充规定》，"事业支出"科目下设了"教育支出""科研支出""行政管理支出""后勤保障支出""离退休支出""其他事业支出"6个二级明细科目。反映高校日常主要支出的科目，有"教育支出""科研支出""行政管理支出""后勤保障支出"4个二级科目；主要支出的会计科目设置、辅助项核算设置如表3-7所示。从表3-7科目体系设置可以看出，本科目体系设置同样打破了过去垂直树形"单维度""多级次"的结构模式，在科目设置上实现了"多维度"核算模式。如果科目体系全部按照"单维度"设置的话，根据制度要求，科目级次最多的要设置成9级，最少的也要设置成7级。实现"多维度"科目设置后，如表3-7所示，科目级次最多的只有5级，少的只有3级，其他的需要设置成辅助项进行核算。

（四）预算会计核算系统期末收支自定义转账（结转）凭证示例

尽管预算会计核算系统收支科目只有17个一级科目，单纯从一级科目进行结转，相对来说比较简单且容易操作，但一级科目的结转只是一种结转关系构架和规则而已，远远不能满足实际业务需求。在实务中，预算收支业务的结转是以最末级明细科目进行相应的结转，对于高校而言，具有业务类型多、流程复杂、核算与管理多维度等多种因素，即使在科学合理地构建明细科目的基础上，期末收支结转业务也非常复杂、烦琐。结合执行新制度以来，在实际工作中根据制度要求不断总结和创新，最大化地借助财务信息系统对业务烦琐收支结转的凭证设定为自定义转账模块。根据表3-6和表3-7科目体系设置要求，将预算会计的收支结转凭证设定为5个常用自定义转账（结转）凭证，分别为人员经费结转、日常公用经费结转、财政专项经费结转、非财政专项经费结转、非财政非专项经费结余（其他结余）；其中前三项为财政拨款资金的结转、后两项为非财政拨款资金的结转。在第一次设置好后，以后每次结转只需在常用模块凭证调取即可，省去了收支结转业务烦琐和多项复杂结转关系，实施后数据准确，效率大大提高。

表 3-7 主要预算支出科目体系设置表

科目编码	科目名称	辅助项核算内容	科目名称	科目编码
7201	事业支出	—	事业支出	7201
7201720101	教育支出	—	行政管理支出	720103
72010101	财政拨款支出	—	财政拨款支出	72010301
7201010101	基本支出	—	基本支出	7201030101
720101010101	人员支出	项目、供应商、功能、经济分类	人员支出	720103010101
720101010102	日常公用支出	项目、供应商、功能、经济分类	日常公用支出	720103010101
7201010102	项目支出	项目、供应商、功能、经济分类	项目支出	7201030102
72010102	非财政专项资金支出		非财政专项资金支出	72010302
7201010202	项目支出	项目、供应、经济分类	项目支出	7201030202
72010103	其他资金支出		其他资金支出	72010303
7201010301	基本支出	项目、供应、经济分类	基本支出	7201030301
720102	科研支出		后勤保障支出	720104
72010201	财政拨款支出		财政拨款支出	72010401
7201020101	基本支出		基本支出	7201040101
720102010101	人员支出	项目、供应商、功能、经济分类	人员支出	720104010101
720102010102	日常公用支出	项目、供应商、功能、经济分类	日常公用支出	720104010102
7201020102	项目支出	项目、供应商、功能、经济分类	项目支出	7201040102

科目编码	科目名称	辅助项核算内容	科目名称	科目编码
72010202	非财政专项资金支出		非财政专项资金支出	72010402
7201020202	项目支出	项目、供应商、经济分类	项目支出	7201040202
72010203	其他资金支出		其他资金支出	72010403
7201020301	基本支出	项目、供应商、经济分类	基本支出	7201040301

注：辅助项核算内容的设置，项目、供应商、功能、经济分类分别表示为项目核算、供应商核算、功能科目、经济分类科目。其中，项目核算分为专项项目或预算项目进行核算，专项项目是指财政拨款专项类项目和非财政拨款专项类项目，与科目600102、61010102、61010201、660101对应的支出核算，预算项目是指单位内部管理需要设置的项目核算。供应商核算是支付时按照支付对象进行核算，功能科目核算是支付时按照《政府收支分类科目》中支出功能分类科目的项级进行核算。经济分类是支付时按照《政府收支分类科目》中"部门预算支出经济分类科目"的"款"级科目进行核算

第二节　预算会计记账模式发生了变化

新政府会计制度提出了双体系平行记账模式，该模式是新政府会计制度的一大亮点，也是一大创新点。双体系平行记账不仅实现了预算会计与财务会计适度分离，而且弥补了旧政府会计制度记账上存在的不足，主要变化表现在以下几个方面。

一、新制度会计核算方式的主要变化

新政府会计制度广义上来说是一系列制度体系，是基于现实经济发展状况和需要，不断更新变革的动态过程，本书所研究的新制度就是在原事业单位会计制度基础上进行的改良，两者在会计核算与科目设置上有着相同之处，新制度较原制度核算主体更广泛，在会计核算目标方面，新制度做到了财务会计与预算会计适度分离的同时又相互衔接，一个业务按照不同的核算基础利用不同的会计要素进行记账，并且能够分别编制不同核算基础的会计报告，体现财务会计与预算会计的双重功能。基层税务系统会计核算具有一般行政单位非营利性、要适应国家预算管理要求等特点，也有其行业倾向性，在指导管理上表现为基层服从于上一级主管单位，核算成果主要用于上一级会计信息汇总和本单位财务管理需要，与原事业单位会计制度相较而言，新政府会计制度所能实现的会计核算目标更为全面，而且会计核算体系更为完善。

（一）会计制度实现"大统一"

2010年以来，财政部适应公共财政管理的需要，先后修订了《财政总预算会计制度》《行政单位会计制度》《事业单位会计准则》《事业单位会计制度》，以及医院、基层医疗

卫生机构、高等学校、中小学校、科学事业单位、彩票机构等行业事业单位会计制度和国有建设单位会计制度等有关制度等。因现行政府会计领域多项制度并存，体系繁杂、内容交叉、核算口径不一，造成不同部门、单位的会计信息可比性不高，通过汇总、调整编制的政府财务报告信息质量较低。因此新制度有机整合了行政单位和行业事业单位会计制度的内容。归并统一现行行政单位和各项行业事业单位会计制度。行政单位及各类事业单位自 2019 年 1 月 1 日起，在科目设置和报表项目说明中不再区分行政和事业单位，也不再区分行业事业单位。通过会计制度的统一，大大提高了政府各部门、各单位会计信息的可比性，为合并单位、部门财务报表和逐级汇总编制部门决算奠定了坚实的制度基础。

（二）会计核算模式"大整合"

新制度从会计科目、核算内容和报表等方面全面统一了行政事业单位的会计制度，整合财务、预算会计系统，构建了"财务会计和预算会计适度分离并相互衔接"的会计核算模式。"适度分离"就是指适度分离政府预算会计和财务会计功能，决算报告和财务报告功能，全面反映政府会计主体的预算执行信息和财务信息。"适度分离"的核心内容主要体现在以下三个方面。

"双功能"，在统一会计核算系统中实现财务会计和预算会计双重功能，通过资产、负债、净资产、收入、费用五个要素进行财务会计核算，同时再通过预算收入、预算支出和预算结余三个要素进行预算会计核算。

"双基础"，财务会计采用权责发生制，预算会计采用收付实现制。

"双报告"，通过财务会计核算形成财务报告，通过预算会计核算形成决算报告；"相互衔接"就是指在同一会计核算系统中政府预算会计要素和相关财务会计要素相互协调，决算报告和财务报告相互补充，共同反映政府会计主体的预算执行信息和财务信息。"相互衔接"的核心主要体现在两个方面：一方面，是对纳入部门预算管理的现金收支进行"平行记账"。对于纳入部门预算管理的现金收支业务，在进行财务会计核算的同时也应当进行预算会计核算。对于其他业务，仅需要进行财务会计核算。另一方面，是财务报表与预算会计报表之间存在钩稽关系。通过编制"本期预算结余与本期盈余差异调节表"并在附注中进行披露，反映单位财务会计和预算会计因核算基础和核算范围不同所产生的本年盈余数（本期收入与费用之间的差额）与本年预算结余数（本年预算收入与预算支出的差额）之间的差异，从而揭示财务会计和预算会计的内在联系。这种会计核算模式兼顾了现行部门决算报告制度的需要，又能满足部门编制权责发生制财务报告的要求。

（三）财务会计功能"大提升"

新制度在财务会计核算中全面引入了权责发生制，在会计科目设置和账务处理说明中着力提升强化财务会计功能，如增加了收入和费用两个财务会计要素的核算内容，并原则上要求按照权责发生制进行核算；增加了应收款项和应付款项的核算内容，对长期股权投资采用权益法核算，确认自行开发形成的无形资产的成本，要求对固定资产、公共基础设施、保障性住房和无形资产计提折旧或摊销，引入坏账准备等减值概念，确认预计负债、待摊费用和预提费用等。

（四）资产负债核算"大增容"

新制度在现行制度基础上，扩大了资产负债的核算范围。除按照权责发生制核算原则增加有关往来账款的核算内容，在资产方面，增加了公共基础设施、政府储备物资、文物文化资产、保障性住房和受托代理资产的核算内容，以全面核算单位控制的各类资产；增加了"研发支出"科目，以准确反映单位自行开发无形资产的成本。在负债方面，增加了预计负债、受托代理负债等核算内容，以全面反映单位所承担的现实义务。

（五）预算会计功能"大改进"

新制度对预算会计科目及其核算内容进行了调整和优化，以进一步完善预算会计功能。在核算内容上，预算会计仅需核算预算收入、预算支出和预算结余。在核算基础上，预算会计除按《预算法》要求的权责发生制事项外，均采用收付实现制进行核算，有利于避免现在制度下存在的虚列预算收支的问题。在核算范围上，为了体现新《预算法》的精神和部门综合预算的要求，新制度将依法纳入部门预算管理的现金收支均纳入预算会计核算范围，如增设了债务预算收入、债务还本支出、投资支出等。

（六）基建会计核算"大变革"

按照现行制度的规定，单位对于基本建设投资的会计核算除遵循相关会计制度规定外，还应当按照国家有关基本建设会计核算的规定单独建账、单独核算，但同时应将基建账相关数据按期并入单位"大账"。新制度依据《基本建设财务规则》和相关预算管理规定，在充分吸收《国有建设单位会计制度》合理内容的基础上对单位建设项目会计核算进行了规定。单位对基本建设投资按照本制度规定统一进行会计核算，不再单独建账，直接纳入单位"大账"进行核算。

（七）报表体系和结构"大调整"

新制度将报表分为预算会计报表和财务报表两大类。预算会计报表由预算收入表、预算结转结余变动表和财政拨款预算收入支出表组成，是编制部门决算报表的基础。财务报表由会计报表和附注构成，会计报表由资产负债表、收入费用表、净资产变动表和现金流量表组成，其中，单位可自行选择编制现金流量表。此外，新制度针对新的核算内容和要求对报表结构进行了调整和优化，对报表附注应当披露的内容进行了细化，对会计报表重要项目说明提供了可参考的披露格式、要求按经济分类披露费用信息、要求披露本年预算结余和本年盈余的差异调节过程等。

二、新政府会计制度下的财务会计与预算会计记账差异

在政府会计制度的要求下，出现经济业务时，会进行预算会计和财务会计两项会计

核算操作。基于这两种核算的不同，预算会计主要利用收付实现制为基准做好核算工作，而财务会计利用权责发生制为基准做好核算工作。在一定程度上，核算基础不同使得两者之间具有一定的差异性。作为行政事业单位财务管理人员应认识到两种核算方式不同，利用规范化方式进行核算工作，有效处理财务会计和预算会计操作后差异，提高财务工作质量。

（一）平行记账模式下出现的差异

传统政府会计准则下，当出现业务行为时，对会计要求具有一定影响。基于这样的情况，作为财务人员依据具体情况，在会计制度要求下对会计分录进行编制。这种财务操作方式极为简单直接，依据经济业务状况将登记记录落到实处，在这样的基础上，编制会计凭证。在一般情况下，仅仅编制一次凭证即可，确保业务行为记录到账。但在新的制度背景下，不管是任何业务，都需要依据具体情况，通过财务会计信息和预算会计信息加以体现。一笔经济业务，从财务和预算会计两方面加以考虑，做好平行记账操作。这项操作在政府会计主体出现经济业务后，影响财务会计中的相关要素，因此进行财务会计账务处理，做好财务会计入账操作。

在这样的基础上，触动了预算会计要素，因此，预算会计应进行入账处理，称为平行记账。在这种记账背景下，了解会计主体经济要素存在的变化。此外，需要进行深入化思考。财务会计以权责发生制为基准进行记账，预算会计则依据收付实现制为基准进行记账。在一定程度上，记账准则的不同，会出现差异项。在新政府会计制度背景下，有效利用财务会计和预算会计记账差异。

（二）新政府会计制度下财务会计和预算会计记账差异产生分析

在新政府会计制度下，不管是财务会计，还是预算记账差异分为两种：一种是时间性差异；另一种是永久性差异。之所以出现这样的情况，源于双基础核算原则背景下，确认时间的不同和核算口径的不同。

1. 不同确认时点导致的差异项

对于政府财务会计包含资产、收入与负债账户，将运用公共财物资源情况和政府受托责任履行情况等，通过政府财政交易或是计量进行报告。在政府预算会计中，包含拨款与核实等账户，是一种拨款利用情况信息系统，主要确认预算批准事项与经济活动等。由于收支确认时间不同，在一定期间转回的差异为时间性差异。在政府会计中，支出的不同时点与收入确认时间存在先后顺序是时间性差异的主要类型。此外，新政府会计制度中，平行记账模式背景下，不管是货币资金流入，还是货币资金流出，都在财务会计和预算会计中。

对于政府会计主体在预算年度获得的现金流入为预算会计收入，将其融入预算管理体系中。纵观行政单位账务处理实践不难发现，前者包含预收账款确认预算收入，后者包含非货币性资产捐赠明确的收入，这两种情况会存在差异项。会计主体处理费用支出过程中，财务会计与预算会计确认时点不同，假如经济事项没有同时确认预算支出，则会存在差异项。

2.核算口径造成的差异项

对于核算原则具有一定不同，新政府会计制度下费用与预算支出核算口径具有较大不同。对于行政事业单位而言，为会计主体制定财务会计费用科目资金来源，制定明细核算结构，满足账务处理需求。对于资金类归类核算为预算会计中预算支出科目明细核算重点。比如，针对购入货物的应交增值税，在预算分录"事业支出"科目下，为应交增值税金额，以实际交付金额为基准。在财务会计费用科目中，计入金额不包含增值税部分，需要单独计入"应交增值税"科目中进行相关抵扣处理。对于财务会计和预算会计核算口径的不同，差异是不能消除的，是一种"永久性差异"。

在财务会计和预算会计核算口径差异项中，计提坏账准备和抵扣坏账准备间差异都为其内容，这部分差异项是不能被消除的，利用差异进行调节，确保会计处理具备准确性。不同时点导致的差异项，或是由于核算口径不同导致的差异项，行政事业单位财务管理中，收支类型不同也会导致差异项出现。这一差异在财务会计和预算会计流入流出都利用货币资金实现，在行政事业单位中具有更为鲜明的表现，对会计主体投资活动具有一定影响，这类差异具备时间性差异和永久性差异。例如，固定资产与计提折旧，确认时点不同，因此为时间性差异。伴随着差异时间不断延长，固定值资产折旧年限不断增长，具备永久性差异特征。不同时点与核算口径导致的差异项，明确何种差异项，利用针对性的处理方式，提升会计处理质量，保证所得会计信息具备精准性，具备一定的可靠性。

（三）新政府会计制度下财务会计与预算会计记账差异

1.行政事业单位收入活动中差异项存在的原因与处理方法

对于行政事业单位活动业务而言，存在预收账款行为时，作为财务会计以权责发生制原则为基准，不能将这笔款项当成当期收入入账，但基于账款的存在，从预算会计角度出发，以收付实现制准则为基础，进行收入记账。此外，行政事业单位出现的业务活动满足会计核算确认条件时，确保对预收账款进行相关操作，转化成收入。在这个过程中如果收入增加，则会抵冲预收账款。从财务会计角度上讲，当期收入存在变化，例如，增加等。但账款实际却没有真正到账，不利于财务会计进行账务操作。在这样的背景下，收入没有真正被计入预算会计中，而是财务会计进行的处理。在财务实际操作中，基于接收预收账款的现象，财务会计应记录业务操作，借：银行出款；贷：预收账款。此外，预算会计应做好账务处理，借：资金结存科目；贷：事业预算收入。如果行政事业单位存在非货币性捐赠，财务会计操作，则借：库存物品；贷：捐赠收入，对于预算会计不需要进行相关操作。

2. 行政事业单位支出活动出现差异项的原因分析与处理方法

（1）财务会计与预算会计账务处理

在行政事业单位预算支出工作过程中，需要现有资金流出，将财务预算会计账务处理工作落到实处。支付预付款，是财务会计依据权责发生制完成工作，只有这样才能推进工作。预算会计依据收付实现制完成工作，进而形成差异项。例如，事业单位工程款打给建设单位财务，应将预付款账款记录工作落到实处，包含银行存款和零余额账户等方面的记录。预算会计内部则有资金流出，明确经济支出，应将事业支出与资金结存工作做好，并将经济费用融入其中，依据会计基本准则完成支出工作，确保两者之间不存在差异项。除此之外，依据综合情况进行记录与分析。工程竣工后，费用交付后，财务会计应将实际费用交付工作做好，对不同环节经济费用记录工作进行记录。在一般情况下，预算没有出现资金流动，也会存在财务会计行程费用，因此存在差异项，将登记财务正向差异内容做好。

（2）预付款业务差异

行政事业单位出现业务行为，存在预付操作过程中，从财务会计角度来讲，应依据权责发生制条款规范要求，针对预先支付费用做好会计操作，不能当成目前财务费用。从预算会计角度讲，存在支付行为，依据记账会计规定要求，应记录到当期预算支出科目中。即使明确了预算支出，却没有确认费用。除此之外，在预付款业务处理中，财务会计应依据实际金额入账，借：预付账款，贷：银行存款。在预算会计中则为，借：事业支出，贷：资金结存。

（3）处置固定资产差异

行政事业单位在采购固定资产或是自行建造业务过程中，以权责发生制原则为基准做好核算处理，出于对费用款项与费用确认条件不吻合的情况，财务人员不能作为目前财务费用。

在实际操作中，应将此项内容当成固定资产或是在建工程，借：固定资产；贷：银行存款。如果单位预算会计核算过程中存在资金流出的现象，依据记录标准，作为当期预算支出，借：事业支出，贷：资金结存。在这样的背景下，单位财务会计不进行费用记录，但在预算会计中应明确支出，进而资本性支出存在差异。基于固定资产的处理，财务会计借：资产处置费用；贷：固定资产原值。而预算会计则没有资金流动，不用进行相关会计处理。在这个过程中财务会计成了费用，预算会计则没有支出，因此存在差异项。

（4）折旧和摊销存在的差异

对于行政事业单位而言，出现预提和摊销费用也存在差异性确认。在行政事业单位中，不管是出现预提还是摊销行为，以权责发生制为基准，财务会计需要进行当期费用处理，在实施中，做好冲减预提或是摊销费用。从预算会计角度来讲，以收付实现制原则为主，做好折旧与摊销支付，进行支出操作，进而形成差异。行政事业单位职工福利基金提取操作中，财务会计需要进行当期费用处理，则借：业务活动费用，贷：专用基金。预算会计在实际操作中，以实际资金流动为主，在业务过程中不包含资金流动，不需要做会计处理。从财务会计规则分析角度来讲，出现了费用，但预算会计支出出现，则会出现差异。

（5）购买存货期间明确差异项

行政事业单位购买存货中存在资金流出，根据权责发生制的要求，这种费用不作为财务会计处理，预算会计形成具体流出，依据收付实现制要求，确认指出，因此，财务会计与预算会计存在差异。例如，行政事业单位日常工作中添加用品过程中，货物会直接入库，并没有形成实际支出，所以财务会计不需要进行费用处理工作，不需要资金支出与银行存款记录等。但预算会计会真实存在资金流出，需要全面记录资金支出，两者为一个记录，另一个没有记录则存在差异项，因此科学登记正向差异。在领用物品资料过程中，财务会计需要明确费用，将项目记录落到实处，预算会计是不需要处理的，两者之间具有一定的差异项。

3. 行政事业单位业务活动相关差异项原因分析与处理方法

在新政府会计制度背景下，行政事业经营中，出现的财务会计和预算会计行为存在以上这些差异，还会存在相关差异，但并不是所有差异都应进行登记，差异处理方法具有较大的不同。

第一，受到质量保证金进行的差异处理。其他单位交保证金过程中，行政事业单位人员应确保保证金账款科目及时入账，不能计入为当期收入科目，保证金存在退回操作，不需要明确支出操作，在往来账款科目中有所体现。在新政府会计制度背景下，相关会计人员利用平行记账要求，预算方面操作，有预算收入和支出行为出现。在这个过程中，财务会计下不进行收入操作，从预算会计角度来讲，依据具体标准要求，明确预算收入与支出，登记差异内容。在日常会计核算中，是不能这样操作的。行政事业单位获得保证金后，财务会计应进行相关操作，不在预算会计中进行记录，给予一定的关注，不需进行差异记录。

第二，针对内部备用金差异，行政事业单位处理过程中，如果受单位业务影响，不能确保收入。如果突发紧急情况，备用金则具有一定的价值作用，确保单位业务活动的进行。应用备用金资金流出时，从财务会计角度上讲，应用备用金与费用发生标准不吻合，不能将这项操作作为费用处置。收回备用金时，存在资金流入，依据财务会计原则，运用往来账进行冲减，但并不是计入收入科目中。此外，预算会计应明确收入，因此出现差异项。行政事业单位实践过程中，出现备用金应用，或使用后回收行为，应做好财务会计操作，预算会计不需要进行相关操作，不会出现差异项。

三、政府会计制度平行记账模式解析

根据新政府会计制度，行政事业单位的会计信息要满足不同会计报表使用者的要求，即行政事业单位日常发生的经济业务，不仅要进行预算会计核算，而且要进行财务会计核算，但这会带来财务人员工作量增加、工作效率降低、会计核算失误等问题。为解决这些问题，新政府会计制度要求行政事业单位在同时进行财务会计核算和预算会计核算时采取"平行记账"的模式。

（一）新会计制度中会计核算的平行记账原理

在经济活动的形式更加多样的背景下，我国政府部门的财务核算水平和质量也要充分反映政府部门经济活动的变化，为了实现政府综合财务报告制度改革提出的总体目标，建立健全政府会计核算体系，提出了"财务会计与预算会计适度分离并相互衔接"的工作思路，即在强化原有财务会计功能基础上，引入预算管理会计的职能，从而夯实政府财务报告核算基础。"财务会计与预算会计适度分离并相互衔接"的确立为"平行记账"的产生和设计提供了思路。所谓平行记账原理，是指单位会计核算应当具备财务会计与预算会计双重功能，财务会计核算实行权责发生制，预算会计核算实行收付实现制，国务院另有规定的，依照其规定。单位对于纳入部门预算管理的现金收支业务，在采用财务会计核算的同时应当进行预算会计核算；对于其他业务，仅需进行财务会计核算。

1. 体现了财务会计与管理会计的融合

新会计制度中要求政府部门的会计核算工作要采用平行记账原理，从字面上来看，所谓平行记账原理就是指两套相互独立，同时相互联系的记账方法同时发挥作用，相互衔接，相互印证的会计核算方法。

事实上，新会计制度中所要求的平行记账原理是相对原有的政府会计制度中的单向记账原理而言的。具体而言，在原有的政府会计制度背景下，政府部门的会计核算基本上采用的是权责发生制，但这种会计核算方法存在一定的不足之处，比如，对于政府部门的固定资产无法计提折旧等问题，这些都制约了政府会计核算结果的信息有用性，平行记账原理就是针对原有政府会计准则中会计核算方法的不足进行的有益补充。平行记账原理从理论框架上将政府部门的核算对象划分为财务会计和预算管理会计，并要求政府部门在会计核算过程中，对财务会计所核算的经济活动采用权责发生制，而对预算管理会计的核算采用收付实现制，同时为了体现政府会计核算与企业会计核算的差异，新会计制度进一步明确，对于纳入预算管理的现金活动要采用平行记账原理。

通过上述分析，我们可以认识到，新会计制度的平行记账原理的基础在于通过一套制度发挥两项功能，即财务核算与预算管理，新会计制度将财务核算与预算管理纳入统一的理论框架，也正是在这样的目的的作用下，才出现新会计制度的平行记账原理。

2. 体现了平行核算原理

要想正确把握新会计制度中会计核算的平行记账原理，首先要明确平行记账原理中所突出的平行核算内容。所谓的平行核算，在新会计制度背景下，更多的是针对纳入预算管理的现金业务活动。平行预算要求对于同一项与部门预算相关的涉及现金收支的业务活动，要同时采用权责发生制进行财务会计核算，与此同时，也要采用收付实现制进行预算管理会计核算有以下优点。

一是突出了预算管理会计在政府部门会计核算中的重要地位，强调了预算管理的重要性。原有的政府会计制度更多的是考虑财务会计核算，这样单一的核算方式不利于政府预算管理的开展，也不利于社会公众对政府部门收支情况的监督，平行核算方法克服了上述不足之处。

二是突出了钩稽关系。既然是平行核算，那么财务会计和预算管理会计的核算结果不可能完全独立，而是存在比较紧密的联系，通过将两套核算方法所得出的结果相互对照，通过钩稽关系可以及时发现两套平行核算结果所表现出的差异，从而便于政府部门的内部审计监督与政府审计部门的监督检查。

3. 对核算结果的调整体现了统一的框架

平行记账原理的第二层含义就体现在对核算结果的调整方面。平行记账原理内在地要求财务管理与预算管理会计进行平行记账，同时要求财务会计采用权责发生制，而预算管理会计则采用收付实现制，两种不同核算方法所产生的结果必然存在差异，为了正确理解与解读两套会计核算结果的差异，新会计制度同时要求政府部门要通过"本期预算结余与本期盈余差异调节表"对两套核算方法的结果产生的差异进行调整，对于调整结果，要求政府部门在附注中进行披露。新会计制度中的这一规定，具有以下几种优势。

第一，弥合了财务会计与预算管理会计在理论层面和实务层面的隔阂。财务会计和预算管理会计在理论上和功能上存在一定差异，这种差异必然反映在会计核算结果之中，但新会计制度中关于核算结果的调整的规定，有效弥合了两种会计核算方法之间的鸿沟，有利于在同一框架下发挥两种核算模式优势。

第二，有利于克服两种核算方法各自的短板。从理论来看，财务会计核算结果反映的是过去经济活动和交易的结果，而预算管理会计核算结果反映的是未来经济活动对预算的需求及其执行结果，这两种会计核算方法在时间导向上存在各自的短板，单纯的财务会计只能通过历史数据对未来进行预测，预算管理会计则对过去的信息反映不足，新会计制度通过核算调整的方式将财务会计与预算管理会计纳入统一的核算框架，有效地克服了二者在核算方面的短板，有利于共同发挥二者在反映政府部门经济活动方面的优势。

（二）不同会计核算基础下政府会计核算制度的优劣分析

1. 以收付实现制为基础的政府预算会计核算

在收付实现制度，以款项是否已经收到或付出作为核算标准来界定本期的收入和支出，能真实地反映当年预算收支的实际执行结果，避免预算上的虚假平衡，又便于资金调度和统筹使用。长期以来，行政事业单位实行的是以收付实现制为基础的预算会计。随着行政事业单位职能的转变和财政管理体制的改革，收付实现制日益表现出诸多不足之处，主要有以下两点。

第一，资产负债没有真实性。在收付实现制记账模式下，凡在本期收到的收入和支出的费用，不论是否属于本期，均作为当期收入或费用，反之则不作为当期的收入或费用。这样可能导致财政支出被低估，政府可支配的财政资源被虚增，各期损益的确定也不合理。

第二，预算会计在固定资产和无形资产购入时作为"支出"处理，并未在账上体现固定资产和无形资产的价值，同时也未在固定资产和无形资产的寿命期内计提折旧和摊销。这些都会造成当期财务数据的虚增或虚减，不能真实反映行政事业单位的盈余和净资产情况。

2. 以权责发生制为基础的政府财务会计核算

权责发生制是以取得收取款项的权利或支付款项的义务为标准来确定本期收入和费用。其显著特征是在本期内已履行责任所取得的收入和已形成义务所负担的费用，不论其款项是否收到或支出，都作为本期收入和费用处理；反之，凡是责任未履行或义务未形成，即使款项已在本期收到或付出，也不应作为本期收入和费用。权责发生制的优点是盈余或亏损的计算相对准确，但在执行过程中也存在一定的问题，如不能反映纳入预算管理的资金的收支明细，也不能为会计主体提供预算和决算的相关信息。此外，行政事业单位的财务部门需要随时掌握预算资金的实际余额，避免资金积累过多造成浪费或资金缺口造成支付困难。而权责发生制不能计算资金余额，因此不能提供相关信息。

3. 将预算会计和财务会计记账模式整合起来的记账模式

为了弥补单纯使用预算会计记账模式和财务会计记账模式的缺陷，2019 年之前，政府会计制度采用了一种整合的会计核算模式，初步将预算会计和财务会计结合起来。这一整合模式既反映了财务信息（如单位资产），也反映了预算资金的收入和支出，似乎克服了单纯以收付实现制为基础进行核算和单纯以权责发生制为基础进行核算的不足。但这种简单的综合会计核算方法并不能及时反映资产损失与成本，也不能充分反映单位的财务状况。

4. 双体系平行记账模式

（1）平行记账模式的含义

"平行记账"模式也叫"双分录记账"模式，即单位对于纳入部门的现金收支业务，在进行财务会计核算的同时也应当进行预算会计核算，这是一种"预算会计和财务会计适度分离又相互衔接"的会计核算体系。新政府会计制度确立了"3+5 要素"的会计核算模式，即对发生的同一项经济业务，通过预算收入、预算支出和预算结余3个要素进行预算会计核算，同时通过资产、负债、净资产、收入、费用5个要素进行财务会计核算。预算会计与财务会计两者相互独立，但依据的是同一套原始凭证。

（2）平行记账模式的基本特点

同时设置财务会计体系核算科目和预算会计体系核算科目。依据新政府会计制度规定，对纳入部门预算管理的现金收入和现金支出业务，需按同一原始凭证、同一业务金额分别登记财务会计科目和预算会计科目，因此需要设置双体系会计科目。例如，反映财务会计与预算会计之间存在密切关联性的费用预算类科目、收入类科目、资金结存类科目。

对比预算会计中收入科目的设计与财务会计收入科目的设计可以发现，一般情况下，预算会计科目是在财务会计科目中的"收入"之前加上"预算"二字。举例来说，财务会计科目中的"财政拨款收入"科目在预算会计核算体系当中的对应科目为"财政拨款预算收入"；财务会计中的"事业收入"科目，在预算会计中则是"事业预算收入"科目；财务会计中的"经营收入"，在预算会计中则对应"经营预算收入"科目等。

增设"资金结存"科目。在新政府会计制度下，预算会计科目体系中增设了"资金结存"科目，如财务会计中的"零余额账户用款额度""现金""银行存款""其他货币资金""财政应返还额度"等科目，在预算会计中则对应为"资金结存——零余额账户用款额度""资金结存——货币资金""资金结存——财政应返还额度"等科目，用于反映纳入部门预算管理的货币资金的收支结存等方面的情况，其主要作用在于能够充分反映预算收支对政府财务运行情况和资金盈亏情况产生的影响。

编制"双重报告"，新政府会计制度将报表分为预算会计报表和财务报表两大类。财务报表的编制主要以权责发生制为基础，由会计报表和附注构成，其中会计报表包括资产负债表、收入费用表和现金流量表；预算会计报表的编制主要以收付实现制为基础，由预算收入支出表、预算结转结余变动表、财政拨款预算收入支出表组成，是编制部门决算报表的基础。同时，通过编制"本期盈余与预算结余差异调节表"，反映单位财务会计和预算会计因核算基础和核算范围不同所产生的盈余和结余数之间的差异，从而揭示财务会计与预算会计的逻辑对应关系。

5. 不同记账模式比较

实例假设某事业单位财务部门因工作需要购买了一套财务软件，金额为4.8万元，预计摊销期限为10年。对于发生的这项经济业务，我们采用不同的记账模式进行会计核算。

以收付实现制为基础的预算会计应编制的会计分录如表3-8所示。

表 3-8　收付实现制为基础的预算会计分录

经济业务事项	会计分录
收到财政拨入款项时	借：零余额账户用款额度　　48000 　　贷：财政补助收入　　　　　48000
支出款项购买财务软件时	借：事业支出　　　　　　　48000 　　贷：零余额账户用款额度　　48000

从表 3-8 中的会计分录可以看出，这种记账模式存在的问题是，没有对购入的无形资产进行账务记录，账上无法体现购入无形资产的价值。

以权责发生制为基础的财务会计应编制的会计分录如表 3-9 所示。

表 3-9　权责发生制为基础的财务会计分录

经济业务事项	会计分录
收到财政拨入款项时	借：零余额账户用款额度　　48000 　　贷：财政补助收入　　　　　48000
支出款项购买财务软件时	借：无形资产——软件　　　　48000 　　贷：零余额账户用款额度　　48000
每月计提摊销时	借：××费用　　　　　　　400 　　贷：累计摊销　　　　　　400

表 3-9 中的会计分录既核算了无形资产，也对无形资产计提了摊销，完整地反映了单位的资产状况。但存在的问题是，事业单位还需要核算预算资金的支出和结余，而这种记账方式并不能满足这一要求。

收付实现制与权责发生制相结合的记账模式所编制的会计分录如表 3-10 所示。

表 3-10　收付实现制与权责发生制相结合的会计分录

经济业务事项	会计分录
收到财政拨入款项时	借：零余额账户用款额度　　48000 　　贷：财政补助收入　　　　　48000
支出款项购买财务软件时	借：事业支出　　　　　　　48000 　　贷：零余额账户用款额度　　48000 借：无形资产——软件　　　　48000 　　贷：非流动资产基金——无形资产　　48000
每月计提摊销时	借：非流动资产基金——无形资产　　400 　　贷：累计摊销　　　　　400

从表 3-10 可以看出，会计分录已经将购入的无形资产登记入账，并核算了预算资金的收入和支出，弥补了单一收付实现制和单一权责发生制的不足。然而，这种方法虽然计提摊销，但并未通过摊销将无形资产损耗转化为成本，仍然没有真实全面地反映单位的资产信息和财务运行状况。

双体系平行记账模式下编制的会计分录如表 3-11 所示。

表 3-11　双体系平行记账模式会计分录

经济业务事项	财务会计分录	预算会计分录
收到财政拨入款项时	借：零余额账户用款额度 48000 　贷：财政拨款收入　　　　48000	借：资金结存　　　　48000 　贷：财政拨款预算收入　48000
支出款项购买财务软件时	借：无形资产——软件　48000 　贷：零余额账户用款额度　48000	借：事业支出　　　　48000 　贷：资金结存　　　　48000
每月计提摊销时	借：×× 费用　　　　400 　贷：无形资产累计摊销　400	无须编制会计分录

从表 3-11 中的会计分录可以看出，平行记账模式既反映了预算资金的支出，记录了无形资产的价值，同时也核算了无形资产的摊销费用。因此，平行记账模式完整地反映了单位的经济业务和资产状况。

（三）平行记账模式下政府会计的重要事项核算要点

实行新政府会计制度后，并非所有货币资金收入和支出业务都要进行平行记账，只有现金收支活动在归入预算管理时采用预算会计与财务会计平行记账，其他业务不需要平行记账。例如，以货币资金形式收到的受托代管资产、代财政部门收取应上缴的款项以及暂时性货币往来性质的款项，均不列入预算收入和预算支出核算。平行记账模式下政府会计重要事项的核算要点如下。

1. 以货币资金方式收到的受托代管资产、代理资产

根据会计的真实性原则，受托代理资产的所有权并不属于行政事业单位，不能归入行政事业单位的预算收入进行核算。因此，对于这类受托代管性质的资产，在进行财务核算时，不需要进行双分录会计处理。

2. 应上缴财政款

行政事业单位收到的资金属于代财政收取并最终应上缴财政的，由于该笔款项从一开始就已明确不属于行政事业单位所有，因此不应纳入本单位的预算收入，如代政府收取的非税收入、罚没收入及处置拍卖相关资产的收入等。对于这部分收入，不需要编制预算会计分录，只需在财务会计中使用"应缴财政款"科目进行核算。

3. 由行政事业单位暂时性收取，应该在未来归还的其他款项

此类款项由行政事业单位代为收取和保管，所有权不归属本单位，因此不属于本单位的预算资金，不需要编制预算会计分录，只需在财务会计中进行核算。

4. 行政事业单位发生的各种应收、暂付性质的款项

此类款项包括代职工垫付应收回的各种代垫性质的款项，如为职工垫支的水电费等；因业务活动需要暂付且约定可收回的存出保证金、支付给职工提供周转使用的备用金及其他具有往来性质的款项。对于支付的备用金，只有在费用报销时才有明确的资金用途，这时才能将其作为一项预算支出进行平行记账；对于支付的存出保证金、代职工垫付的应收款及其他纯属往来性质的款项等，由于将来能够收回，因此只需要进行财务会计处

理，不需要进行预算会计核算。

四、财务会计和预算会计平行核算模式理解

自 2019 年 1 月 1 日起施行的《政府会计制度——行政事业单位会计科目和报表》，对行政及各类事业单位的会计核算发生了重大变化，特别是重新构建了"财务会计和预算会计适度分离并相互衔接"的会计核算模式，要求财务会计和预算会计进行平行核算。新制度主要列出了财务会计和预算会计两类科目表，共计 103 个一级会计科目，其中财务会计有资产、负债、净资产、收入和费用五个要素共 77 个一级科目，预算会计有预算收入、预算支出和预算结余三个要素共 26 个一级科目。按照新制度中所要求的财务会计和预算会计"平行记账"的核算要求，以财务会计要素为主线，针对涉及同一项业务或事项在财务会计和预算会计平行核算的部分进行示例。

（一）"库存现金"科目

1. 出差人员报销差旅费时

财务会计处理：借：业务活动费用 / 单位管理费用等（实际报销金额）库存现金（实际报销金额小于借款金额的差额），贷：其他应收款，或贷：库存现金（实际报销金额大于借款金额的差额）。

预算会计平行处理：借：行政支出 / 事业支出等 [实际报销金额]，贷：资金结存——货币资金。

2. 因开展业务等事项收到现金时

财务会计处理：借：库存现金，贷：事业收入或应收账款等。

预算会计平行处理：借：资金结存——货币资金，贷：事业预算收入等。

3. 因购买服务、商品或其他事项支出现金时

财务会计处理：借：业务活动费用 / 单位管理费用 / 其他费用 / 应付账款等，贷：库存现金。

预算会计平行处理：借：行政支出 / 事业支出 / 其他支出等，贷：资金结存——货币资金。

4. 对外捐赠现金资产时

财务会计处理：借：其他费用，贷：库存现金。

预算会计平行处理：借：其他支出，贷：资金结存——货币资金。

5. 现金溢余，按照溢余额转入待处理财产损溢时

财务会计处理：借：库存现金，贷：待处理财产损溢。预算会计平行处理：借：资金结存——货币资金，贷：其他预算收入。若属于应支付给其他单位或有关人员的部分：财务会计处理：借：待处理财产损溢，贷：其他应付款，借：其他应付款，贷：库存现金。预算会计平行处理：借：其他预算收入，贷：资金结存——货币资金。

6. 现金短缺，按照短缺金额转入待处理财产损溢

财务会计处理：借：待处理财产损溢，贷：库存现金。

预算会计平行处理：借：其他支出，贷：资金结存——货币资金。

若现金短缺属于应由责任人赔偿的部分：

财务会计处理：借：其他应收款，贷：待处理财产损溢；借：库存现金，贷：其他应收款。预算会计平行处理：借：资金结存——货币资金，贷：其他支出。

（二）"银行存款"科目

1. 将款项存入银行或其他金融机构时

财务会计处理：借：银行存款，贷：库存现金/事业收入/其他收入等。

预算会计平行处理：借：资金结存——货币资金，贷：事业预算收入/其他预算收入等。

2. 支付款项时

财务会计处理：借：业务活动费用/单位管理费用/其他费用等，贷：银行存款。

预算会计平行处理：借：行政支出/事业支出/其他支出，贷：资金结存——货币资金。

3. 收到银行存款利息时

财务会计处理：借：银行存款，贷：利息收入。

预算会计平行处理：借：资金结存——货币资金，贷：其他预算收入。

4. 支付银行手续费等费用时

财务会计处理：借：业务活动费用/单位管理费用等，贷：银行存款。

预算会计平行处理：借：行政支出/事业支出等，贷：资金结存——货币资金。

（三）"零余额账户用款额度"科目

1. 收到额度，即收到授权支付到账通知书时

财务会计处理：借：零余额账户用款额度，贷：财政拨款收入。

预算会计平行处理：借：资金结存——零余额账户用款额度，贷：财政拨款预算收入。

2. 按照规定支用额度，即支付日常活动费用、购买库存物资或购建固定资产时

财务会计处理：借：业务活动费用/单位管理费用/库存物资/固定资产/在建工程等，贷：零余额账户用款额度。

预算会计平行处理：借：行政支出/事业支出等，贷：资金结存——零余额账户用款额度。

3. 提现，即从零余额账户提取现金时

财务会计处理：借：库存现金，贷：零余额账户用款额度。

预算会计平行处理：借：资金结存——货币资金，贷：资金结存——零余额账户用款额度。

4. 因购货退回等发生国库授权支付额度退回，有三种情况

将现金退回单位零余额账户时：财务会计处理：借：零余额账户用款额度，贷：库存现金。

预算会计平行处理：借：资金结存——零余额账户用款额度，贷：资金结存——货币资金

若为本年度授权支付的款项：财务会计处理：借：零余额账户用款额度，贷：库存物品等。

预算会计平行处理：借：资金结存——零余额账户用款额度，贷：行政支出/事业支出等。

若以前年度授权支付的款项：财务会计处理：借：零余额账户用款额度，贷：库存物品以前年度盈余调整等。

预算会计平行处理：借：资金结存——零余额账户用款额度，贷：财政拨款结转——年初余额调整，贷：财政拨款结余——年初余额调整。

5. 年末注销额度，根据代理银行提供的对账单，注销财政授权额度

财务会计处理：借：财政应返还额度——财政授权支付，贷：零余额账户用款额度。

预算会计平行处理：借：资金结存——财政应返还额度，贷：资金结存——零余额账户用款额度。

若本年度授权支付预算指标数大于零余额账户额度下达数，根据未下达的用款额度：财务会计处理：借：财政应返还额度——财政授权支付，贷：财政拨款收入。

预算会计平行处理：借：资金结存——财政应返还额度，贷：财政拨款预算收入。

6. 下年初恢复额度，根据代理银行提供的额度恢复财政授权支付额度

财务会计处理：借：零余额账户用款额度，贷：财政应返还额度——财政授权支付。

预算会计平行处理：借：资金结存——零余额账户用款额度，贷：资金结存——财政应返还额度。

当收到财政部门批复的上年末未下达零余额账户用款额度时：

财务会计处理：借：零余额账户用款额度，贷：财政应返还额度——财政授权支付。

预算会计平行处理：借：资金结存——零余额账户用款额度，贷：资金结存——财政应返还额度。

（四）"其他货币资金"科目

发生支付，即用银行本票、银行汇票、信用卡支付时：

财务会计处理：借：在途物资/库存物品等，贷：其他货币资金——银行本票存款/银行汇票存款/信用卡存款等。预算会计平行处理：借：事业支出等（实际支付金额），贷：资金结存——货币资金。

（五）"短期投资"科目

1. 取得短期投资时

财务会计处理：借：短期投资，贷：银行存款。

预算会计平行处理：借：投资支出，贷：资金结存——货币资金。

当收到购买时已到期付息期但尚未领取的利息时：

财务会计处理：借：银行存款，贷：短期投资。

预算会计平行处理：借：资金结存——货币资金，贷：投资支出。

2. 短期投资持有期间收到利息时

财务会计处理：借：银行存款，贷：投资收益。

预算会计平行处理：借：资金结存，贷：投资预算收益。

3. 出售短期投资或到期收回短期投资（国债）本息时

财务会计处理：借：银行存款（实际收到的金额），借：投资收益（借差），贷：短期投资（账面余额），贷：投资收益（贷差）。

预算会计平行处理：借：资金结存——货币资金（实收款），借：投资预算收益（实收款小于投资成本的差额），贷：投资支出（出售或收回当年投资的）/其他结余（出售或收回以前年度投资的），贷：投资预算收益（实收款大于投资成本的差额）。

（六）"财政应返还额度"科目

财政直接支付方式下，确认财政应返还额度，年末本年度预算指标数与当年实际支付数的差额：

财务会计处理：借：财政应返还额度——财政直接支付，贷：财政拨款收入。

预算会计平行处理：借：资金结存——财政应返还额度，贷：财政拨款预算收入。

下年度使用以前年度财政直接支付额度支付款项时：

财务会计处理：借：业务活动费用/单位管理费用/库存物品等，贷：财政应返还额度——财政直接支付。

预算会计平行处理：借：行政支出/事业支出等，贷：资金结存——财政应返还额度。

在财政授权支付方式下，确认财政应返还额度，年末本年度预算指标数大于额度下达数的，根据未下达的用款额度：

财务会计处理：借：财政应返还额度——财政授权支付，贷：财政拨款收入。

预算会计平行处理：借：资金结存——财政应返还额度，贷：财政拨款预算收入。

年末根据代理银行提供的对账单，做注销额度处理：

财务会计处理：借：财政应返还额度——财政授权支付，贷：零余额账户用款额度。

预算会计平行处理：借：资金结存——财政应返还额度，贷：资金结存——零余额账户用款额度。

下年初额度恢复和下年初收到财政部门批复的上年末未下达零余额账户用款额时：

财务会计处理：借：零余额账户用款额度，贷：财政应返还额度——财政授权支付。

预算会计平行处理：借：资金结存——零余额账户用款额度，贷：资金结存——财政应返还额度。

（七）"应收票据"科目

1. 持未到期的商业汇票向银行贴现时

财务会计处理：银行存款（贴现净额），借：经营费用等（贴现利息），贷：应收票据（不附追索权），贷：短期借款（附追索权）。

预算会计平行处理：借：资金结存——货币资金，贷：经营预算收入等（贴现净额）。

2. 将持有的商业汇票背书转让以取得所需物资时

财务会计处理：借：库存物品等，贷：应收票据，贷：银行存款（差额）。

预算会计平行处理：借：经营支出（支付的金额），贷：资金结存——货币资金。

3. 商业汇票到期，收回应收票据时

财务会计处理：借：银行存款，贷：应收票据。

预算会计平行处理：借：资金结存——货币资金，贷：经营预算收入等。

（八）"应收账款"科目

1. 收回应收账款时

财务会计处理：借：银行存款，贷：应收账款。

预算会计平行处理：借：资金结存——货币资金等，贷：事业预算收入／经营预算收入／其他预算收入等。

2. 事业单位已核销不需上缴财政的应收账款在以后期间收回

财务会计处理：借：应收账款，贷：坏账准备。同时，借：银行存款，贷：应收账款。

预算会计平行处理：借：资金结存——货币资金，贷：非财政拨款结余等。

（九）"预付账款"科目

1. 发生预付账款时

财务会计处理：借：预付账款，贷：财政拨款收入／零余额账户用款额度／银行存款等。

预算会计平行处理：借：行政支出／事业支出等，贷：财政拨款预算收入／资金结存等。

2. 收到所购货物或劳务以及根据工程进度结算工程价款时

财务会计处理：借：业务活动费用／库存物品／固定资产／在建工程等，贷：预付账款，贷：零余额账户用款额度／财政拨款收入／银行存款等（补付款项）。

预算会计平行处理：借：行政支出／事业支出等（补付款项），贷：财政拨款预算收入／资金结存等。

3. 预付账款退回，若为当年预付账款退回

财务会计处理：借：财政拨款收入／零余额账户用款额度／银行存款等，贷：预付账款。

预算会计平行处理：借：财政拨款预算收入／资金结存，贷：行政支出／事业支出等。

若为以前年度预付账款退回：财务会计处理：借：财政应返还额度/零余额账户用款额度/银行存款等，贷：预付账款。

预算会计平行处理：借：资金结存，贷：财政拨款结余——年初余额调整，贷：财政拨款结转——年初余额调整等。

（十）"应收股利"科目

1. 取得的长期股权投资

财务会计处理：借：长期股权投资，借：应收股利（取得投资支付的价款中包含的已宣告但尚未发放的现金股利或利润），贷：银行存款（取得投资支付的全部价款）。

预算会计平行处理：借：投资支出（取得投资支付的全部价款），贷：资金结存——货币资金。

收到取得投资支付价款中包含的已宣告但尚未发放的股利或利润时：财务会计处理：借：银行存款，贷：应收股利。预算会计平行处理：借：资金结存——货币资金，贷：投资支出等。

2. 持有投资期间收到现金股利或利润时

财务会计处理：借：银行存款，贷：应收股利。

预算会计平行处理：借：资金结存——货币资金，贷：投资预算收益。

（十一）"应收利息"科目

1. 取得长期债券投资时

财务会计处理：借：长期债券投资，借：应收利息（取得投资支付的价款中包含的已到付息期但尚未领取的利息），贷：银行存款。

预算会计平行处理：借：投资支出（取得投资支付的全部价款），贷：资金结存——货币资金。

当收到取得投资支付的价款中包含的已到付息期但尚未领取的利息时：

财务会计处理：借：银行存款，贷：应收利息。

预算会计平行处理：借：资金结存——货币资金，贷：投资支出等。

2. 持有投资期间，实际收到利息时

财务会计处理：借：银行存款，贷：应收利息。

预算会计平行处理：借：资金结存——货币资金，贷：投资预算收益。

（十二）"其他应收款"科目

1. 发生暂付款报销时

财务会计处理：借：业务活动费用/单位管理费用等（实际报销金额），贷：其他应收款。

预算会计平行处理：借：行政支出/事业支出等（实际报销金额），贷：资金结存。

收到其他应收款项时：财务会计处理：借：银行存款/库存现金等，贷：其他应收款。

预算会计平行处理：借：资金结存——货币资金，贷：上级补助预算收入 / 附属单位上缴预算收入 / 其他预算收入等。

2. 拨付给内部有关部门的备用金，根据报销数用现金补足备用金定额时

财务会计处理：借：业务活动费用 / 单位管理费用等，贷：库存现金。

预算会计平行处理：借：行政支出 / 事业支出等，贷：资金结存——货币资金。

3. 逾期无法收回的其他应收款，对于已核销的其他应收款在以后期间收回

财务会计处理：对于事业单位：借：其他应收款，贷：坏账准备。

同时，借：银行存款等，贷：其他应收款。对于行政单位：借：银行存款等，贷：其他收入。

预算会计平行处理：借：资金结存——货币资金，贷：其他预算收入。

（十三）"坏账准备"科目

已核销不需上缴财政的应收款项在以后期间收回：

财务会计处理：借：应收账款 / 其他应收款，贷：坏账准备。同时，借：银行存款，贷：应收账款 / 其他应收款。

预算会计平行处理：借：资金结存——货币资金等，贷：非财政拨款预算收入 / 资金结存。

（十四）"在途物品"科目

购入材料等物资，结算凭证收到或未到款已付或已开出商业汇票：

财务会计处理：借：在途物品，贷：财政拨款收入 / 零余额账户用款额度 / 银行存款 / 应付票据等。

预算会计平行处理：借：行政支出 / 事业支出 / 经营支出等，贷：财政拨款预算收入 / 资金结存。

（十五）"库存物品"科目

1. 外购的库存物品验收入库时

财务会计处理：借：库存物品，贷：财政拨款收入 / 零余额账户用款额度 / 银行存款 / 应付账款等。

预算会计平行处理：借：行政支出 / 事业支出 / 经营支出等，贷：财政拨款预算收入 / 资金结存。

2. 接受捐赠及无偿调入的库存物品

财务会计处理：借：库存物品（按确定的成本），贷：银行存款等（相关税费），贷：捐赠收入 / 无偿调拨净资产。

预算会计平行处理：借：其他支出（实际支付的相关税费），贷：资金结存。

3. 经批准对外捐赠及无偿调出的库存物品发生处置费用时

财务会计处理：借：资产处置费用，贷：银行存款（归属于捐出或调出方的相关费用）。

预算会计平行处理：借：其他支出（实际支付的相关费用），贷：资金结存。

（十六）"加工物品"科目

1.为自制物品发生其他直接费用和间接费用时

财务会计处理：借：加工物品——自制物品（其他直接费用、间接费用），贷：财政拨款收入/零余额账户用款额度/银行存款等。

预算会计平行处理：借：事业支出/经营支出（实际支付金额），贷：财政拨款预算收入/资金结存。

2.委托加工支付加工费时

财务会计处理：借：加工物品——委托加工物品，贷：财政拨款收入/零余额账户用款额度/银行存款。

预算会计平行处理：借：行政支出/事业支出/经营支出，贷：财政拨款预算收入/资金结存。

（十七）"待摊费用"科目

发生待摊费用时：

财务会计处理：借：待摊费用，贷：财政拨款收入/零余额账户用款额度/银行存款。

预算会计平行处理：借：行政支出/事业支出等，贷：财政拨款预算收入/资金结存。

（十八）"长期股权投资"科目

1.以现金取得的长期股权投资

财务会计处理：借：长期股权投资——成本，借：应收股利（实际支付价款中包含的已宣告但尚未发放的股利或利息），贷：银行存款等（实际支付的价款）。

预算会计平行处理：借：投资支出（实际支付的价款），贷：资金结存——货币资金。

当收到投资时实际支付价款中包含的已宣告但尚未发放的股利或利息：财务会计处理：借：银行存款，贷：应收股利。

预算会计平行处理：借：资金结存——货币资金，贷：投资支出等。

2.以未入账的无形资产取得的长期投资

财务会计处理：借：长期股权投资，贷：银行存款/其他应交税费，贷：其他收入。

预算会计平行处理：借：其他支出（支付的相关税费），贷：资金结存。

3.接受捐赠的长期股权投资

财务会计处理：借：长期股权投资——成本/长期股权投资，贷：银行存款等（相关税费），贷：捐赠收入。

预算会计平行处理：借：其他支出（支付的相关税费），贷：资金结存。

4.无偿调入的长期股权投资

财务会计处理：借：长期股权投资，贷：无偿调拨净资产，贷：银行存款等（相关税费）。

预算会计平行处理：借：其他支出（支付的相关税费），贷：资金结存。

5. **在成本法及权益法下，收到投资单位发放的现金股利时**

财务会计处理：借：银行存款，贷：应收股利。

预算会计平行处理：借：资金结存——货币资金，贷：投资预算收益。

6. **追加投资成本法改为权益法时**

财务会计处理：借：长期股权投资——成本，贷：长期股权投资（成本法账面余额），贷：银行存款（追加投资）。

预算会计平行处理：借：投资支出（实际支付的金额），贷：资金结存——货币资金。

7. **处置以现金取得的长期股权投资**

财务会计处理：借：银行存款，借：投资收益（借差），贷：长期股权投资（账面余额），贷：应收股利（尚未领取的现金股利或利润），贷：银行存款等（支付的相关税费），贷：投资收益（贷差）。

预算会计算处理：借：资金结存——货币资金（取得价款扣除支付的相关税费后金额），贷：投资支出/其他结余投资款，贷：投资预算收益。

8. **处置以现金以外的其他资产取得的长期股权投资**

对于处置收入上缴财政的：财务会计处理：借：资产处置费用，贷：长期股权投资。

同时，借：银行存款（实际取得的价款），贷：应收股利（尚未领取的现金股利或利润），贷：银行存款（支付的相关税费），贷：应缴财政款。

预算会计平行处理：借：资金结存——货币资金，贷：投资预算收益（获得的现金股利或利润）。

对于按照规定投资收益纳入单位预算管理的：

财务会计处理：借：资产处置费用，贷：长期股权投资。

同时：借：银行存款（实际取得的价款），贷：应收股利（尚未领取的现金股利或利润），贷：银行存款等（支付的相关税费），贷：投资收益（取得价款扣减投资账面余额、应收股利和相关税费后的差额），贷：应缴财政款（贷差）。

预算会计平行处理：借：资金结存——货币资金（取得的价款扣减投资账面余额和相关税费），贷：投资预算收益。

（十九）"长期债券投资"科目

1. **取得长期债券投资时**

财务会计处理：借：长期债券投资——成本，借：应收利息（实际支付的价款中包含已到付息期但尚未领取的利润），贷：银行存款等（实际支付价款）。

预算会计平行处理：投资支出（实际支付价款），贷：资金结存——货币资金。收到取得投资所支付价款中包含的已宣告但未领取的利息时：财务会计处理：借：银行存款，贷：应收利息。

预算会计平行处理：借：资金结存——货币资金，贷：投资支出等。

2.实际收到分期支付利息时

财务会计处理：借：银行存款，贷：应收利息。

预算会计平行处理：借：资金结存——货币资金，贷：投资预算收益。

3.到期收回长期债券投资本息

财务会计处理：借：银行存款，贷：长期债券投资（账面余额），贷：应收利息/投资收益。

预算会计平行处理：借：资金结存——货币资金，贷：投资支出/其他结余（投资成本），贷：投资预算收益。

4.对外出售长期债券投资

财务会计处理：借：银行存款（实际收到的款项），借：投资收益（借差），贷：长期债券投资（账面余额），贷：应收利息，贷：投资收益（贷差）。

预算会计平行处理：借：资金结存——货币资金，贷：投资支出/其他结余（投资成本），贷：投资预算收益。

（二十）"固定资产"科目

1.外购不需要安装的固定资产时

财务会计处理：借：固定资产，贷：财政拨款收入/零余额账户用款额度/银行存款等。

预算会计平行处理：借：行政支出/事业支出/经营支出等，贷：财政拨款预算收入/资金结存。

2.购入需要安装的固定资产时

财务会计处理：借：在建工程，贷：财政拨款收入/零余额账户用款额度/银行存款等。

预算会计平行处理：借：行政支出/事业支出/经营支出等，贷：财政拨款预算收入/资金结存。

第三节　会计报表发生变化

新政府会计制度要求事业单位在财务报表填制基础上，填制预算会计报表，"双报表"的实施在一定程度上增加了会计工作量，提高了工作难度。新政府会计制度要求事业单位定期及时填制"预算收入支出表""预算结转结余变动表""财政预算收入支出表"等报表，从而全面反映事业单位预算资金收支情况。

一、事业单位会计报表简介

（一）行政事业单位会计报表种类和内容

1.种类

行政单位会计报表是反映行政单位财务状况和预算执行结果的书面文件。包括资产负债表、收入支出总表、支出明细表、附表和报表说明书。行政单位应当按照财政部门和上级单位的规定报送月度、季度和年度会计报表（年度决算）。

事业单位会计报表是反映事业单位财务状况和收支情况的书面文件，是财政部门和上级单位了解情况、掌握政策、指导单位预算执行工作的重要资料，也是编制下年度单位财务收支计划的基础。事业单位会计报表主要包括资产负债表、收入支出表、附表及会计报表附注和收支情况说明书等。会计报表分为月报、季报和年报（年度决算）三种。

2. 决算会计报告的内容

会计报告的内容主要包括：行政事业单位决算报表、报表附注和财务分析。行政事业单位报表包括：报表封面、主表和补充指标表。

报表封面内容主要包括：行政事业单位名称、单位负责人、财务负责人、填表人、联系方式等文字信息以及单位统一代码、基本性质、财政预算代码、预算管理级次、隶属关系、报表类型等相关信息。

主表、补充指标表内容主要包括：行政事业单位各类收支与结余情况、资产与负债情况、人员与工资情况及财政部门规定的其他应上报的内容。主表适用于所有行政事业单位，补充指标表仅适用于相关业务的行政事业单位。

行政事业单位决算报表附注用于注明需特别说明的有关报表编制事项，主要包括：报表编制基础、编制依据、编制原则和方法以及特殊事项的说明和有关重要项目的明细资料。行政事业单位财务分析是对本单位收入支出、资产负债、净资产等主要财务指标增减变动情况和原因的分析。

（二）编报年度决算的相关规定会计决算报告的编制

在年度终了前，应根据财政部门或主管部门的决算编审工作要求，对各项收入账目、往来款项、货币资金和财产物资进行全面的清理结算，在此基础上办理年度结账，编报决算。

清理、核算年度预算收支数额和各项缴拨款，保证上下级之间的年度预算数与领拨经费数一致。

为了准确地反映各项收支数额，凡属本年度的应拨款项，应当在 12 月 31 日前汇达对方。主管会计单位对所属各单位的预算拨款和预算外资金拨款，截至 12 月 25 日，逾期一般不再下拨。

行政事业单位会计决算报告的统一编制时间点为每年的 12 月 31 日。凡属本年的各项收入，都应及时入账。本年的各项应缴预算款和应缴财政专户的预算外资金，要在年终前全部上缴。属于本年的各项支出，要按规定的支出渠道如实列报。年度单位支出决算，一律以基层用款单位截至 12 月 31 日的本年实际支出数为准，不得将年终前预拨下级单位的下年度预算拨款列入本年支出，也不得以上级会计单位的拨款数代替基层会计单位的实际支出数。

行政事业单位的往来款项，年终前应尽量清理完毕。按照有关规定应当转作各项收入或各项支出的往来款项应及时转入各有关账户，编入本年决算。

行政事业单位年终应及时同开户银行进行对账，银行存款账面余额应同银行对账单的余额核对相符。现金账面余额应同库存现金核对相符。有价证券账面数额，一般应同实存的有价证券核对相符。

年终前，应对各项财产物资进行清理盘点。发生盘盈、盘亏的，应及时查明原因，按规定做出处理，调整账务，做到账实相符、账账相符。

行政事业单位的决算经财政部门或上级单位审批后，需要调整决算数字的，应做相应的调整。

各部门、各地区应按照财务管理关系或预算管理级次确定行政事业单位会计决算报告的基本报告单位。行政事业单位会计决算报告的基本报告单位应同时具备独立法人资格和独立编制会计报表。行政事业单位会计决算报告的基本报告单位原则上应实行逐户录入。对于确实不具备基本报告单位逐户录入条件的，可按照财政部每年统一确定的原则适当调整录入级次。

各级行政事业单位应在全面清理核实资产、负债、收入、支出，并办理年终结账的基础上，编制会计决算报告。应按照行政、事业单位财务会计制度规定及各级财政对单位预算的批复文件，及时清理收支账目、往来款项，核对年度预算收支和各项缴拨款项。各项收支应按规定要求进行年终结账。凡属本年的各项收入均应及时入账，本年的各项应缴预算款和应缴财政专户的预算外资金应在年终前全部上缴。属于本年的各项支出，应按规定的支出渠道如实列报。应根据登记完整、核对无误的账簿记录和其他有关会计核算资料编制会计决算报告，做到数字真实、计算正确、内容完整、账表相符、表表相符。

报表封面应按照国家统一标准和财政部统一规定如实填报。报表编制完毕后，须经单位负责人、财务负责人和报表编制人员审查、签字并盖章。单位公章应加盖单位行政公章，不得以财务专用章来代替。

报表各项指标应严格按照财政部统一制订的报表编制说明、指标解释认真编制，做到表内项目之间、表与表之间、本期数据与上期数据之间相互衔接。

各级财政部门、主管会计单位核拨经费给其他不属于会计决算报告编制范围的单位，由拨款单位代编决算，具体应按照财政部代编决算的有关规定执行。

（三）会计决算报告的审核

各部门、各地区要认真做好行政事业单位会计决算报告的审核工作，凡发现报告编制不符合规定，存在漏报、虚报、瞒报、错报以及相关数据不衔接等错误和问题，应要求有关单位立即纠正，并限期重报。

会计决算报告的编制单位必须认真做好会计决算报告的审核工作，确保上报数据资料真实、完整、准确。行政事业单位会计决算报告审核的主要内容包括如下。

审核编制范围是否全面，是否有漏报和重复编报现象。

审核编制方法是否符合国家统一的财务会计制度，是否符合行政事业单位会计决算报告的编制要求。

审核编制内容是否真实、完整、准确，审核单位账簿与报表是否相符、金额单位是否正确，有无漏报、重报项目以及虚报和瞒报等弄虚作假现象。

审核报表中的相关数据是否衔接一致，包括表间数据之间、分户数据与汇总数据之间、报表数据与计算机录入数据之间是否衔接一致。

对报表与上年数据资料进行核对，审核数据变动是否合理。

会计决算报告审核的方法应采取人工审核与计算机审核相结合。人工审核包括政策性审核和规范性审核。政策性审核则主要以现行财务制度和有关政策规定为依据，对重点指标进行审核；规范性审核则侧重于报告编制的正确性和真实性及钩稽关系等方面的审核。计算机审核是利用软件提供的数据审核功能，逐户审核报表的表内表间关系、检查数据的逻辑性及数据的完整性。

会计决算报告审核的工作方式可根据实际情况采取自行审核、集中会审、委托审核等多种形式。自行审核是指各级行政事业单位在上报会计决算报告前应自行将本单位报表、磁盘以及有关数据资料，按统一规定的审核内容进行逐项复核；集中会审是指各部门、各地区组织专门力量对行政事业单位编制的决算报表、磁盘及相关资料，按照统一标准及要求进行集中对账或分户复核；委托审核是指委托中介机构对行政事业单位决算报表数据及相关资料进行审核。

二、新政府会计制度下事业单位会计报表编制的变化

现阶段，不少事业单位在从事以企业为主体的非营利性质的公益事业，这些事业单位在新政府会计制度的引导下在权责发生制度下进行全面核算，因此有合并核算报表的意向，但是因为不同单位的主体性质不同，在处理一些事务时的原则也有所差异，进行业务核算时也不同。本书主要围绕在新政府会计制度下事业单位如何进行会计报表核算展开叙述，提出了几点对应的解决措施，比如，在正式编写之前明确报表内容范畴、建立完善的会计报表编制制度、加强人才队伍建设等，提高对新政府会计制度的适应能力。

（一）省级事业单位结余及各项基金核定表编制

事业单位在完成各项任务之后需要将单位结余以及基金审核报表交送财政厅，这张报表也是事业单位在年终结算和审核需要编制和报送的报表，因此这对事业单位而言具有非凡的意义。在新政府制度下，事业单位需要提前核算各项数据，并依托财务报表编制原则完成最终编制。值得注意的是，基金核定表的工作是按照现金收付原则。在原有

的编制准则下，基金核定工作并不难开展和完成，但在新政府制度下，对预算会计报表的填写提出了更高的要求，因此这需要事业单位在短时间内适应新政府会计制度，结合平衡预算会计公式完成相关报表的编制。事实上，变化主要体现在计算年末结转结余的时候，需要按照年初结转结余后再加上预算收入、减去预算支出，从而得出最终的事业单位年终基金变化额。

（二）财务报表编制

财务报表的编制成果在于能将事业单位在某一特定时期的财务状况和运营情况真实地反映出来，这在一定程度上能够反馈出会计期间相关的现金流量等信息。财务报表主要分为资产负债表、净资产变动表、所有者权益表等，事业单位需要在这些表编写完成的基础上，将其整合为财务报表。在编写过程中需要按照权责发生制度进行，同时将事业单位年内生成的数据作为重要标准。事业单位需仔细检查各资产盈亏之间的关系，确保达到平衡之后在进行表格的填写。检查的项目主要分为：单位的累积盈余和亏损以及政府的非财政拨款等，单位需要将这些检查项目分别对应到财务报表里的数据上，包括财政与非财政的相关拨款，在建工程、固定资产、无形资产等的余额查询，确保与报表上的数据维持一致，这些数据在单位编制的科目余额表中都是可以获取的。

1. 重构会计核算模式

从新出台的制度来看，形成了"财务会计和预算会计适度分离并相互衔接"的会计管理模式，统一了现有各单元会计体系，进一步完善了公司的财务会计功能，拓展了财政资产负债会计核算范围，完善了政府财务预算的会计功能，并整合了政府基建会计。除此之外，预算会计和财务会计之间的关系也变得更加微妙，一方面其适度分离，另一方面两者又需要相互衔接，因此形成了一种新的会计核算模式。

简而言之，虽然两者在主体业务上互不影响、适度分离，但是在核算过程中却需要相互衔接。如预算会计和财务会计需要对部门预算管理的现金收支同时进行记账，达到"平行记账"的效果和目的，并且财务会计的财务报表与预算会计的预算报表之间还存在相互钩稽的关系。以具体科研项目为例，在科研项目实施过程中，以往的政府会计制度要求不得随意更改经济业务的支出使用用途。在新的政府会计制度要求中，对当前的科研项目会计核算模式进行了重构，在科研项目的经济业务支出中可以根据具体使用情况及时变更，并且动态展示科研项目经费的具体使用情况以及预算执行的进度情况，从而使得事业单位的预算编制制度更加规范，更加符合科研项目的实际执行效果，也便于后期财务报告审核人员的对照审核。

2. 统一会计核算方法

新的政府会计制度引入了权责发生制，事业单位需要在相关业务的进行中与财务核算工作进行紧密结合，这样才能满足新制度的要求。如除了应收应付管理外，单位的基建管理、公共基础设施管理，乃至固定资产和无形资产的管理，通通都应当和财务核算结合起来，以此实现对会计核算方法的统一。在以往的政府财务会计制度中，不同领域与方向的事业单位采用的财务会计报告制度存在较多差异，导致后期政府财务报告审核过程冗余烦琐，而且缺乏一致性。新的政府财务会计制度将事业单位的会计标准进行了统一，在保持原来行业共性的基础上，针对不同领域和方向的事业单位进行了明确的规定，如自然科学方向、社会科学方向、基础研究领域等，每个领域中财务报告信息披露都有针对性地进行布置，同时将共性指标纳入财务报告统计系统中，进行有效的信息整合，进而形成统一有效的财务会计核算方法。

3. 科学分类，规范核算

财务报表的结构，在新制度中也得到了进一步调整和优化，重点是细化了附注披露内容，使核算分类有了更高的科学性和规范性。早前的政府会计制度主要按照收支现结制度原则，没有考虑到科研项目相关设备资产的折旧问题，影响了财务报告编制结果的准确性。自新的财务会计制度推行以来，事业单位通过固定资产的折旧费用预算项目，有效地解决了科研项目中的设备折旧问题，同时也能真实反映事业单位的固定资产折旧问题，以精准地对事业单位财务报告情况进行有效的科学分类与规范核算。

4. 反映行政成本绩效

在新制度下，预算会计发生的变革同样非常多，如优化了其具体科目，增强了预算会计的职能。就核算而言，其也被纳入了预算现金收支，并增加了投资支出以及债务还本支出、债务预算收入等其他的相关核算内容，以更好地反映事业单位的行政成本绩效。在新的会计制度下，科研项目在财务报告编制中可以通过设置"财政拨款结转与结余"类目，解决原来科研项目财务报告中存在的基金未处置问题，进而能够更加直观有效地反映科研项目的预算收支与结余的具体情况，进一步提高财务报告制定效率。

（三）预算会计报表编制

企事业单位在进行年终会计核算的时候，预算会计报表是不可或缺的一个重要文件，这一文件能准确反映单位年度预算收支执行结果，真实反馈单位在年内的收支变动以及预算支出等。这一报表主要包括以下几方面的内容：预算收支变动表、财政拨款预算收入支出表等，这些表除了能反映单位的资金流动外，还能为外界提供单位情况查询。在原本制度下，事业单位主要按照预算会计核算生成的数据为主要标准，并经过一系列电算化软件实现最终核算和编写。在新政府制度下，编写原则需要结合收付实现制与权责发生制进行核算，因此既需要按照单位资金来源和支出的渠道将每一笔收入和支出全部计算完成，还需要对各科目明细进行统计，利用会计核算软件进行最终汇总。

三、实例分析

新政府会计制度的出台推动了医院对现有财务管理制度的反思与调整，在传统报表编制与会计科目的基础上，新增了决算报表、合并财务报表等多种报表项目，从而可以更全面、更真实地反映医院经营过程中的所有信息。新政府会计制度通过建立"双基础"模式，利用"双报告"反映医院的财务状况和资产使用状况，有助于深度还原与体现医院财务报表中的未知与隐性信息，从而有效提高医院财务报表的信息公开性、透明性与决策的可行性。

（一）新政府会计制度对医院财务报表的影响

1. 新政府会计制度对医院资产负债表的影响

新政府会计制度的出台能够促使医院及时调整与完善报表编制程序与财务管理机制，使医院强化对资产与负债的管理，提高资产和资源的配置效率。新政府会计制度要求医院资产负债表的编制必须根据科目和资金支出明细详细核算固定资产、净资产、往来款项等，有效提升医院财务管理的规范化与精细化水平。新政府会计制度的改革可以更好地适应行政事业单位和医院经营特点，使医院通过财务报表的编制充分明确周期阶段内的医疗活动、科教活动与财政拨款等资金盈余项目，真实反映医院资产的资金来源与负债情况，满足上级单位和主管部门对医院资产负债信息的了解需求，成为医院信用等级评价的重要依据。

2. 新政府会计制度对医院收入费用表的影响

收入费用表是在一定会计期间反映医院运行状况的报表，新政府会计制度要求收入费用表要完整反映医院在一定会计周期内的收入、费用与当期盈余状况，从而明确医院年度内各类项目费用的收、支、余情况，为国家对医院的支持力度以及医院的医疗活动开展提供决策依据。政府会计制度的出台虽然改变了医院收入费用表的结构，但对财务报表的成本归集与成本分摊方式并未产生过多影响，所以在收入费用表的编制方面医院并不需要开展衔接工作，可沿用原有的核算方式，还可选择其他多项经费科目进行辅助核算，将医院的各项经费的来源视为一体，以此提升收入费用表的信息反映价值与参考价值。

3. 新政府会计制度对医院净资产变动表的影响

在医院财务报表资产科目中，新政府会计制度去除了"应收医疗款"和"应收在院病人医疗款"等资产项目，而是采取了对医院经营与资产变动的统一核算方式，增设了"研发支出"和"应收利息"等科目。新政府会计制度取消了医院净资产变动表中的"事业基金""待冲基金"和科教结转结余科目，而是通过增加"本期盈余""累计盈余"等科目进行替代。新政府会计制度增加了医院净资产变动表数据收集与编制的难度，所以医院需要通过整合资产变动后余额与资产负债表对应的方式落实衔接工作，并将新政府会计制度出台后的各项新增科目进行分类，以达到财务报表信息真实准确披露的要求❶。

4. 新政府会计制度对医院现金流量表的影响

医院的持续稳健发展必须具备良好的现金流量，通过对现金流量表的编制能够全面

❶ 高婧扬，李芳，何燕. 政府会计制度在公立医院实施中的重难点及建议 [J]. 行政事业资产与财务，2021（24）：73-74.

掌握医院现金流量的收支情况，明确医院的偿债能力、营运能力与资金周转能力。新政府会计制度保留了现金流量表，医院可根据自身实际情况编制现金流量表，需要采用直接法完成现金流量表的编制，并通过对医院现金流量组成内容、基本结构与变动因素进行分析，反映医院可动用资金、医疗收入、运营质量等具体情况。由于现金流量表在政府会计制度改革中并不是医院编制财务报表的必要选项，所以医院的现金流量表衔接工作压力较小，但医院财务人员还需明确现金内涵，高效处理医院财务信息，强化医院生成现金的能力，从而客观真实地反映医院在一定会计期间的运营能力、收益质量与支付能力。

5. 新政府会计制度对医院预算收入支出表的影响

医院的预算管理与预算数据需要通过编制预算收入支出表的方式完成汇总，即医院需要根据日常实际经营收支数据进行整合与填报，能够为医院预算管理方案编制与执行提供借鉴依据。新政府会计制度高度重视经费的运行情况，需要医院通过预算收入支出表真实反映资金投入与产出的结果，以此充分掌握医院的财务预算信息和预算执行情况。对于医院预算收入支出表的衔接工作而言，由于预算收入支出表和收入费用表的情况相同，都不具备期初数据，所以衔接过渡工作的重点要放在医院运营过程中，在预算收入表中增设二级核算科目，以此完整反映医院预算方案和预算收入的落实情况。

6. 新政府会计制度对医院预算结转与变动表的影响

新政府会计制度规定在医院预算结转结余变动表的编制数据收集过程中，不能只将上年余额的确认作为期初余额，应对医院上年末余额的非财政补助结余和结余金额、财政补助结余和结余金额整合后，再对医院的年初财政拨款金额进行确认，以此形成真实完整的预算结转结余变动表。但在编制实务中，结转余额的确认与调整的复杂性程度较高，在新旧会计制度的衔接工作中，医院应将政府对财务报表编制的解释与规范作为财务工作过渡的指导，通过调整期初数据的方式完成经营数据的核算汇总，以此提高医院预算结转结余变动表的编制准确性与信息应用价值。

（二）新政府会计制度下医院财务报表编制遇到的难点

1. 新政府会计制度增加了会计核算的复杂性与科目体系设置的难度

新政府会计制度明确了财务报表编制的资产负债表、收入费用表、净资产变动表等主要会计项目和与之对应的 103 个总账科目，但依然难以完全反映医院财务与资产使用状况。新政府会计制度对医院各项会计项目的全面核算提出了更高要求，要求医院必须编制财务报表、决算报表与成本报表，通过三类报表的编制来反映医院的财务状况全貌、财政收支情况与医疗成本结构，所以医院会计核算的复杂性增加，医院若想提高会计核算效率，必须制定一体化、简洁化、规范化的科目体系，并且新政府会计制度的改革要求增加财务报表辅助的披露内容，需要医院在应收账款、预收账款、预付账款、应付账款等披露项目进行详细说明，因此进一步增加科目体系设置的难度。

2. 旧制度与新政府会计制度的过渡与转换工作难以协调

新政府会计制度出台后政府针对财务报表编制与会计核算构建了"财务会计和预算会计适度分离并相互衔接"的会计核算模式。其中的"适度分离"是指将决算报告和财务报告功能、预算会计和财务会计功能进行分离，以综合反映预算会计信息和经营信息；"相互衔接"是指在统一的核算程序内财务报表编制要素应与预算核算要素相协调，将决算报告与预算报告作为财务报表编制的补充，从而全面反映财务信息和预算执行信息。医院在新旧会计制度转换下的难度主要体现在预算会计核算，旧会计制度下医院的预算会计科目余额可以直接进行结转或拆分，并且预算会计核算与财务会计核算缺乏关联，所以政府会计制度的改革使财务报表编制的衔接与转换工作更加复杂，需要分析与调整预算会计科目的期初余额和财务会计科目的期末余额，才能准确完整地编制医院的财务报表。

3. 难以确保财务核算的准确性，使新旧财务报表数据衔接产生遗留问题

在传统财务报表的会计核算体系中，通常通过权责发生制的原则对财会数据进行核算，以"资产＝负债＋所有者权益"的方式验证财务报表会计核算的准确性。但新政府会计制度出台后，医院必须调整财务核算与核算验证方式，既需要采用权责发生制完成财务核算，又需要对预算会计的现金收支项目进行核算，实现"平行记账"。若未开展平行记账，或平行记账发生错漏，则会计核算系统很难及时报错和提醒，所以难以确保会计核算的准确性。同时，如果医院未对新旧财务报表数据进行整合与清理，原账数据缺乏对财务状况和经营状况反映的真实性和完整性，则新旧报表数据衔接会产生历史遗留问题。

（三）完善新政府会计制度下医院财务报表编制衔接程序的有效对策

1. 依据制度要求和核算基础，制定财务核算科目体系

财务报表的编制是为真实准确反映医院的财务状况和运营质量，所以应根据财务信息的颗粒度和维度来科学设置财务核算科目和辅助核算科目。医院需按照政府会计制度要求和不同科目的核算基础，结合医疗业务、财务管理流程等设置明细科目，制定财务核算科目体系。同时，在财务核算科目中完善侧重点，加强对不同财务信息的侧重与分工，提高财务报表中各项科目的关联性，突出其中的对应关系，以此实现财务报表编制的操作简化、需求明确与效率提升。

例如，在编制医院收入费用表时，对于医疗收入、科教收入、财政拨款收入等内容，应依据预算会计核算结果，在预算会计按照不同项目的类别明确科目，从而满足不同种类项目资金单独核算和专款专用的要求。对于收入费用表编制的财务核算而言，应根据不同收入的具体来源、收入类别设置明细科目，从而提升医院成本核算与财务管理水平。同时，明细科目核算中辅助账核算科目具备核算优势，在不同的财务报表科目中可以使用同一种辅助账核算科目，而一种财务报表科目也可使用多个辅助账核算，从而实现医院财务报表的精细化、多维度的科目核算。

2. 做好资产清查工作，核对旧制度与新政府会计制度的衔接资料

在新政府会计制度下，医院财务人员应充分理解新旧制度的差异，可向会计师事务所聘请专业人员开展资产清查。资产清查是新旧制度衔接与转换工作的前提和重要环节，会计师需要明确新政府会计制度下资产清查的特殊性与各项要求，根据制度要求编制工作底稿，仔细清理医院原有的应收款项，严格处理新旧财务报表数据的历史遗留问题。同时，为避免新旧制度衔接时出现财务数据不准确的现象，医院应根据新政府会计制度要求对资产来源进行分类，若未对医院的财政资金、医疗资金与科研教育资金的资金来源进行准确分类，则会影响资产折旧和摊销金额的真实性和完整性。医院的往来款项需要梳理，将资金款项按照"需要纳入预算的资金"和"不需要纳入预算的资金"进行分类，预付账款的核算需要按照资金的来源划分归类，以此确保新旧制度财务报表数据衔接的准确性。此外，医院还需要对除在院病患所需医疗款外的其他应收款项，按照特定比例足额补提坏账准备。

3. 编制预算结余与本期盈余差异调节表，升级医院财务核算系统

为提升新旧制度衔接工作中会计核算与财务报表编制的准确性，应通过编制预算结余与本期盈余差异调节表的方式来反映不同核算基础下财务核算的差异性，提升预算会计核算与财务会计核算结果的关联性，其也是验证财务报表各类科目数据是否正确的校准器。由于新政府会计制度并未明确要求医院在财务报表中披露预算结余与本期盈余的具体数据，而且调节表编制难度较大，所以医院并没有将其纳入新旧制度的衔接与转换工作。因此，为确保财务报表编制的真实性与准确性，应在制度衔接期间将编制调节表作为日常工作事项，通过调节表的钩稽关系及时发现预算资金核算与财务核算过程中存在的错漏，并分析错误产生原因，以此保证医院财务报表编制的真实性与完整性。

同时，医院应按照新政府会计制度，升级财务核算系统，结合医疗项目特点与财务管理制度重塑或完善财务核算系统构架，针对财务报表编制的需求制订核算系统升级方案，充分明确财务报表科目与辅助账科目的匹配和对应机制、财务报表各科目取值程序与差异额确认规则等，以此提升财务报表的编制效率与会计信息的使用价值。

4. 强化医院的财务预算管理，提高预算会计核算与财务会计核算的协调性

医院通常选用的资金预算管理方式主要基于内部控制的制度要求，注重提高医院财政性资金的配置效率，严格规范与监督财政性资金使用下的医疗活动与经济活动。政府会计制度的最大特征为"双功能、双基础、双报告"，医院应从财务报表编制的角度出发，协调财务会计核算与预算会计核算的关系，对医院各项经济活动开展资金追踪与经济责任落实的交叉式管理，以此实现医院新旧制度衔接期间财务报表编制过程中预算会计与财务会计的有机统一。

在新政府会计制度要求下以及财务会计与预算会计信息存在明显差异的情况下，医

院必须强化财务预算管理，充分发挥财务会计与预算会计"相互衔接""适度分离"的优势，完善全面预算管理机制，加强对医院主要业务的资金核算，提高预算会计核算与财务会计核算的协调性，为医院领导提供真实精准的决策依据。

5. 构建财务报告与决算报告"双报告"报表体系，优化平行记账模式

新政府会计制度的出台，确立了"双基础、双报告"的财务管理与会计核算原则，"双基础"是指医院应将权责发生制作为财务会计核算基础，将收付实现制作为预算会计核算的基础；"双报告"是指医院的财务报表编制需要涵盖决算报告和财务报告。因此，医院应积极构建"双报告"的报表体系，根据决算报告和财务报告的核算内容调整报表结构并细化报表附注的披露内容，完整且真实地披露医院本年度预算结余和盈余差异的调节过程。新政府会计制度还要求在财务会计核算时采用平行记账模式，需要使预算会计核算与财务会计核算同时进行，能够强化医院财务报表的功能性，使医院的财务状况与经营状况更完整、直观地呈现出来。

因此，医院应优化平行记账模式，针对预算会计和财务会计搭建两套独立的会计核算系统，积极落实"双分录"的核算机制，注重预算会计系统与财务会计系统核算处理的流畅性与数据生成的准确性，严格避免核算系统出现运行漏洞，从而为财务报表的编制提供清晰的财务报告和决算报告，全面掌握医院预算管理方案的执行情况，真实反映医院各项医疗业务与经济活动的收支情况，以便随时查找同期或往期的财务对比数据。

第四章　新政府会计制度对事业单位管理预算管理的影响

第一节　预算会计工作理念发生变化

新政府会计制度对事业单位预算会计工作程序和内容作出了明确要求，旧政府会计制度没有明确细则，一些业务处理理念和办法发生了一些变化，提高了对预算会计人员的要求，促进其会计工作理论发生变化，以便更好地适应预算工作大环境。

一、推动资源配置最优化

新政府会计制度兼顾事业单位预算管理、财务管理两方面的财务需求，强化和规范事业单位的预算管理和成本核算工作的同时，对预算单位财政资金使用效率和流转情况进行监管。新政府会计制度通过对资产管理、折旧计提、运维支出等会计要素进行规范，实现事业单位资产配置的高效管控，针对具体项目实施可行性、资源利用率、资产投入产出比等信息进一步精准刻画，以实现政府财政资源的最优配置。

（一）行政单位资产管理

1. 行政单位

根据《中华人民共和国地方各级人民代表大会和地方各级人民政府组织法》的规定，行政机关是指依托在国家组织、管理、监督的机关单位，是国家赋予的权力执行和服务性机构，负责按照国家指示的各项工作内容从而形成的行政机关单位。行政单位是国家进行行政管理、维护社会秩序和执行国家颁布的相关法律法规单位，主要包括公、检、法和行政、执法权力的机关单位，属于公务员体制管理，日常经费和工资福利等由国家财政全额保障。

2. 行政单位资产管理

行政单位国有资产，是指实际工作当中进行使用、拥有国家所有权并以货币计算的经济资源的总称。国有资产，是指实际财政拨款的资产或购买、建设形成的资产、按照法律法规和国有资产组织后形成收入的合理资产，这些都属于国有资产。行政单位国有资产应该建立健全国有资产管理制度，保障国有资产的安全和完整，并坚持厉行节约，合理配置和有效使用国有资产；遵循资产管理与预算管理相结合、价值管理和实物相结合的管理和财务及资产管理相结合的原则，对资产配置、日常使用、处置、清查、监督检查、信息化建设、资产管理工作报告等做好行政单位国有资产管理。

（二）新政府会计准则制度对资产管理的作用

1. 明确了资产的确认

作为新政府会计准则制度改革的一部分，政府会计主体的资产已经在权责发生制的基础上重新进行了确认，将对旧政府会计准则制度中没有单独核算的资产进行核算确认，在《政府会计制度——行政事业单位会计科目和报表》中，都作为单列项目在资产负债表中加以反映。

（1）明确特殊资产的确认

对文物文化资产的确认。一直以来，政府主体对文物文化资产具有相当高的重视程度，在新政府会计准则制度中也能得到良好的体现。新政府会计准则制度中，对用于展览、教育或研究的有目的性的、运营使用的文物文化资产，在会计核算中登记在"固定资产——文物文化资产"会计科目下核算。对于后期确认发生的维护费也应该计入固定资产成本，增加资产价值。而对于具有特殊历史文化价值的文物文化资产因为本质上属于文化遗产，需要单独设立"文物文化资产"会计科目，进行单独核算。

对保障性住房的确认。在原政府会计准则制度下，未单独设立"保障性住房科目"，将其归纳在固定资产科目的二级科目下。而在新政府会计准则制度下，将满足公共需求而控制的保障性住房进行了核算确认。在新时代背景下，这是社会公众对住房的重要民生领域信息披露的不可避免的需求。

（2）规范了资产的确认标准

这体现了权责发生制的基础。在原来的行政单位会计制度下，对于政府储备物资、公共基础设施等各项资产的确认是以收付实现制为基础，在行政单位取得占有权利时确认资产。而在新的政府会计准则制度下，根据政府会计准则制度解释第1-3号，对固定资产、无形资产、公共基础设施、政府储备物资等资产根据权责发生制为基础，将确认条件重新进行了调整——同时满足以下条件时予以确定：①与该类资产相关的费用等很可能实现经济利益流入政府会计主体；②该设施或物资的成本或者价值能够可靠地计量。

明确了资产折旧摊销费用化。在原来的行政单位会计制度下，行政单位对资产并未实行折旧摊销管理，没有折旧摊销就不会形成费用，也不会有支出，仅仅拥有一个虚提的概念，在资产发生处置减少时，直接冲减资产基金或非流动资产基金。在实际工作中，虚提的概念执行得并不好，没有充分发挥折旧和摊销等会计信息在单位内部成本费用管理和资产管理中的作用。而以权责发生制为前提的新政府会计准则制度，对资产折旧摊销进行了重新规范，要求固定资产应计提的折旧（或无形资产的摊销金额）根据用途计入当期费用或者相关资产成本。相对现行的规定，这是一种"实提"折旧和摊销的做法，有利于客观真实地反映资产价值，有利于推进政府成本会计核算与管理，也有利于权责发生制政府财务报告的编制。明确了资产折旧摊销费用化，将资产的实际价值真实地体现出来，又准确地将资产折旧摊销占用的成本核算出来，对资产进行有效的成本控制。

2. 规范了资产计量方法

（1）依据真实的资产价值

为入账在政府会计具体准则中，规定政府会计主体接受捐赠的固定资产和无形资产，其成本（入账价值）需要依次按照有关凭据注明的金额、评估价值、同类或类似资产市场价格加相关税费运输费、名义金额（1元）来确定。严格立足权责发生制会计核算基础，合理划分资本化支出和费用化支出的界限，凡符合资产确认条件的支出均计入相关资产成本，不符合资产确认条件的支出均计入当期费用。对资产价值确认的重视，使得资产的入账价值更准确，从而有利于反映资产的实际价值，反映更加真实可靠的会计信息。

案例一：A单位向S单位无偿调拨固定资产：

A单位按照规定调出固定资产时，财务会计会计分录登记为：

借：无偿调拨净资产

　　固定资产累计折旧

　　贷：固定资产

如调出过程中发生归属于调出方的相关费用，财务会计会计分录登记为：

借：资产处置费用

　　贷：零余额用款额度/银行存款

预算会计分录登记为：

借：其他支出

　　贷：资金结存

S单位按照规定调入固定资产时，财务会计会计分录登记为：

借：固定资产

　　贷：固定资产累计折旧

即固定资产按照折旧后的净值为实际入账价值。

在调入过程中发生归属于调入方的相关费用，财务会计会计分录登记为：

借：零余额用款额度/银行存款

　　贷：无偿调拨净资产（差额）

在调入过程中发生归属于调入方的相关费用，预算会计分录登记为：

借：其他支出

　　贷：资金结存

案例二：A 单位向购买价值 90 万元的固定资产，但是协议分两年付清全部款项，第一年支付 63 万元价款，第二年支付 27 万元价款。

第一年支付 63 万元价款，财务会计会计分录登记为：

借：固定资产　　　　　　　　　　　　　　　　　　900000
　　贷：零余额用款额度 / 银行存款　　　　　　　　630000
　　　　长期应付款　　　　　　　　　　　　　　　270000

即固定资产为其实际成本价值，全额入账。

预算会计分录登记为：

借：行政支出　　　　　　　　　　　　　　　　　　630000
　　贷：资金结存　　　　　　　　　　　　　　　　630000

第二年支付 27 万元价款，财务会计会计分录登记为：

借：长期应付款　　　　　　　　　　　　　　　　　270000
　　贷：零余额用款额度 / 银行存款　　　　　　　　270000

预算会计分录登记为：

借：行政支出　　　　　　　　　　　　　　　　　　270000
　　贷：资金结存　　　　　　　　　　　　　　　　270000

（2）严格名义金额的使用

名义金额通常是人民币 1 元，新政府会计准则中对各项资产的确认做出了新的规定：必须明确入账的价值，如果对不了解的资产状况，需要依据其他成本来确定其存在的价值。具体为：在历史成本计量下，资产按照取得时支付的现金金额或者支付对价的公允价值计量；在重置成本计量下，资产按照现在购买相同或者相似资产所需支付的现金金额计量；在现值计量下，资产按照预计从其持续使用和最终处置中所产生的未来净现金流入量的折现金额计量；在公允价值计量下，资产按照市场参与者在计量日发生的有序交易中，出售资产所能收到的价格计量。只有无法采用上述计量属性的，才可以采用名义金额（人民币 1 元）计量。

允许按照名义金额进行计量的会计科目如表 4-1 所示。

表 4-1　允许按照名义金额进行计量的会计科目

科目代码	科目名称	具体情形
1302	库存物品	接受捐赠或无法确认成本的盘盈时
1602	固定资产	接受捐赠或无法确认成本的盘盈时
1701	无形资产	接受捐赠或无法确认成本的盘盈时

现在对于名义金额入账较为苛刻，只有在没有相关凭据且未经资产评估，也没有同类或类似资产的市场价格，同时无法可靠取得的资产，才能按照名义金额入账。但在后续资产管理工作中，应当积极对该类资产进行资产评估，并以评估价值重新入账，以避

免行政单位借名义金额隐瞒单位资产。例如，在全面开展的资产清查工作中，对于盘盈资产，应该按规定进行资产评估，其成本价值按照评估价值确定，其他情况下的成本价值应按照重置成本确定入账价值。

二、统筹兼顾双会计核算体系的管理优势

双会计基础的财务报告体系进一步全面覆盖和管理事业单位的财务活动内容和日常制度执行监管，关注事业单位年度预算绩效达成的同时，对事业单位财务内控结果进行有效监督。不同行业和不同服务性质下的主体单位具体财务活动内容和资金监管侧重点不同，包括依靠财政全额拨付或财政补贴等收入来源不同的预算单位以及一些财政创收部门的资金监管。通过执行统一、规范的新政府会计制度实现预算与财务管控兼顾的优势，规范地方各级预算单位的财务活动会计核算基础，既可针对自身服务特点设置不同的科目，又有助于实现整体上整齐划一的会计核算体系。

（一）有利于实现成本控制

新政府会计制度细化了对成本和费用的分类核算，可以从不同用途、功能、使用对象角度进行类别划分，由此推进政府财务成本的归集和分摊，促使管理层有的放矢地提高财务管理质量。实现预算会计制度背景下常年被忽视的成本控制，优化政府部门财务绩效。原政府会计制度下核算基础单一，会计信息集中在预算会计层面，仅能反映预算收入与支出的情况，新政府会计制度下的财务绩效评价不仅可提供预算会计中的支出信息，而且能提供财务会计中的成本费用信息。在总体成本控制方面，可以形成的评价指标有：

业务活动费用安排度 = 业务活动费用 ÷ 单位管理费用

业务费用使用效率即具体某项目经费与该项目业务量的比率

例如：

办案经费使用效率 = 办案经费 ÷ 案件数

具体来说，当业务活动费用安排度值越大，说明单位用于对外履职、业务运行的费用在总体经费中的比例越大，进而说明单位的管理成本占比不高，未过多挤占业务运行经费，不需要用太多经费进行内部管理，体现出单位的财政资金使用效率较高，费用结构维持在比较健康的状态。业务费用使用效率是经费使用效率指标，可以具体用于评价各项目的行政资金使用效率，当业务费用使用效率越高时，单位业务活动的成本控制较好。

另外，预算会计中的支出要素通过 50 余个二级辅助科目进行核算，细化了支出方向、用途，便于将需进行评价的支出科目从总支出中识别出来，提高了资金分类评价的效率以及不同领域资金的可比性。在具体的支出科目评价方面，可以形成的评价指标有：

会议费增长率 =（本年会议经费决算 – 上年会议经费决算）÷ 上年会议经费决算三公

经费支出增长率＝本年与上年三公经费决算差额 ÷ 上年三公经费决算

人均日常费用＝（单位管理费用－商品和服务费用）÷ 在职人数

收入支出率＝财政拨款支出 ÷ 财政拨款收入

固定资产使用效果＝剔除折旧费用后的单位管理费用 ÷ 剔除折旧费用后的业务活动费用

单位内部各部门、处室之间的经费节约程度可以通过三公经费增长率、会议费增长率和人均管理费用来对比。这三项指标数值越高，成本控制水平就越弱。收入支出率反映单位财政支出与财政收入的比例，通常来说，普通行政单位的财政支出应等于财政收入。固定资产使用效果反映单位固定资产用于内部运行和业务活动的固定资产比例，该指标数值越高，则单位用于业务活动的固定资产相对越少，说明单位固定资产配置不够合理，业务活动成本被不合理压减。

（二）有利于政府财务信息全面披露

传统的预算会计既不能准确核算资产和负债，也不能提供关于行政单位资产负债情况的报表，不能准确反映资产管理效果，为政府部门的廉政建设埋下了威胁。而当政府将权责发生制吸收为会计核算原则之一时，能够在源头上弥补预算会计在廉政建设上的不足。基于权责发生制编制的四个财务会计报表及附注中能够更好地反映资产负债率、费用支出比例、现金流量等体现财务管理水平的重要信息，从而体现单位财务运行健康程度。而基于收付实现制编制三个预算会计报表可以反映预算的收入和支出情况以及预算的执行情况。通过以上丰富的会计信息，能够更全面真实地展示政府绩效及费用支出情况，有利于行政信息透明化和公开化。

与传统预算会计制度相比，新政府会计制度对资产与负债核算方式发生一定变化。具体来说，对资产计提摊销或折旧，避免了资产价值虚高；设置"预计负债"科目，披露了政府部门的潜在债务。这些变化都更精确地度量了我国政府部门的"家底"，在此基础上，对潜在负债的预估扩大了行政单位的债务核算范围，这实现了对资产和负债信息的准确披露，衍生出的财务绩效评价指标主要有：

单位业务活动费用产出效益＝本年非税收入 ÷ 本年业务活动费用

固定资产净值率＝（固定资产原值－固定资产累计折旧）÷ 固定资产原值

资产负债率＝负债总额 ÷ 资产总额

流动比率＝流动资产 ÷ 流动负债

单位业务活动费用产出效益指单位用于业务运转、对外履职的每一元经费所能带来的非税收入金额，该指标值越高，说明单位业务活动费用的收益率越高，业务活动费用使用越高效，单位业务活动创造的财政收入情况越好。固定资产净值率是单位固定资产可持续使用情况的体现，该值越高，代表固定资产的磨损率越低，为单位提供服务的可能性越强。资产负债率是传统的财务评价指标，但由于权责发生制从 2019 年起才进入政府会计的核算基础上，因此对于行政单位而言，这是不同于以往的财务评价指标，该指标直接反映单位的资产负债结构，是单位财务健康状况的直接体现，该指标值越高，单位面临的财务风险越高。

（三）实现收支跨期摊销

在会计科目方面，与传统政府会计制度相比，新政府会计制度新增了预付账款、库存物品等，新设"在用"和"未使用"的固定资产。这能够实现收支的跨期摊销以及资产使用情况的动态反映，在一定程度上能够约束单位通过年末集中大额支付来实现高预算执行率的问题，确保预算执行率的真实性。以资产使用效率为例，新政府会计制度可以提供的绩效评价指标有：

$$固定资产使用率 = 使用中的固定资产净值 \div 固定资产原值$$
$$资金闲置率 = （银行存款 + 其他应收款） \div 全年资金流动总量$$
$$消耗性物资占比率 = 库存物品 \div 资产总额$$

单位的固定资产使用程度可以通过固定资产使用率来体系，该指标越高，说明单位闲置的固定资产越少。资金闲置率反映单位的财政资金使用程度，该指标越高，则单位在用的财政资金越少，过多财政资金被闲置，财政资金的使用效率低。消耗性物资占比率是指资产总额中单位闲置未用的消耗性物资的比例，该指标越高，说明单位对自身消耗能力预估不准确，过度的消耗性物资占据库存，资产利用率低。

三、强化日常活动风险控制

新政府会计制度结合实际经济活动的运行特点，采用权责发生制为基础的会计核算方式更加充分地反映预算主体当前运营状况、资金流动情况及风险抵御能力，从财务内控视角加强对日常财务管理活动的风险控制，有助于直观表现预算单位整体运行质量和效益创造。传统的会计制度以收付实现制为会计核算基础，客观反映运行主体当期的财务报表信息，有助于预算单位对会计信息质量的规范提升。事业单位围绕组织运行发展目标开展财务管理、预算管理、绩效管理等工作，需要预算会计、财务会计从不同维度整体反映组织运行状况。

（一）事业单位财务风险类别

1. 核算风险

在颁布实施新政府会计准则制度之前，各行业事业单位各自执行所在行业的会计制度，所以事业单位会计制度的文件有很多。但我国正处于高速发展阶段，这就要求事业单位的财务信息也要日趋精准和完善，会计制度也要随之调整、统一和更新，因此新政府会计准则制度顺势而生。统一的制度在一定程度上打破了行业壁垒，统一了财务口径，使财务信息比较分析更加便捷和直观，也增强了事业单位整体财务核算的规范性，将核算和预算更加紧密地联系起来，加快了以预算为核心的财务管理体系的构建。

然而，新变化也带来了新风险。新制度实施后，财务核算不再以收付实现制为核算基础，而是被权责发生制所替代，但事业单位的财务人员存在部分人员结构不合理和培训不及时等问题，导致他们的知识更新速度较慢，或对新制度进行解读时存在一定的偏差或误解，不能在短时间内熟练掌握新制度核算基础的变化以及财务、预算分别核算的工作方式。因此，在账务核算中，相比之前更容易出现错误，如新会计科目使用错误、财务核算科目和预算核算科目混淆使用、预算不需要进行账务处理却记账、预算需要进行账务处理却未记账、收入和成本的确认不匹配等情况。会计核算水平不能和会计制度更新相协调，也就形成了更多核算风险。

再者，新政府会计准则制度对财务内部监督也提出了新要求，如果事业单位没有随之更新内控制度或内控人员没有及时掌握新制度的变化，那么事业单位通过内部监督不能及时发现错误，内部监督的效果会大大减弱，也间接导致核算风险的产生和增加。

2. 支付风险

在事业单位财务运行中，需要事先编制各项经费的预算和每月用款计划并提交上级单位审核，审核通过后，财政按照预算的合理性和用款计划安排每月下达资金额度供事业单位使用。当业务实际发生时，需要在下达的额度范围内按照经费预算进行支付，因此预算编制与支付风险有直接关联。随着事业单位改革的不断深入，事业单位需要依据以往资金支付规律对自身预算进行更加合理的调整。

然而，部分事业单位在预算改革和调整方面进度迟缓，还不同程度地暴露出预算管理方面的一些问题，给支付方面造成问题，若不及时解决将会产生风险。例如，事业单位在编制各类别预算时，会出现项目经费人员经费和公用经费三者分配比例不合理，各个经费内部各科目的预算分配较随意等问题，导致在实际支付时，无法完全按照之前制定的预算进行资金支付，各经费尤其是各科目间相互挤占支付的现象经常发生，导致某些业务开展进度减慢，甚至会造成资金缺口，导致事业单位的正常业务无法顺利开展，从而进一步增加事业单位的支付风险，对自身发展形成恶性循环。

此外，随着国家监察力度的加大以及大数据技术的发展，各级财政部门要不定期地监督事业单位支付情况，从而降低事业单位支付风险。

3. 投资风险

事业单位需要进行投资，来提高所涉及业务的技术实力或处理能力，获取更多利益。事业单位的投资包括对内投资和对外投资，对内投资主要是指对固定资产（建筑或设备）和无形资产（系统或专利）的投资，部分事业单位还存在流动资金投资的情况。固定资产投资，如本单位对原有建筑进行改扩建或新建办公楼，购置业务用大型设备等，固定资产投资通常占事业单位投资的大部分。无形资产投资，如本单位引入新的管理系统来提高工作效率，研发专利来解决业务中遇到的难题或利用专利更好地服务社会。对外投资主要是为了产生更多经济回报，充实事业单位所能支配的资金，增强资金的流动性。

通常，事业单位进行投资前，会预先设定一个目标，但在实际投资中，受外部各种因素的影响，投资结果很可能与预定目标产生一定偏差，如果超出合理范围，可能造成投资收益大幅减少甚至无法收回投资成本，进而构成投资风险。

（二）事业单位财务风险的基本特征

1.客观性

客观性是事业单位财务风险的一个基本特征，由事业单位所处的内外环境因素决定。事业单位在业务活动中，通过一些措施可能会减少财务风险发生的概率，从而降低其影响，但不可能彻底消除所有财务风险。随着事业单位的发展，原有的财务风险被解决，新的财务风险还会出现。

2.不确定性

事业单位的财务风险还有一定的不确定性，这是由于事业单位在业务活动中诸多方面都与财务有关，即使是财务部门管理人员，也不可能完全了解所有涉及财务的业务活动，往往难以精确控制各种致险因素，也不确定这些因素何时会影响到财务，影响的范围和程度有多大，进而不能全面分析，并制定尽可能周密的应对措施，来降低财务风险。

3.可控性

即使财务风险不会完全消失，但通过以往的财务工作经验、经济社会发展规律以及各种政策文件，某些潜在风险是可以预先分析出来并提前控制的，因此财务风险也具有一定的可控性。但是，风险预测和控制的准确性较依赖于事业单位财务人员自身的能力和工作经验，如果未能准确预测，可能无法进行良好的财务风险控制。

第二节　促进预算信息质量得到提升

新政府会计制度明确了预算业务的处理内容和程序，使事业单位预算会计人员在开展相关工作过程中有章可循，有效规范了此项工作的整体情况。这样一来，事业单位预算会计信息质量将有所提升，为单位制订管理工作计划提供了有效数据，有利于单位各项工作有序进行。

一、会计信息化综述

（一）会计信息化的定义

会计信息化是指通过运用以计算机技术和网络技术为主的信息技术手段，建立会计学科和信息技术高度融合的现代化会计信息应用系统，对会计信息进行加工、存储、传输和应用等处理，为会计主体的运营管理和控制决策提供规范与适时的信息资源。会计信息化是会计电算化顺应现代信息技术高速发展对传统会计信息管理模式进行变革的必然结果。

（二）会计信息化的主要特点

会计信息化的两大重要内容就是生成会计信息和应用会计信息，会计信息化具有以下特点。

1. 信息系统的集成性

与传统的手工会计相比，会计信息化把会计的各子系统和会计主体的其他管理系统子系统集成，进行数据交换和信息共享，形成一体化的管理信息系统，可以避免数据的重复输入并保证数据的一致性和准确性。

2. 信息提供的动态性

在会计信息系统中，会计数据的采集和处理是实时和动态的。无论是来自会计主体外部的数据（例如，发票、订单），还是来自会计主体内部的数据（例如，进货单、销售记录），都将及时被送到会计信息系统的相应模块进行处理。会计信息系统对数据进行计算、汇总、分类和分析等处理，动态地反映会计主体的财务状况。

3. 会计信息的共享性

会计信息有不同的使用者，有会计主体外部的，也有内部的。会计信息系统可以根据不同类型信息使用者的需求，利用计算机网络和软件模块构造出不同的信息模型实现会计信息的共享，使得会计信息数据的解读和利用具有针对性和实时性，从而帮助会计信息的使用者能够及时做出分析和决策。

（三）信息技术对政府部门会计集中核算管理的影响

传统的政府部门会计核算模式是由各单位财务人员独立完成会计核算的相关工作，按期向财政部门报送财务报表，这一传统核算模式对会计信息数据的处理是分散式的。而会计集中核算模式面临的是众多核算单位海量的会计信息数据的处理，因此，会计集中核算管理必须以信息技术为基础，对会计信息进行集成化处理。信息技术对会计集中核算模式产生了积极作用。

1. 提升了会计核算的效率

会计信息化的实施，整合了会计信息资源。结合计算机和网络技术的应用，各政府部门内部、政府部门与上级主管部门以及与财政、审计部门之间的会计信息数据交换可以快速完成，极大地提升了会计核算工作的效率。

2. 强化了会计核算手段

集中核算数据库管理系统的建立为会计核算进行定量分析提供了丰富的基础数据，有了信息技术的支撑，统计学方法、运筹学方法和计量经济学方法等更多先进的方法被引入会计核算中，强化了会计核算手段。

3. 充分发挥了会计的监督职能

安装多功能财务软件（包括预算管理、账务处理、资产管理和决算分析等软件）后，不同类型的信息使用者可以通过网络授权获取所需的会计信息。审计部门可以运用相关软件，通过网络授权获取被审计单位的财务信息，对被审计单位基于网络的会计信息的真实性、合法性进行远程审计，由于互联网的作用，审计信息收集可以实现实时化、动态化。审计部门随时可以对单位进行审查，从而掌握被审计单位的最新情况，可以实现对被审计单位实施动态监督。

4. 节约了行政运行的成本

行政事业单位的资金分为财政资金和本单位其他资金。财政资金主要包括单位部门预算日常公用经费、专项经费和专项专款等。本单位其他资金主要是单位的事业收入、上级拨款和利息收入等。财政资金一般都要求专款专用，单位其他资金的使用也要讲究合理合法和效率的原则。会计信息化的实施，使得资金使用信息的传递和交换更充分及时，各单位能随时掌握本单位预算执行情况和资金使用情况，同时，有利于财政部门更高效率地对各单位资金使用进行实时监督，有效控制单位挪用、占用专项资金的情况发生，有效节约了行政运行成本。

（四）行政事业单位会计信息化建设 SWOT 分析

会计信息化是会计工作与信息技术的结合，通过运用信息技术对会计信息进行集成化处理，为会计信息使用者提供完整、准确、及时、可靠的会计信息。行政事业单位会计信息化建设是我国会计信息化建设的重要组成部分，加强行政事业单位会计信息化建设对加强财政资金的管理和提高财政资金的使用效益有着积极意义。

SWOT 分析是把和研究对象紧密相关的各个主要内部优势、劣势、机会和威胁等，通过分析列举出来，并以矩阵形式排列，然后用系统分析的方法，将各个因素结合起来进行分析，从而得出相应结论。通过运用 SWOT 分析法进行分析，将行政事业单位会计信息化建设存在的优势（S）和劣势（W）作为内部因素，会计信息化建设存在的机遇（O）和威胁（T）作为外部因素。

1. 行政事业单位会计信息化建设优势分析

（1）行政事业单位信息化意识不断加强

国民经济的迅速发展和信息科技的不断进步对会计信息化建设提出了更高的要求。担负着社会行政管理和服务职能的行政事业单位对信息化建设的日益重视。近年来，行政事业单位在信息化建设的资金投入不断加大。会计信息化作为行政事业单位信息化建设的重要组成部分，取得了迅速发展。随着行政事业单位信息化意识的不断加强，信息化建设力度也会不断加大，这可以看作会计信息化建设的优势条件之一。

（2）行政事业单位信息化基础设施建设达到一定水平

硬件设施和软件配套是会计信息化建设的基础。硬件设施包括计算机设备和网络资源配置。目前，我国行政事业单位办公自动化设备配置和网络资源建设已达到一个新的水平。我国各级行政事业单位都已经普及计算机，大部分地区已大规模地应用计算机网络，无纸化办公已经成为一种趋势。在软件配套方面，除了拥有操作系统软件和办公自动化软件等基础软件资源，行政事业单位根据会计集中核算和国库集中支付财政管理体制改革的要求，还配备了预算管理、账务处理、资产管理、国库集中支付平台和决算分析等软件。行政事业单位信息化基础设施建设达到了一定水平，为推动会计信息化建设发挥了积极作用。

2. 行政事业单位会计信息化建设劣势分析

（1）管理基础薄弱，管理思想陈旧

行政事业单位过去"重核算，轻管理"的思想造成了薄弱的管理基础，陈旧的管理思想阻碍了会计信息化的全面建设。行政事业单位传统的财务管理模式所依赖的原则、方法和程序等已经远远不能适应现阶段信息化建设的需求，严重阻碍了会计数据的收集、统计、分析与加工，从而导致会计信息缺乏准确性和及时性。行政事业单位的会计信息化相关内部管理制度建设参差不齐，有些单位缺乏系统性的建设思路和健全的管理制度保障，会计信息管理和信息数据综合应用没有受到高度重视。改变这样的状况，需要一个循序渐进的过程。

（2）缺乏会计信息化人才，会计信息化应用水平较低

会计信息化建设对财务人员提出了更高要求，既要求财务人员掌握一定会计专业知识，又要掌握相关的计算机、财务软件的操作以及相关设备的保养和维护知识。有些单位的领导和财务工作人员对会计信息化的认识不到位，不了解财务管理和会计信息化系统之间的关系，没有认识到实施会计信息化对改善财务管理和提高资金使用效率的重要意义。由于行政事业单位普遍缺乏既懂会计专业知识又懂计算机技术的复合型人才，在实际工作中，部分会计信息使用者往往不主动也不善于采用会计信息化系统，不能充分发挥会计信息化系统硬件配置和软件功能上的优势。这造成了许多单位的会计信息化应用未能达到预期效果。

3. 行政事业单位会计信息化建设机遇分析

（1）信息技术的高速发展

随着以计算机和网络技术为主的信息技术的日益发展，我国信息化水平在不断地提高。信息技术的高速发展为行政事业单位会计信息化建设提供了坚实的基础。会计信息化的实施，核心是整合了会计信息资源，提高了财务管理水平。安装多功能财务软件（包括预算管理、账务处理、资产管理和决算分析等软件）后，各单位的领导者和财务工作人员可以通过网络授权获取本单位会计信息。通过对信息的分类、计算、汇总和分析等操作，会计信息的使用者能够准确、及时地做出管理决策。审计部门可以运用相关软件，通过网络授权获取被审计单位的财务信息，对被审计单位基于网络的会计信息的真实性、合法性进行远程审计。由于互联网的作用，审计信息收集可以实现实时化、动态化。审计部门可以随时对单位进行审查，从而掌握被审计单位的最新情况，可以达到对被审计单位实施动态监督。

（2）政策法规的不断完善

信息化是当今世界经济和社会发展的大趋势，我国高度重视信息化工作。会计信

息化相关政策法规的不断完善，为行政事业单位会计信息化建设提供了有力的政策支持。

4. 行政事业单位会计信息化建设威胁分析

（1）缺乏统一信息平台，形成信息孤岛

行政事业单位会计信息化建设，核心是整合了单位会计信息资源。信息化突破了硬件壁垒，实现了硬件集成。但是，由于相关职能部门的相对独立性以及部分单位管理意识不足、资金短缺和人员缺乏等原因，会计信息资源难以实现共享。缺乏统一信息平台，产生了信息壁垒，信息壁垒形成了信息孤岛。会计信息孤岛不仅存在于单位内部财务部门与业务部门之间，而且存在于不同业务系统的单位之间，还存在于外部监管部门与被监管单位之间。信息孤岛是目前信息化建设过程中比较严重的问题，是信息化提升效率的巨大瓶颈。在会计信息化建设过程中，行政事业单位要建立公共数据信息平台，促成信息的充分共享，才能提高会计信息的使用效率。

（2）信息安全威胁会计信息化系统中的信息数据集中存储

在服务器数据库中，很多单位没有针对网络环境健全相应的系统安全防范措施，使得会计信息化系统很有可能遭受来自系统外部或系统内部的非法访问，甚至是黑客或病毒的侵扰，主要表现有：在设置系统的操作权限时，对部分操作人员的操作权限设置不当；部分操作人员的安全保密意识不强，不按照安全规定进行操作，没有设置登录系统的口令密码，或是设置了登录密码，但是对口令密码保管不严；没有设置浏览防范措施，操作人员没有正常退出财务软件就离开计算机时，未经授权的人员可以轻易进入系统，对相关数据进行浏览或修改；个别系统操作人员不注意计算机网络的使用安全，给黑客入侵或者计算机病毒侵扰提供了机会；对系统的操作日志缺乏主动有效地管理；对会计数据资料没能做到及时随机备份或定期打印存档等。信息安全威胁要求行政事业单位必须重视会计信息安全，建立综合的、多层次的安全保障体系，健全会计信息化安全防范措施。

二、行政事业单位财务信息化建设的理论基础

（一）行政事业单位财务信息化建设的基本原则

财务信息化建设对于行政事业单位财务管理的发展进步起着重要作用，在相关建设工作中必须遵循一定的原则。

首先，及时性原则。财务工作是行政事业单位日常工作的重要组成部分，在开展会计工作中，行政事业单位必须保障会计信息与所反映的相关业务信息在时间上具有一致性，同时要保障信息反映的时效性，这样才能提高财务信息的利用率，保证财务信息的价值性。

其次，规范性原则。在信息化背景下，行政事业单位财务工作必须遵循规范性原则，

这样可以有效提升信息管理的效率和速度，有利于推进财务信息标准化建设。

最后，准确性原则。准确性是会计核算工作最基本和最重要的原则，财务人员只有在数据准确的前提下进行整合分析，客观地反映财务状况，才能为单位管理决策等工作提供正确的依据。

（二）行政事业单位财务信息化建设目标

行政事业单位财务信息化建设的最终目标是实现财务管理工作的信息化和数智化，提高财务工作的效率，促进我国行政事业单位财务管理水平科学进步。财务信息化建设顺应当前社会发展形势，所以行政事业单位必须以信息化建设目标为指引，做好对行政事业单位的财务管理和协调工作，推动我国行政事业单位信息化建设。财务信息化建设目标也是行政事业单位财务管理工作发展的总体方向和目标，必须紧紧把握信息化建设目标不动摇，围绕目标努力奋斗，加快行政事业单位财务信息化建设进程。

（三）行政事业单位财务信息化建设的方式

行政事业单位财务信息化建设主要是以大数据技术为依托，不断更新升级办公软件，做好财务信息系统的整合与联动，加强财务信息化人员的专业培训，做好内部控制建设工作等方式进行信息化建设。行政事业单位财务信息化建设是一项十分复杂的工作，它需要多个不同部门和系统之间进行有效的衔接和整合，所以行政事业单位必须做好内控工作，充分发挥不同部门和人员之间的作用，促进财务信息化建设顺利进行。

三、新政府会计制度下行政事业单位财务信息化建设的作用

（一）有效提高财务会计工作效率

传统的财务工作主要是依靠人力，这样不仅会降低工作效率，而且在记账、入账的过程中经常因为人为因素导致数据登记错误，对日后各项工作的开展产生不利影响。行政事业单位在长期发展中一直受到会计工作效率的制约，无法将财务信息进行及时处理和应用，影响了行政事业单位的现代化建设和管理，所以，在新政府会计制度下进行行政事业单位财务信息化建设具有十分积极的意义。首先，财务人员通过运用信息化系统对海量信息进行分析，不仅减少了财务人员的工作量，而且使得财务工作更加精确化和高效化，有效地提高了财务会计工作效率。其次，财务信息化建设，可以提高各部门之间信息沟通的频率和速度，实现了信息共享，从而加强了沟通，解决了不同部门之间信息孤岛的矛盾。

（二）深化内部改革

随着社会经济发展，行政事业单位财务工作也跟着时代发展不断调整和变革，与此同时，行政事业单位也顺应财务信息化建设的发展需要，对人力、物力等管理体系进行完善。新时期，新环境，新形势，行政事业单位财务管理工作必须不断调整内部结构，完善内部管理工作，提高会计信息质量，满足行政事业单位在会计信息化建设中的高质

量要求。

（三）有效提高决策的科学性

行政事业单位进行财务信息化建设，可以使财务人员利用最先进的系统平台来挖掘单位中的有效资源，并对资源进行二次分配，提升了对数据资源的整合能力，财务数据信息得到充分的应用，可以为管理人员提供真实有效的数据参考，帮助其做出更加科学的部署。决策是行政事业单位非常重要的工作，而财务的信息化建设则为行政事业单位的发展奠定了坚实的基础。

四、实践实例分析

实例以 S 研究所财务管理信息化建设现状为例，讨论如何通过提高信息化技术水平，从而进一步提高科研院所财务管理水平，落实国家对科研经费"放管服"的要求，为科研经费高效使用助力。

（一）政府会计制度下科研院所财务管理信息化建设现状

科研院所必须对其使用的财务管理信息系统进行升级改造，以满足政府会计制度要求。以 S 研究所为例，其使用的是中国科学院资源规划系统（Academia Resources Planning，以下简称 ARP 系统）。ARP 系统是中国科学院科研管理信息化的支撑平台，以科技计划与执行管理为核心，对全院人力、资金、科研基础条件等资源配置及相关管理流程进行整合与优化而构建的信息技术平台，其业务实体包括科研项目管理、人力资源管理、综合财务管理、科研条件管理、电子公文管理。

1. 财务管理信息化系统升级，基本实现政府会计制度要求

综合财务管理作为 S 研究所 ARP 系统中的重要模块，2019 年按照政府会计制度要求进行了新旧会计科目衔接工作，建立新会计科目体系，对财务会计科目与预算会计科目进行了映射关系对应，便于在审核记账时由财务会计分录自动生成预算会计分录，或由预算会计分录自动生成财务会计分录，即实现自动"平行记账"。

2. 日常科研经费收支业务基本实现系统线上提交、审批

科研院所财务管理信息系统升级一个重要内容就是加入线上业务审批流程。以 S 研究所为例，科研经费到账通知、经费认领、经费分配、预开发票、报销还款、支出调账、费用分摊等业务都可以实现线上提交审批，规范了审批流程，实现了电子化流转，能够随时随地高效地处理相关业务，解决了科研人员办业务签字难的问题，节省了科研人员用于财务报销的时间。

3. 资金结算实现无现金结算，实现银企互联、网银支付

S 研究所通过与银行前置系统相关联，在 ARP 系统中建设银企互联系统，在系统中填报的银行结算信息批量导入银行系统，不需要单位出纳人员在企业网银中人工输入银行结算信息，减少了人为出错率，实现在线支付，实时到账功能，大大提高了出纳工作效率。

4. 实现多个模块信息相互关联，业务凭证自动生成

以 S 研究所为例，ARP 系统每月的薪酬发放业务、薪酬成本分摊业务、固定资产折旧、无形资产摊销业务、收入管理业务、费用分摊业务、预开发票业务等都可直接传入财务总账系统，并生成记账凭证，实现各模块、多业务信息互联，业务互通。

5. 基本实现科研经费从预算、执行、决算的线上追踪监督和经费执行线上查询

S 研究所科研项目在 ARP 系统科研项目管理模块中开题时录入项目预算，并设置项目预算执行控制方式，如不可超预算总额或不可超可用资金，在预算执行报销支出时，会按照预算控制方式预警，如果报销支出超过某项支出预算时，报销业务则无法提交完成，从而在经费使用中严格按照预算执行，大大减少科研项目支出赤字和调账情况。科研人员可在 ARP 系统中查询本人课题执行情况及可用资金。

（二）政府会计制度下科研院所财务管理信息化建设存在的问题

1. 科研院所财务管理信息系统尚未完全满足"双功能""双基础""双报告"要求

在现行的科研院所财务管理信息系统中，对于只记财务会计不计预算会计的特殊业务，系统可以实现仅录入财务会计科目的要求，但是何种业务不及预算会计，需要财务人员凭借专业知识和业务经验去人为判断，系统无法智能识别是不是特殊业务。政府会计制度的权责发生制要求每月进行费用分摊和计提账务处理工作，由于系统没有实现每月自动生成分摊和计提凭证，所以手工进行每月分摊计提的账务处理工作可能无法保证准确进行。以 S 研究所为例，对于政府会计制度要求的"双报告"功能，目前在系统中报表功能尚不完善，仅能生成财务、预算会计体系相关报表，对于平行分录是否正确，系统无法通过自动生成预算结余与净资产变动差异调节表进行检查，无法反映预算会计和财务会计报告的内在钩稽关系。

2. 现行财务管理信息系统中财务核算及关联的业务系统还需完善

以 S 研究所的 ARP 系统为例，没有匹配的合同管理系统，合同收付款无法与 ARP 系统相关联，合同信息无法录入 ARP 系统，收据发票等仍是纸质票据；ARP 系统无法满足信息化、智能化要求，无法识别发票真伪、无法识别电子发票是否重复报销，无法系统自动加总发票金额，无法储存大量电子票据数据信息。报销审核仍然停留在财务人员手工复核发票金额、手工查验发票真伪、手工审核报销业务是否超标等的低端、重复的会计审核工作上。由于财务报销审核人员业务经验参差不齐，对单位财务报销制度理解、把握和执行不一致，在工作量极大的情况下难免遗漏审核要点，导致报销审核内控风险增加；ARP 系统综合财务模块与财务总账系统并未实现数据同步共享，在 ARP 系统填报的凭证可通过提交审批、财务审核，传入财务总账系统，但是在总账系统手工录入的财务凭证无法同步至 ARP 系统，导致科研人员通过 ARP 系统查询科研经费收支数据不全面、不准确。

3. 财务管理信息系统与其他各模块数据相互独立，没有形成高效的数据共享机制

S 研究所 ARP 系统中综合财务模块与其他各个系统模块存在系统数据无法共享和数

据不一致的情况，如报销人本月在科研条件模块中进行了资产登记入库，却没有到财务报销，导致资产模块与财务模块月度数据不一致；人事薪酬模块与纳税申报系统无法关联，导致劳务费无法通过薪酬系统统计数据上报个税。

4. 经费预算决算编制无法通过财务管理信息系统完成，预决算信息可比性差

S研究所目前项目预算编制尚未通过ARP系统进行，部门预算编制也无法实现系统填报，部门预算编制权限没有下放至二级部门填报，仍然由财务人员进行手工编制，编制时间长、工作量大且效率低下。部门决算审核并未要求进行决算与预算的对比分析，导致决算与预算编制脱钩，预算编制沦为一纸空文。

（三）科研院所财务管理信息化建设优化

1. 提升原始凭证智能化处理水平

基于图像识别技术对原始凭证进行图形化电子化处理，自动提取票据信息，形成结构化数据，减少人工录入的繁杂工作量和道德风险。

原始凭证的信息化处理。智能化提取报销单据信息，如报销内容、差旅费目的地、时间、资产采购信息、劳务费支付信息、结算方式信息等，进行大数据分析管理，真正实现财务分析助力科研经费管理决策。例如，通过大数据分析，可以了解科研人员多次采购的材料、设备，对于多次交易的供应商单位考虑是否签订协议价格；解决如何提高材料、仪器设备使用效率，实现资源共享，避免浪费。

运用规则定义，进行报销单据智能审核。对于发票链接税务网站进行自动查验；对于报销内容进行逻辑判断，依据报销单位财务规定核查报销事项的合法合规性。

运用政府会计制度核算规则，对原始单据发票内容、课题信息、经济支出分类等进行人工定义，按照核算规则自动生成会计分录，减少财会人员手工录入会计科目工作量。通过对原始凭证的智能化处理，财务人员只需对系统生成的金额数据和会计科目予以复核确认，能够大幅地提高财务报销审核的工作效率。

2. 实现财务信息共享，解决财务信息不对称问题

建立财务管理系统与合同管理系统、工资薪酬系统、预算管理系统、纳税申报管理系统等多模块的信息共享网络，打通各系统模块信息渠道，对基础数据、角色权限、业务流程、核算规则、系统参数、接口协议等进行统一设计管理，形成各模块之间的统一规范和数据传输机制。

建立高级财务信息查询平台，满足科研人员各类查询需求，实现项目预算、经费收支、政府采购、资产管理、个人借款、工资薪金、劳务报酬、收费管理等信息的综合查询，彻底解决财务信息不对称的问题，提高科研数据利用率和管理效率。

利用大数据处理技术，以持续累积的系统数据为依据，对系统各模块数据进行多角度、多层面的收集和分析，为单位决策管理层制定发展战略提供财务数据支持。同时，基于系统整合信息的大数据分析，为单位降低运行成本、强化风险防控提供帮助。

3. 实施业务流程再造，提供一站式服务

建立政府采购、试剂耗材采购、商旅采购平台，将科研货物及服务采购需求通过各类采购平台直接与第三方对接，科研人员不需要自行结算或垫付资金，也无须人工提交报销申请，平台通过招标、采购、自动判断经济业务是否结束，每月在报销系统自动发起报销结算申请，财务审核完成后通过银企互联系统批量统一对公结算。这样不仅有助于节省科研人员的报销时间，降低分散采购内控风险，而且通过每月统一对公结算，大大减少报销单据量和付款数量，提高资金流转效率。

通过平台公开招标，引入竞争机制，能够获得与优质第三方的长期合作，获得最大优惠，为科研活动提供多选择的高质量服务和透明交易，降低内部控制风险。

4. 构建科研经费管理信用体系

根据国家对科研经费"放管服"的要求，建立科研信用指标体系。通过内、外部审计及以往报销个人记录等多个维度，将科研人员诚信记录到信用管理数据库并定时更新，按照不同诚信等级采取不同内控措施和监督机制，逐步提高科研诚信水平，降低管理成本。

制定信用机制奖惩制度，对科研人员的申报立项、项目实施、验收审计等过程进行信用评价监督，作为其以后科研绩效考评的重要评价指标。

第三节　促进事业单位实现预算资金优化配置

新版政府会计制度实行后，事业单位明确预算会计相关细则在一定程度上能够体现对预算执行的监督作用。事业单位能够通过数据信息反馈优化预算资金执行流程，进而促进事业单位更好地实现预算资金优化配置。

一、财政预算与行政事业单位内部控制

内部控制与预算均为我国经济活动的管理机制，两者之间有着密切的关系，是不可分割的整体，可以共同实现管理目标。预算和内部控制可以相互影响：有效的内部控制可以严格监督和控制预算的各个方面，从而提高预算效率和效果；规范的预算管理为内部控制体系完善打下坚实的基础，最终形成的预算评价也是对内部控制情况的反映，为后者的优化提供了重要依据。因此，将预算的关键风险点加以控制，对预算进行评估和控制，是促进管理有效性的重要手段，也是将内部控制落实到具体环节的有效途径，有利于单位工作效率的提高。

（一）收入管理对内部控制的影响

行政单位收入包括财政拨款收入。事业单位收入包括财政补助收入、上级补助收入、附属单位上缴收入、事业收入、经营收入和其他收入等。其中，最主要的收入是财政拨款收入。财政拨款是对纳入预算管理的行政事业单位、社会团体等组织拨付的财政资金。

政府预算是通过"两上两下"的方式编制，政府预算通过预算的执行情况和责任地履行情况的控制渗透到政府责任履行的各个方面。资产、负债、净资产等反映单位履责情况的会计信息均能通过预算来反映。

与政府预算有关的收入有着极为严格的要求，需要在单位内部明确部门职责，并根据情况编制预算收入情况，当年上缴收入应与预算基本相符。这就要求单位在预算收入方面有较好的信息掌控，内部控制中关于预算业务的控制目标就在于保障收支平衡，通过预算编制、执行、决算等措施，保证公共资金运用的合理性，遏制资源浪费。加强收入管理，即加强内控实施力度，保证取得相关预算收入应当及时缴入国库，不能私自留存。这有利于内部控制关于收入业务的控制实施，在入账资金不留存于单位，可以避免"小金库"的设立。对收入的预算给予了单位"盈利"压力，为避免单位过分追求"利益"而丢失公共管理职能，加强内部控制必不可少。对职权进行分工和监督，可以督促单位整体履职，也能避免贪污等现象发生。

（二）支出管理对内部控制的影响

政府财政支出总体上可以分为购买性支出、转移性支出两大类。前者包括工资支出、购买支出、零星支出等，后者包括补助支出、债务利息支出和捐赠支出。行政事业单位的支付是通过国库集中支付形式实现的。针对不同类型的政府财政支出，还可以分别采用直接支付、授权支付两种支付方式。通过国库集中支付简化资金支付的操作流程，加强了对资金的监管，降低了支付风险。对于采购资金使用既要列入预算管理又要符合政府采购，工资与办公经费按照年初预算支出，避免单位徇私。

行政事业单位支出资金，要兼顾公共管理事务的实施效果和厉行节俭的支出原则，还要符合各项财务制度要求，精打细算，尽可能地将资金效用发挥到极致。这就需要从单位内部加强控制。这就要求有严格的内控制度、规范的审核流程。落实预算业务管理，保证每项支出都有预算，细化追加预算流程，严格执行预算。在预算基础上，合理安排支出，优先安排重、急项目资金的使用，保证重点项目落地。在单位日常维持支出和公共管理相关业务支出都需要资金时，通过内控有关制度保证合理科学地安排资金，集中财力保证公共管理事业的顺利完成。严格按照基本业务支出、专项资金支出、基本建设支出和其他支出的经费渠道，按既定用途使用，不挪用挤占。在政府采购业务控制上，按照政府采购要求和合同透明公开进行政府采购，控制各种费用支出，按规定使用资金。内部预算追加要有规范的程序，所有经济活动都应当有预算的约束。

二、会计工具与行政事业单位内部控制

（一）会计工具实施与内部控制运行的关联性

行政事业单位内部控制是进行内部管理的重要基础，需要管理人员根据单位自身的基本管理过程，建立完整而全面的管理体系，将整个单位的财务管理、人力资源管理、行政活动管理等进行统筹安排，在设立之初便与财务管理息息相关，它以制度和程序建

立起系统对单位进行的经济活动进行管控，而财务管理主要针对的就是经济业务。单位财务管理是对资金的使用和资产的分配进行记账管理，在权力制衡、流程制衡方面与内部控制权力框架中的"分权制衡"相契合。内部控制过程的建立和调整工作，应当体现单位管理各个流程的关键部分，清晰地描述管理过程中的关键节点，为实现单位财务管理提供了组织结构保障。财务管理与内部控制在目标上也具有一致性，即提升公共治理能力及加强廉政建设。可见，财务管理与内部控制互相融合、难以分割。财务管理通过会计工具实施，会计制度、记账软件、数据分析及财务报表都可以算作会计工具。在单位内控框架中，各个内设部门之间的权力制衡、资源分配以及资金和国有资产管理等管控过程，最终都通过会计工具落到账目上。行政事业单位内部控制过程的各种经济信息，需要过程会计工具以货币为尺度进行计量，并进行相关分析。同时，通过会计工具的实施，可以有效进行绩效考核与评价，对单位内控结构进行优化，有助于调动工作人员积极性，助力提高公共服务水平。故而，单位的内控离不开会计工具，内部控制实施需要通过会计工具来规范，内部控制的成效也需要通过会计工具来反映。会计制度作为会计工具中较为特殊的一部分对内部控制有着强制性影响。

会计制度是由国家制定，每个单位都必须实施的一项会计核算工具，是所有会计工具的基础。在其实施过程中，对于各项经济业务如何管理、如何入账都有一定影响。内部控制是对流程的控制，对权责的分配。实施何种会计制度，影响到内控对于权责如何分配、流程如何制定。会计制度还影响着对于收入、费用等的界定，关系到内控是否要进行管理及如何管理。会计制度作为一种硬性规定，影响着内部控制实施细则。

（二）会计工具在内部控制中的运用

1. 优化内部控制应用环境

所谓应用环境，是指内控实施的条件，有内、外之分。内部环境即包含单位内部的机构组织设置、人力资源情况、领导层认识等在内的各种内部因素；外部环境即包括法律、制度、经济等在内的，外部存在的能影响内控发展的因素。会计工具为内部控制在组织架构、信息掌控、控制模式等方面有着积极影响。会计工具可以明确地反映经济业务数据，将权责分配依靠到数据上，通过数据对比可以直观地反映内控实施效果，提高领导层对内控的重视，为内部控制应用创造条件。在外部环境方面，内部控制要适应外部环境需要通过会计工具衔接，有关经济业务的法律制度实施都落实到会计工具上，为内控适应外部环境奠定基础。在内部控制系统的构成和完善过程中，将会计工具与方法纳入控制活动、信息沟通与反馈、监督体系的环节，对风险进行评估，确定目标偏离程度，有助于结合控制应用环境和目标提升内控系统，有助于内部控制的实施和信息反馈。

2. 优化内部控制系统

内部控制自我评价体系和内部控制报告是内控系统自我优化和自我监管手段，在内部控制自我评价和报告中运用会计工具，有助于优化内部控制系统。近年来，通过内部控制的实践，行政事业单位已经逐渐意识到内部控制自评不仅仅是满足上级监管的要求，更重要的是要满足单位自身内部控制持续优化的自我要求。在内控自我评中，将会计工具与方法应用纳入其中，更方便查找内控实施中存在的问题点，针对问题成因找到解决方案。另外，根据内部控制系统所提供的条件和约束，选择使用单一或组合使用会计工具，可以为内部控制提供可靠的数据支持。

3. 优化信息与报告系统

按照组织层次的不同，内部控制分为单位层面和业务层面，信息沟通与反馈是在整个单位范围内建立信息与报告系统。会计报告的使用、会计信息的调取要与内部控制系统中的信息与沟通方式相对接，严格按照内部控制权限确定会计相关信息能否以及如何在不同层级、不同部门间流通。预算管理作为一项会计工具及一项内部控制的重要内容，必须按照内控的决策过程和执行过程实施，才能保证预算信息及时披露和反馈给领导层，以便领导层做出对单位全局的决策。为保证提供的信息具有相关性和可靠性，将会计工具纳入内部控制报告流程，形成内部控制报告和财务报告相关联的数据，根据会计信息来反馈内部控制的成效。

三、政府会计制度改革对行政事业单位内部控制的作用

（一）政府会计制度改革的主要内容

政府会计制度改革内涵丰富，是一个逐步推进、逻辑严密的改革进程，最终形成"双体系"的新政府会计制度。新政府会计准则制度的颁布确定了双重的政府会计制度分别为财务会计和预算会计，具有双重职能，财务会计按权责发生制核算，预算会计按收付实现制核算。年终编制反映政府部门综合财务信息的综合财务报告，集中反映财务会计和预算会计报表信息。新的政府会计制度是满足群众监督政府要求的必然选择，体现了建立廉洁高效节约型政府的信心，能够提供并便于信息使用者获取真实有效的财务信息，增加了政府信息的透明度，帮助政府做出科学的决策。具体内容主要包括：

①建立政府财务报告制度。新政府会计制度改变了传统的核算方式，在编制年终报表数据方面，有区分地进行政府决算报告及政府财务报告，分别编制预算收入支出表、预算结转结余变动表和财政拨款预算收入支出表及现金流量表、收入费用表、资产负债表、净资产变动表。在新会计制度影响下，形成的"双报表"更能体现当前政府部门的财务状况，推动政府会计管理乃至相关经济业务的顺利进行。

②界定政府会计要素。政府会计制度颠覆了长久以来形成了规范的传统会计要素定义，创立"3+5要素"的会计核算模式，其中政府预算会计要素包括预算收入、预算支出与预算结余，政府财务会计要素包括资产、负债、净资产、收入和费用。更加充分地反映政府会计的运行成本水平，有利于政府在资源配置时更加合理。

③创立预算会计和财务会计的钩稽关系。通过政府会计改革，分离了财务会计与预算会计，分别进行管理，两者是相对独立地存在，这有利于行政事业单位的推行全面预

算的相关工作，并在独立空间下进行管理。也有利于财务信息针对不同需求，体现在不同报表中。但相同的会计业务同时满足两种核算方式时，将同时通过预算会计和财务会计体现出来，致使两者"分而相同"。两者互相联系又互相独立的状态，使得财务信息更全面地反映出来。政府资产及负债计量方法改进。在资产方面，对于固定资产计提折旧，年限可以计量的无形资产计提摊销，体现资产净值。负债方面资金计量增加历史成本以及现在价值和公允价值的成本计量方式。这使得政府会计与企业会计在一些方面越来越趋同，满足了政府作为市场经济一分子参与经济活动的需求。

④政府会计制度实施为政府会计改革按下了暂停键，是现阶段政府会计改革的最终反映。通过改革确立了预算会计和财务会计，形成政府财务报告完善了政府决算报告的不足，新的会计要素也满足了对于政府净结余及偿债能力的反映，保证了财政资金流向的清晰，改变了之前单一会计制度不能反映收入性质、支出带来的权益变化等问题，提高了会计信息质量。总之，政府会计改革为政府及其部门在资金使用、资源管理等方面发展打下了坚实基础。

（二）政府会计制度改革对内部控制的要求

政府财务会计制度的改革设计将内部控制的相关构建作为改革的基础，政府会计制度改革过程中出现的相关难题需要通过增强内部控制建设来解决，以此实现财务管理及预算管理的目标。政府会计制度形成的会计要素与内部控制一一对应，使得内部控制结果直接能反映到会计账目中，即行政事业单位内部控制对于其运行成本相关的资金分流程、分业务进行管控，形成对资产或者负债体现在政府会计当中。内部控制要求加强资产和负债管理，与政府会计改革加强资产和负债过程记录相互印证，这使得政府会计制度要全面反映政府实际运行情况就需要有内部控制作为依托。政府会计制度改革要求对通过内部控制对原有资产、负债及经济活动进行梳理，为政府会计制度实施提供依据。

政府会计制度改革引入权责发生制，就使得各项经济业务随着权力与责任的变化，需要逐笔记录，以此实现"过程管理"，保证财务信息能够反映出资产所有数、负债情况以及收入能力。这就要求原本"空设"内部控制的单位，将内部控制投入实践，在内部控制的流程中加强管理，在单位经济业务的各个方面进行管控。例如，单位入库的办公用品，过去不要求进行入库、出库的分别核算，新的制度要求按照对入库、出库进行分别核算，这就要求内部控制中设立相关岗位、流程，为最终会计核算奠定基础。简单来说，政府会计制度改革后会计核算不仅仅是收、支两条线，还有权、责的划分，要将数据落实到流程中就需要更完善、更严谨的内部控制。

四、政府会计制度对行政事业单位内部控制影响的要素

（一）预算绩效管理方面

1.预算绩效管理促进内部控制形成行政管理效能

在行政单位发展过程中，预算绩效管理的意义和影响越来越突出。实行预算绩效管

理对于经济业务活动能起到规范和约束的作用，为行政事业单位科学进行管理提供依据，使行政事业单位的各项工作向规范化迈进，更好地满足新时代行政管理的要求。同时，实行预算绩效管理还有助于保持整个单位的稳定，为其向阳光政府职能转变奠定坚实基础，保证其业务流程顺畅开展。预算绩效管理与内部控制并不是两个完全没有关系的概念，它们在目标上具有一致性，都是以提高公共服务水平为目标。预算绩效管理与内部控制都强调单位全体人员参与其中，在各项业务流程均需要时刻监管控制，两者均贯穿于执行全过程。

行政事业单位预算绩效管理强调社会效益，形成绩效评价报告要反映预算完成情况，助力效能型内部控制形成。简单来说，行政事业单位受其公共属性影响，其内部控制目标是要保证提供社会公共服务和产品形成公平、公正的效果，更强调公共财政财务收支而产生的社会功能，因此形成强调行政管理行为的功能和效果的行政效能型内部控制。行政事业单位绩效管理不仅仅关注投入和产出的比例，而且更注重公共管理的质量，促进单位建立内部控制形成行政效能。

2. 政府会计制度提升预算绩效管理水平

过去的预算会计制度不能满足我国政府职能转变的需要，难以完整地反映政府财务状况，更不能体现绩效水平。通过政府会计制度改革，实施双体系下政府会计核算模式有利于提升预算绩效的管理水平。政府会计制度能够通过"费用类"会计要素来反映预算绩效，通过会计计量反映绩效管理的程度，进一步保证预算绩效评价的科学性和有效性。另外，行政事业单位的资产情况与负债程度可以通过资产负债表进行相关指标的分析，实现对业务层面和单位层面的考核评价，使得内部控制可以通过相关指标进行改进，有效配置资源。预算绩效目标具有可量化、约束性强的特点，必须在预算执行过程中不断修正才能达到目标。预算绩效考核落实到经济业务全过程需要切实可靠的数据，通过政府会计制度形成的数据更为详细、贴切，通过进行财务数据分析形成人均数据及业务完成比率等，能够更加合理地进行预算绩效管理和控制，形成最终预算绩效评价，从而服务于内部控制实施效果反馈。在行政事业单位的日常内控管理时，通过指标比较分析，建立科学的内部控制与预算绩效考核标准，从而提高内部控制水平。

（二）内部监督方面

1. 内部监督保证内部控制组织效率

内部监督是内控机制的主要组成，体现内部控制权力制衡原则，对内部控制的全部业务流程进行监管，并且拥有独立性。内部监督体现在单位组织机构设置、工作机制信息沟通及公开等方面。内部监督体系要求全员、全业务都包含其中，职能独立的对决策和执行过程进行监督。为避免多头指挥和交叉重复，提高组织资源的利用效率，内部监督机制应力求保持独立并在适度独立和专业化的部门职能分工基础上，增强行政水平，推动形成内部控制效能。

2.政府会计制度促进内部监督体系完善

政府会计制度的实施为行政事业单位加强机构职能整合、岗位职责设置和部门协同机制提出了新要求。

第一，进一步公开财务信息、提高透明度，新政府会计制度体现了公共受托责任，公众通过财务信息报表对政府部门的职责行使进行监督。随着对单位内部监督推进，公开信息的一步步科学化、规范化，权力能更好地在阳光下运行，杜绝腐败。

第二，设立独立内部监督业务岗位，对不同业务、不同流程的监督职责进行岗位划分，落实其监督职能，按照内部控制岗位要求开展相关工作，优化内部控制环境，增强行政事业单位的内部管理，也有助于实现对公共服务质量提升的重要目标。

第三，要发挥内部审计作用，不断调整规章制度对内控运行过程中的问题进行查补，调动全体人员的积极和主动性。会计信息质量提高有助于内部监督执行力提升，从源头上遏制腐败，实现内部监督体系的完善。

（三）经济业务方面

1.经济业务实现内部控制的目标

内部控制主要是对经济业务的管理和控制，控制的效果最先体现在经济业务的执行上。经济业务进行内部控制管理，确保其在法律法规范围内进行。在此基础上，通过内部控制帮助行政事业单位预防和避免贪污腐败等行为，在整体上提升公共服务效果。为此，在制定单位内部的控制制度时，就应当按照法律法规的要求，保证经济活动合法合规，例如，预算管理制度要求报销票据要真实可靠、按期完成预算和决算工作。只有经济业务达到内部控制要求，内部控制才能在保证行政事业单位正常工作基础上，促使其提高行政能力。

2.政府会计制度规范经济业务流程

政府会计基本准则、具体准则和政府会计制度等一系列相关标准出台后，对行政事业单位的相关经济业务有了更科学地规范，结合内部控制制度，及时增加对于存货、无形资产以及投资业务的管理办法，将原有管理办法进行修订。确保财务管理与内部控制目标的双实现，利用决算报告和财务报告，对资产、成本费用、债务评估等方面进行分析，反馈内部控制效果，利用财务信息确保预算管理、资产负债管理等经济业务的有机衔接。例如，收支管理方面，按照权责发生的情况，对当期支付业务进行区分，科学合理地区分应列入当期的支出费用，这就要求内部控制中对于支出业务进行细化区分，不能一概而论。支付业务在内部控制上主要体现在申请、审批、核算以及财务审核环节，因此要重点狠抓这几个环节。在申请环节，申请人需先在审批系统中提交申请，标明申请资金的用途劳务费、办公费等；在审批环节，相关经费审批的主管人员要发挥示范带头作用，带领审批团队严格执行相关审批规定，杜绝任何缺少材料或违背规定的申请书通过审批环节；在核算环节，出纳人员要反复确认审批手续，且再次审核所有材料齐全后，才予以资金支付；在财务审核环节，要重点核对现金日记账和银行日记账是否吻合，库存货币资金和现金日记账是否吻合，以及对问题款项进行追踪和上报处理。在资产管理方面，按照要求计提折旧或者摊销，以资产净值来反映资产当前的实际价值，要求对资产进行动态化管理，将资产的配置立项、采购、验收、使用、调拨、处置及财务核算等规定在内部控制制度中载明，细化岗位设置、明确岗位职责、优化业务流程，提高资产管理工作的可操作性，增强资产财务核算的准确性；建立内部监督考核制度，提高人员意识，提高固定资产精细化管理水平。

预算绩效管理、内部监督、经济业务三者之间有着互相依存的关系（图4-1）。预算绩效管理是所有经济业务的起点，影响着经济业务的执行情况，同时预算绩效管理的好坏还反映着内部监督情况的优劣。内部监督既能保证经济业务顺利开展，又能保证预算绩效管理的实施。而无论是预算绩效管理还是内部监督都最终体现在经济业务执行上。

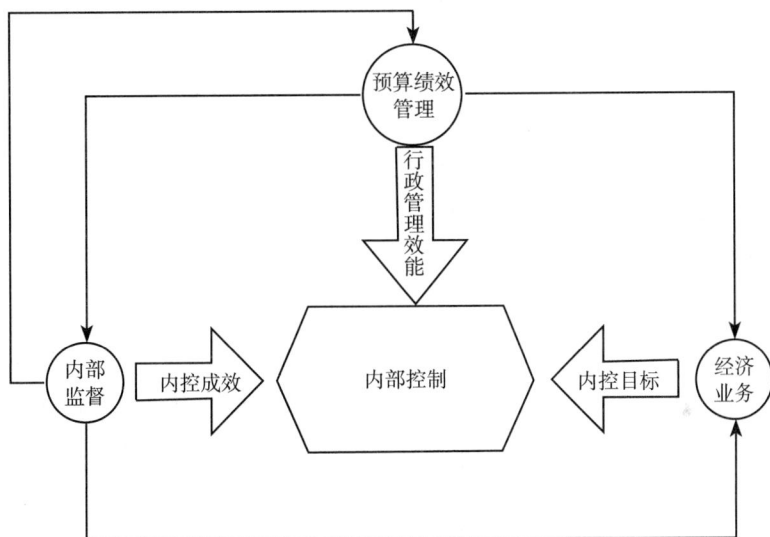

图4-1　政府会计制度影响内部控制的要素关系图

五、案例分析

自2019年1月1日起，新政府会计准则制度全面启动，税务系统也启用了预算会计对财务的各项支出和收入、结余等科目全部计入核算模式，更加充分地体现将政府会计核算的运行成本，促进行政单位内部的资源配置。将以S单位为例，重点阐述非流动资产的变化情况。S单位基本情况：S单位，我国体制改革中的一个部门，在2018年7月份S单位正式挂牌仪式，由最早的税务局和税务局合并组成，由原来分别收缴地方税务和国有税务，现主要承担所辖区内的各项税收。国家税务总局S单位（以下简称"S单位"）是市级行政单位，下辖6个县（市）单位，市本级包括了18个机关科室、3个区局、3个稽查局以及第一、第二、第三税务分局。

（一）S单位执行政府会计准则制度

S单位执行的主要会计制度如表4-2所示，伴随着一系列改革，实现了新政府会计准则制度执行的新变革。

表4-2　政府会计准则制度演变

公布时间	文件名称	文号
1988年9月17日	《事业行政单位预算会计制度》	财预字〔1988〕52号
1998年2月6日	《行政单位算会计制度》	财预字〔1998〕49号
2013年12月18日	《行政单位会计制度》	财库〔2013〕218号
2015年10月23日	《政府会计准则——基本准则》	财政部令第78号
2017年10月24日	《政府会计制度——行政事业单位会计科目和报表》	财会〔2017〕25号

（二）S单位资产管理概况

S单位资产按照资产性质划分，主要类别为银行存款、零余额账户用款额度、财政应返还额度、其他应收款、存货等流动资产以及房屋及构筑物、通用设备、专用设备、陈列品、图书档案、家具用具、在建工程、土地、软件等非流动资产，税务系统行政单位固定资产实行分类管理，包括房屋及构筑物；通用设备；专用设备；文物和陈列品；图书、档案；家具、用具、装具及动植物六大类固定资产。具体划分标准及分类细目按照国家有关规定执行。

（三）S单位资产管理过程

税务部门资产管理日常工作主要由实物管理部门负责，其中，市本级及以上单位资产实物管理部门主要由机关服务中心与信息中心负责，分别管理非信息化资产和信息化资产；县区局及以下单位资产实物管理部门主要由办公室负责，统一管理非信息化资产和信息化等所有资产。

S单位资产管理日常使用及维护工作主要由机关服务中心与信息中心负责，分别管理非信息化资产和信息化资产。统一使用"税务系统资产管理信息系统"软件操作，对接"国家税务总局网络版财务管理系统"软件平台。

税务系统国有资产管理的内容包括：资产配置（包括报送配置计划、配置计划批复、配置验收入库等）、资产使用（包括日常登记管理、信息变更、维护等）、资产处置（包括无偿调拨/划转、对外捐赠、置换、报废报损、出售等）、资产清查、监督检查、资产管理信息化建设和资产管理工作报告等。

1.资产配置管理

资产配置在其生命周期管理理论中意味着产生（新生）阶段。

每年底或次年初，由国管局发起，自上而下地下达次年度的中央行政事业单位通用资产配置计划表编报工作任务，各单位由财务岗资产管理工作人员发起，根据资产使用部门和资产实物管理部门上报的需求数据，使用"中央行政事业单位国有资产管理平台"

编报，配置计划编报审核通过后，同步上报采购岗，在此基础上编报单位本年度采购预算，最终汇聚到预算岗，形成单位次年度的预算编制信息。在当年预算批复后，依照预算编制，将开展本年度的资产配置工作。

中央行政事业单位通用资产配置计划表主要包括公务用车配置及各类文件要求明确的通用类资产，须严格按照 2017 年中共中央办公厅、公务员办公厅印发的《党政机关公务用车管理办法》并要求单位需要配置资产时，必须保证在本年度配置计划内，通用政府采购程序在"政采云平台"（政企采购云平台）或"徽采商城"等平台采购，严格执行"无预算不配置"，坚决杜绝超标准配置情况的发生。对于其他有需求的资产，应从实际工作需要出发，通过内部资产调剂方式配置资产，没有办法调剂使用的资产，应该从严控制购置申请，合理配置。S 单位资产配置管理具体流程如图 4-2 所示。

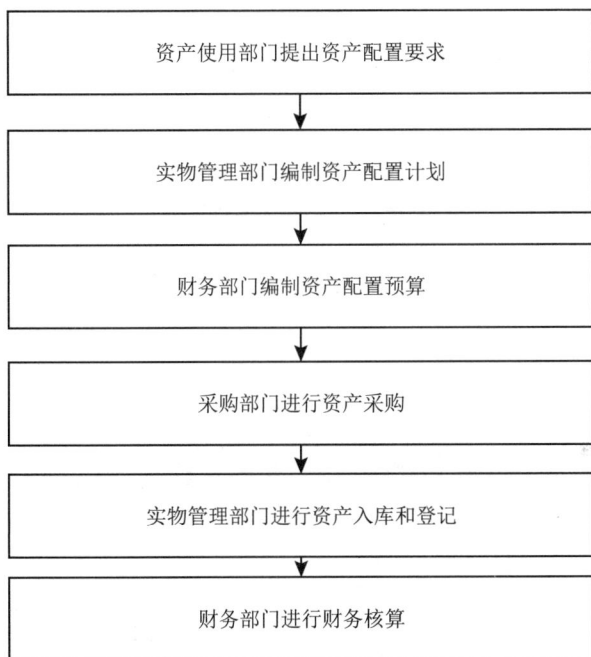

图 4-2　资产配置管理流程

2.资产日常管理

对于 S 单位购入、调入的固定资产，由机关服务中心或信息中心根据各自管理范围组织验收，属于技术设备的先按照固定资产要求验收，验收合格后，接着由信息中心统一验收，验收合格后再根据机关和信息中心的各种凭证，进行入库等手续。机关服务中心或信息中心根据验收单、固定资产出（入）库单等资料，将固定资产详细信息录入"税务系统资产管理信息系统"，创建不同分类的固定资产卡片，并打印出标签张贴于资产上。在发生资产使用人变动时，实物管理部门需将人员变动信息录入"税务系统资产管理信息系统"，同步维护资产变动信息，S 单位资产日常管理具体流程如图 4-3 所示。

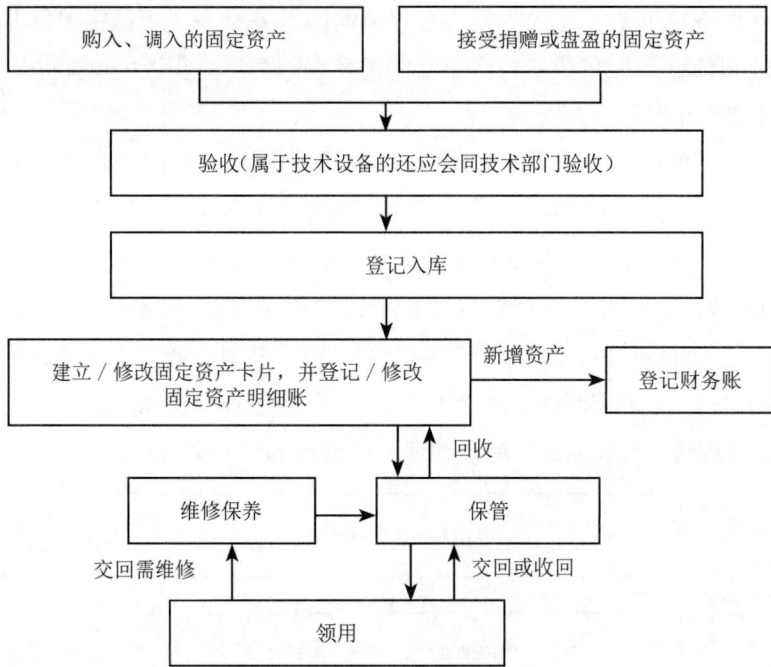

图 4-3　资产日常管理流程

3. 资产清理盘点

S 单位固定资产清理盘点具体流程如图 4-4 所示。

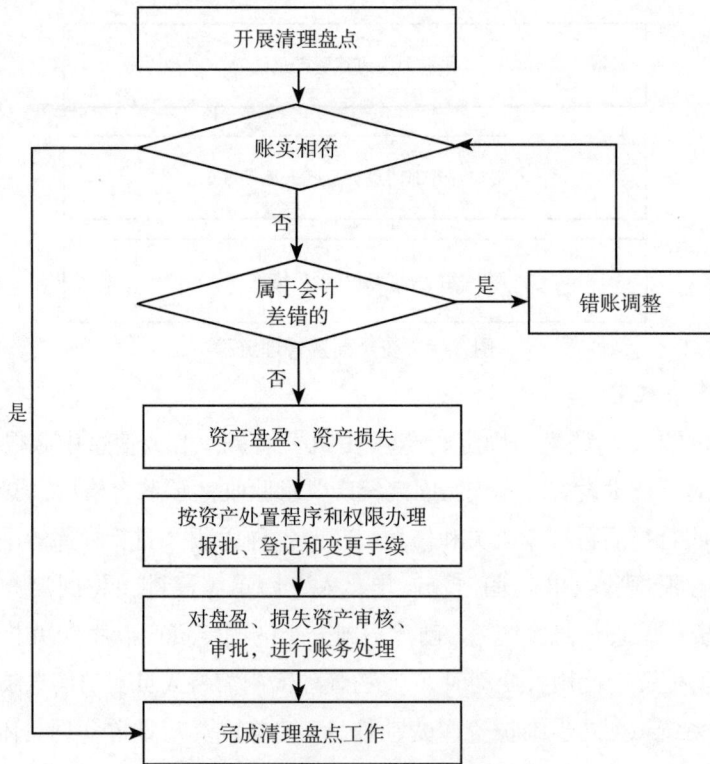

图 4-4　固定资产清理盘点流程

4. 资产处置管理

资产处置管理，就是单位国有固定资产在固定使用期限内，达到国家规定使用期限时，需要根据相关管理办法进行资产处置、产权转让或注销的一种行为。国有资产处置结束后，要根据实际处置后扣除应缴纳的费用和税款及相关费用后，在有效时限内将处置的款项上缴中央财政账户，确保收支平衡，实现"收支两条线"管理。

（四）新政府会计准则制度对 S 单位资产管理的影响

为了能够提高财政报告的准确性，政府也借鉴了企业的市场核算方法，发现通过增加固定资产进行累计折旧后，能够让实际固定资产体现得更为准确明了，更反映出实际的固定资产数量及现有市场折旧的情况，大大地提高了其准确性和确定性。

1. 新政府会计准则制度下资产管理的新变化

（1）资产管理变化的总体情况

2018 年国地税征管体制改革，根据会计年度工作的持续性原则，2018 年度仍按原单位独立核算，2018 年度决算也分原税务局、税务局分别独立编制。税务系统于 2018 年 1 月 1 日起开展了无形资产摊销工作。按照财政部规定的摊销原则确定无形资产的摊销年限，土地使用权暂不计提摊销；软件、著作权、专利权、非专利技术等无形资产应计提摊销，并规定当无形资产价值发生变化时，需要按照会计制度规定根据新的成本重新确定摊销年限。

具体摊销办法：无形资产摊销年限由资产管理人员通过资产管理软件在资产卡片上填写，并于 2018 年 1 月 31 日之前完成摊销年限的补录工作，软件将根据各单位维护的摊销年限自动计算摊销额，并推送至网络版财务管理软件中，自动按月生成无形资产摊销凭证。以前年度已经入账的无形资产卡片需要根据有关标准补齐摊销年限，软件自动根据摊销年限补提以前年度摊销额。

自 2019 年 1 月 1 日起，税务系统资产管理软件全面升级改革，更加明确细化了固定资产科目分类，并对部分权限进行了调整，更加贴近实际应用，操作便捷。

（2）资产管理的会计核算变化

在新政府会计准则制度下，会计核算为了财务信息的完整性，统一了基建会计，增加了"在建工程"会计科目，登记尚未完工交付使用的自行建造的基建项目，而对于其他需要安装的固定资产所发生的必要支出也登记在"在建工程"会计科目下。同时，为了计提固定资产折旧，真实反映固定资产的真实价值，会计科目中增加了"累计折旧"科目。与资产相关的会计核算变化还有以下几类。

财务会计登记会计分录的变化：报废固定资产时：会计科目"待处置资产损溢"→"资产处置费用"科目；

获得资产处置净收入时，会计科目"应缴国库款"→"应缴财政款"科目。

预算会计登记会计分录的变化：

在处理收支结清、处理收入小于相关费用时，需要借记"其他支出"，并按照支付的处理净支出贷记"资金结存"等科目，其他的时候只需财务会计记账即可。

同时，固定资产导致会计核算的记账差异分别为：

对于外购的固定资产，对于自制固定资产中支付的薪酬及其他耗费，财务会计记为资产，但不记费用；预算会计记为预算支出。

对于接受捐赠固定资产的初始成本（不含支付相关费用的部分），财务会计记为收入；因为不是预算范围内，所有预算会计不记为预算支出。

对于接受捐赠固定资产支付的相关费用，财务会计不记费用；预算会计记为预算支出。

对于固定资产计提折旧，财务会计记为费用，为资产减少；预算会计不记为预算支出。

对于对外出售固定资产的净收入，因处置收入需全额上缴财政专户，财务会计不记为收入，预算会计也不记为预算收入；对于对外出售固定资产支付的相关费用，因发生的费用可在上缴收入前抵扣，所以财务会计不记为费用，预算会计也不记为预算支出；对于对外出售固定资产的账面价值，因资产价值减少，财务会计记为费用，而此类资产减少不在预算范围内，所以预算会计不记为预算支出。

对于对外捐赠固定资产的账面价值，因资产价值减少，财务会计记为费用，而此类资产减少不在预算范围内，所以预算会计不记为预算支出；对于对外捐赠固定资产支付的相关费用，因为当期实际支出，财务会计记为费用，预算会计也记为预算支出。

对于置换出固定资产的账面价值，因为等价交换，所以财务会计不记费用，预算会计也不记为预算支出；对于置换出固定资产的价值差额（增值）部分，因属实际资产增加，财务会计记为收入，预算会计不记为预算收入；对于置换出固定资产的价值差额（减值）部分，因属实际资产减少，财务会计记为费用，预算会计不记为预算支出；对于置换出固定资产支付的相关费用，财务会计将该费用记为资产，不记为费用，预算会计记为预算支出。

对于盘亏、毁损、报废的固定资产的账面价值，为资产减少，财务会计记为费用，预算会计不记为预算支出。

（3）资产管理的固定资产折旧变化

新政府会计准则制度实施前，我国各行政职能部门对于固定资产都不进行计算，也不折旧，只有在原有账面上体现出购买时的原有价值，无法估算固定资产的折旧值，也无法体现具体的设备设施固定资产在实际当中的价值。针对以上实际情况来看，新政府会计准则更有利于固定资产的实际管理，在会计核算中引入了固定资产计提折旧，可以按照目前市值进行评估计算出当时购买物的实际折旧和损耗，这样可以有效解决了固定资产价值虚高的问题。

固定资产折旧的范围。按照政府会计准则的规定，除了准则中明确事项固定资产外，各政府机构应根据单位的实际情况，先对固定资产进行全面的摸底清查，统计后的固定资产应该全部进行计算提取折旧。

固定资产折旧的计算方法。税务系统选择固定资产折旧的计算方法为年限平均法（直线法）。

其中，年限平均法的计算公式为：本月应计提折旧＝固定资产原值/（折旧年限 × 12）

固定资产折旧年限的确定。会计主体根据相关管理办法结合固定资产的实际情况，税务系统确定所属系统固定资产的折旧年限，并在资产管理信息平台维护相应的固定资产折旧年限，资产配置登记时默认该类折旧年限，一旦能够确定具体的时间和年份，如没有特殊情况的不得变动。

固定资产折旧的计算时间。政府机构对于固定资产折旧方法有所不同，例如，根据刚需进行增加固定资产时，应该对固定资产在当月就开始计算折旧，本月处置减少的固定资产，因在本月固定资产计提折旧前已经处置下账，本月起不再发生折旧，也不再补提折旧。对于累计折旧计提完账面原值的固定资产，不管是否还在使用，都不需要再计提折旧。

固定资产补提折旧。新政府会计准则制度实施前，应当对资产账上需要计提折旧的固定资产进行往年的补提折旧，税务系统在 2019 年开账伊始，已完成全部的固定资产补提折旧工作。

其中，往年应补提的折旧额＝账面原值/（折旧年限 × 12）× 已使用的月份数

各单位按部门对固定资产计提折旧。新政府会计制度中，行政事业单位部门发生的费用根据不同的费用发生部门分为"单位管理费用"和"业务活动费用"。针对固定资产计提折旧业务，建议行政事业单位按照资产的使用部门分别计提折旧。行政后勤部门使用的资产计提折旧计入"单位管理费用"；业务部门的费用计入"业务活动费用"。这就对资产管理提出了更高要求，所有资产需落实到使用部门，才能实现资产折旧的准确计算。

2. 政府新会计准则制度对 S 单位资产管理的积极影响

（1）加强资产日常管理

单位应该按照国家的规定登记国有资产台账，按照政府会计准则制度进行会计核算，及时完善各项规章制度，并明确资产管理人员资产日常的维护、保养、维修等的岗位职责，夯实好资产日常管理基础。因个人原因导致国有资产流失，并造成重大损失的，应承担相应的经济责任和法律责任，由于资产管理人员管理不当，应给予相应的处罚，并及时纠正确保国有资产账目相符。在资产配置前进行预算管理，无预算不采购。要结合单位的资产总体状况和实际工作需要，坚持厉行节约、反对浪费的原则，科学编制预算，

按标准依程序实行资产采购，按照文件规定要求处置资产，有效防控资产管理风险。并保证土地、房屋构筑物等不动产的产权登记，发生变化时应及时办理变更资产权属证明手续，避免权属不清晰的产权纠纷，完善重点资产的有效管理。

（2）完善资产管理预算管理制度

固定资产包含很多工作事项，其中有一点是预算管理，在预算管理工作中，我们需要做很多准备性工作，比如，预算的编制、预算的落实情况到结束的预算审核过程。要按照预算管理制度逐一对预算的每一个资产做全面的了解。每年开始时，各部门人员分工不同，但是对于涉及资产人员要细心并且提前做好本单位所需的清单记录，并根据资产配置计划提前做好要完成的计划，对所有部门的各项资产要进行审核审查，既可以为了报送资产配置计划做准备，又可以为预算管理的编制提供数据基础；其次，资产管理（财务）根据各资产管理部门需求、单位资产的总体情况及人员情况确定，在单位资产配置总计划的前提下，分别反馈各单位各部门资产管理的购置计划；最后，应该结合单位的固定资产管理制度规范资产日常管理过程中的配置分配工作，同时在预算管理制度中划分责任，原则上未提出资产购置计划的资产是不允许采购的，通过预算考核中对各资产管理部门预算管理的最终执行进行评定。

（3）降低资产标准配置风险

财资〔2016〕27号规定，对于非涉密的单位，台式计算机配置数量要求最大不能超过单位编制内实有人数的100%。而在实际的信息化工作操作中，台式计算机为工作标配，没有电脑就不能开展日常工作，S单位属于非涉密单位，台式计算机配置数量最大为编制内实有人数的1∶1，而S单位的工作职责对外，在各政府行政大厅面对纳税人的办税事项时，为了实现窗口公开透明化办理，电脑显示屏配置为1∶2；为了方便纳税人网上办税，办税大厅开设了自助网上申报区，S单位在本级管辖区域内办税点共配置30台台式计算机；在S单位机房及电教室，也有50台公用台式计算机；根据"税务内网机器，严禁上互联网"规定，S单位日常人员办公除本单位内网办公电脑外，办公室还需配置外网公用电脑。以上种种，不可避免地造成了台式计算机超数量配置问题。2019年，国税总局在台式计算机目录下增配"通用台式计算机"和"非通用台式计算机"分项，明确区分了单位办公通用电脑和业务用电脑等，降低了资产配置和管理风险点，资产工作更加细致明确。

（4）细化重点资产管理

针对房产、车辆这类的重点资产，税务系统严格按照国家规定要求，严格重视重点资产管理，对车辆、办公用房等建立重点资产台账、开展精细化管理。

根据2019年《党政机关公务用车统计报告管理办法（试行）》（国管办〔2019〕373号）文件规定，行政单位应于每年4月10日前将本部门、本系统上一年度公务用车统计报告报送国管局、中直管理局，公务用车统计报告内容包括工作报告和统计报表。其中，税务公务用车报送报表主要包括定向化保障车辆配备使用情况明细表、定向化保障车辆变动情况明细表、党政机关公务用车情况分级汇总表、党政机关公务用车情况分类汇总表、党政机关公务用车变动情况汇总表，明确到每一辆车的配备、使用情况和维护保养、处置管理，精细化体现单车核算的管理制度。2019 年，国家税务总局制定了《税务系统行政单位办公用房管理办法（试行）》。2020 年，在此基础上，省局制定了《安徽省税务系统行政单位办公用房管理办法（试行）》和《安徽省税务系统乡镇税务分局（所）办公用房管理指引》，进一步规范和加强税务系统行政单位的办公用房管理，优化办公用房配置，盘活闲置办公用房，提高办公用房的使用效率和管理水平。

第五章　实施新政府会计制度事业单位预算管理面临的挑战

第一节　对预算会计工作重要性认识不足

一些事业单位的领导并没有认识到预算会计对事业单位发展的重要性，认为预算会计工作内容仅根据以往信息数据编制单位下一年度预算，并就年末预算执行情况进行决算，没有及时了解和掌握新政府会计制度对于预算会计的要求，没有严格要求预算会计工作，不利于预算会计工作顺利开展。同时，一些单位对于预算会计工作重要性的宣传力度不够，各个部门不能认识到自身与预算会计之间的联系，不积极配合会计人员的工作，所提供的预算基础数据信息准确性不强，间接影响事业单位预算会计业务顺利进行。

一、新政府会计制度下事业单位对预算会计工作的思想问题

在现有管理体制中，重要事情的落实需要上级主管部门及财政部门的推动，缺乏思想上的主动性。我国各级组织的内部控制规范正在逐步开展，需要进一步提高有关人员对内部控制相关知识的获取，及时提高对内部控制重要程度的认识。目前，反腐倡廉的大环境及一岗双责的要求，有利于提高对内部控制的重视程度。单位领导的重视是内部控制发挥作用的关键，适宜的内部控制环境能为内部控制实施奠定坚实基础。在事业单位中对于内部控制意识建立不充分，相关认识不全面，致使内部控制制度落实存在偏差，出现费用超支、预算执行不到位等现象，并且缺乏完善的内部控制体系，存在风险评估不科学、风险意识差等问题。

二、新政府会计制度下事业单位会计对账问题

新政府会计制度的核心内容，要求预算会计以收付实现制为基础，形成会计决算报告；财务会计以权责发生制为基础，形成财务会计报告；构建政府预算会计和财务会计既适度分离，又相互衔接的"双功能、双基础、双报告"会计核算模式，实行"平行记账"。预算会计和财务会计两种记账模式在一套会计账上采用"平行记账"，增加了行政

事业单位会计核算的复杂程度，加大了会计核算的难度。为了确保会计人员账务处理的正确性，提高会计工作质量和效率，为单位提供真实完整准确的预算会计资料和财务会计报告，加强检查对账，及时发现并正确处理会计人员在日常核算过程中的各种遗漏、差错及错误就显得尤为重要。

行政事业单位会计人员平行记账产生的会计账务系统数据资料，与单位内部预算指标管理系统、财务网上报销管理系统、工资管理信息系统、行政事业单位资产管理信息系统、单位政务管理合同业务信息系统、单位业务建设项目管理信息系统、内部联网监控平台系统等数据和要求密切联系，与单位外部国库支付平台管理系统、政府采购业务管理系统、银行数据信息管理系统、国家税务总局税务信息管理系统等平台数据紧密相关。

（一）货币资金科目与银行对账单核对

国库零余额账户用款额度与银行对账单核对，财务会计国库零余额账户用款额度科目账面数与银行对账单按功能分类逐笔收入、逐笔支出及期末余额数核对。

地方资金和自有资金的银行对账单与财务会计银行存款科目账面逐笔收入、逐笔支出及余额数核对。

如有现金收支，核对内容同上。

会计人员与出纳人员就会计账、出纳账、银行对账单三方两核对。

以上核对不一致时编制银行存款余额调节表进行检查，及时找出原因。

（二）资产类其他科目核对

固定资产、无形资产的一级科目总额、二级科目分类额须与行政事业单位资产管理信息系统的相应总额、分类额核对一致；固定资产折旧计提、无形资产费用摊销同理。固定资产、无形资产与事业支出——项目支出/基本支出——资本性支出核对。

库存物品账面金额与服务单位库存实物数金额核对。

长期股权投资及增减变化与被投资企业单位核对，下年初取得审计报告，按权益法核算长期股权投资的要及时进行调整，记录应该享有的投资企业单位权益变动。

在建工程及增减变化按资金来源、工程项目名称要理出清单，与单位有关业务部门核对。在建工程及时办理工程验收，进行审计，工程建设项目竣工验收后3个月内要办理竣工财务决算。

往来账款如应收账款、预付账款、其他应收款每月理出往来单位清单提供给单位有关业务人员核对并及时清理。要重点关注以下问题：应收账款贷方余额问题；应收账款借方余额在收回该单位业务款项时没有记应收账款贷方而是记预收账款贷方问题；同一对方单位同一事项既挂预付账款借方，又挂应付账款贷方问题等。涉及大额或长期的应收账款、预付款项，应当定期进行追踪核查，应收账款、预付款项长期全部或者部分无法收回的，要同单位业务人员一起与客户、供应商通过函证、电话等方式联系，查明原因，并严格履行审批程序，按照国家统一的会计准则进行处理。

（三）负债类科目核对

应交增值税、其他应交税费。相邻月份一般借贷发生额相等，如果不相等就要找出原因及时进行处理。应交增值税销项税、进项税、其他应交税费要与国家税务总局税务信息管理系统核对，通过电子税务局平台获取纳税申报表查看本月或全年销售额、进项额、减免额等数据，核对应交增值税及城建税、教育费、教育费附加等数据；通过税务局个税系统查询统计单位个人所得税缴纳情况；通过税务局增值税开票系统导出开票明细统计销项税额；通过税务局增值税抵扣系统导出抵扣明细统计进项税额。

应付职工薪酬。如工资津补贴、单位支出的养老金、年金、公积金、医保及其他社会保障缴费等一般当月或相邻月份借贷相等，如果不相等，要确认是否为应付未付、应交未交款项，以找出原因及时处理；如果当月扣款数（贷方）与缴纳数（借方）收支相同，则不会发生月末挂账情况，如果是次月缴上月数，则会形成上月末挂账；要核对每一个明细科目的数据是否齐全，冲销是否正确，是否存在漏记或错记等问题。单位支出的养老金、年金、公积金、医保及其他社会保障缴费要与社保部门和公积金管理部门计算的托收数核对一致。对社保部门和公积金管理部门计算的托收数有疑问时，要及时联系单位有关人员和社保部门。单位工资表的职工工资、津补贴、绩效等个人收入及工资表个人代扣数要与工资管理信息系统核对一致；代扣的个人公积金、水电、房租、工会经费等款项要及时上缴清理。

其他应付款。其他应付款——待清算报销额度——待清算公务卡报销额度一般月末借贷清零，如果没清零，应在相邻月份及时清零；其他应付款——存入保证金要与相关往来单位合同核对。

往来账款如应付账款、预收账款、其他应付款应理出往来单位清单给单位相关部门业务人员每月核对，及时进行清理。

核对单位往来账款科目余额是否正确，是否存在核销处理时往来单位或科目归口交叉错误问题，如应付账款贷方在对该单位付款时错记在预付账款借方等，类似问题必须核对正确。

往来科目余额还要与单位已签订的经济合同上确定的应收款、应付款、预付款、尾款及质保金等核对。

（四）收入类科目核对

财务会计的财政拨款收入、上级补助收入、非同级财政拨款收入——非本级财政拨款——地方财政拨款收入、利息收入，与预算会计的财政拨款预算收入、上级补助预算收入、非同级财政拨款预算收入、其他预算收入——利息预算收入，这些收入科目一般情况下因不涉及往来，也不涉及增值税，财务会计与预算会计对应科目在平时一般应核对相等。其中，财政拨款收入、上级补助收入、地方财政拨款收入还要与上级单位的年度预算批复和国库额度到账通知单或上级单位的拨款通知单等对应核对相符；且要按功能分类、项目分类等辅助项核对相符以及分别人员经费、公用经费核对相符。

财务会计的事业收入、课题收入、其他收入，与预算会计的事业预算收入、课题预算收入、其他预算收入，这些收入科目往往涉及增值税，有时涉及往来款，一般情况下财务会计与预算会计可以不相等。所有收入都要及时足额入账，收支两条线，不得收支相抵，不得收支挂账。

预算会计收入与财务会计收入核对关系示例（见表 5-1）。

表 5-1　预算会计收入与财务会计收入核对关系示例表

预算会计科目	财务会计科目	调整项
财政拨款预算收入	财政拨款收入	
非同级财政拨款预算收入	非同级财政拨款收入	
事业预算收入	事业收入	＋预收款－应收款＋销项税额
上级补助收入	上级补助收入	
投资预算收益	投资收益	－应收股利／利息－权益法下长期股权投资权益变动
其他预算收入	捐赠收入、利息收入、租金收入、其他收入	＋预收款－应付款－接受非现金资产捐赠－置换出资产评估增值－转赠的物品留归单位的价值

（五）费用支出类科目核对

财务会计的单位管理费用、业务活动费用科目。除行政机关和行政机关的后勤服务部门外，借方发生额一般要等于离退休人员的各项支出和在职人员发生的单位工会费、审计鉴证中介费、诉讼费之和。财务会计的业务活动费用、单位管理费用等科目在进行往来单位辅助核算时，要注意检查单位往来设置及记账归类的正确性，以便财务会计报表年末对收入费用进行政府部门内、外单位的收支抵消。

预算会计的事业支出。各预算指标数可通过单位预算指标管理系统录入进行设置控制；各经济分类明细科目借方发生额数据的核对，可先进行辅助总账每月核对，在辅助总账可以按当期发生过的全部资金来源、功能、项目、科目设置方案分类逐笔核对，也可以按自认为方便的其他辅助总账设置方案核对。如在会计账务系统"辅助账"——"辅助总账余额"模块增加"资金来源——功能——项目——科目"查询方案，"资金来源"选项卡下选择所有资金来源或自己需要的资金来源，"功能"选项卡下选择所有功能或自己需要的功能，"项目"选项卡下选择所有项目或自己需要的项目，"科目"选项卡下选择全部事业支出科目或自认为必要的科目进行查询。

辅助总账的实际发生数与下发的预算数据按不同资金来源、功能、项目等明细核对，核实事业支出各经济分类科目是否达到预算要求，应特别关注项目经费开支合理合规和三公经费等上级严令控制的经费支出，注意事业支出——人员或公用的其他支出科目是否超过一定限额及其原因。

中央资金来源各功能、项目的事业支出科目发生总额，要与中央资金零余额账户用款额度相应功能、项目的贷方发生额核对，找出银行已付而事业支出科目可能没记的原因以确认是否正确。有可能存在资金来源、功能、项目等辅助项选错记错或与地方资金、自有资金的相应功能、项目交叉串用的情况。

辅助总账发现有问题时，还可进行辅助明细账查找源头并链接查找凭证，及时修改会计凭证。同一笔业务内容，财务会计和预算会计科目的资金来源、功能、项目、往来等辅助核算项应该一致，如果不一致则应及时发现并修改。

课题核对。按各课题名称导出收入、支出明细数发单位项目负责人核对。根据财政部关于结余资金管理有关规定，各单位应对已基本完成的项目抓紧做好收尾工作，尽快进行验收和竣工决算。横向课题 3 年（含）以上不结题或已完成还有剩余资金的或立项资金到账两年没有发生开支的，单位财务部门应该将剩余资金收归单位累计盈余净资产科目统一管理使用。

规范资金退回、会计差错等账务处理。注意因支付渠道变更、银行账号错误等原因导致的资金退回的账务处理的正确性（注意有的单位因会计平台软件原因，要记事业支出借方负数，否则数据可能无法取到）。以前年度会计差错、会计政策变更以及日后事项需要根据《政府会计准则——会计调整》的规定处理（表 5-2）。

表 5-2 预算会计支出与财务会计费用科目核对示例表

预算会计科目	财务会计科目	调整项目
事业支出——工资福利支出	业务活动费用或管理活动费用中的工资福利费用	
事业支出——商品和服务支出	业务活动费用或管理活动费用中的商品和服务支出	＋购置库存物品金额－发出库存物品金额＋预付款－应付款
事业支出——对个人和家庭补助金额	事业支出——对个人和家庭补助金额	一般情况不调整
事业支出——资本性支出	本期购置的固定资产、无形资产	＋预付款－应付款
事业支出——资本性支出（在建工程）	在建工程	＋预付款－应付款
上缴上级支出	上缴上级费用	＋预付款－应付款

（六）资产负债表平衡核对

财务会计资产负债表应该左右平衡，资产＝负债＋净资产（静态），资产＋费用＝收入＋负债＋净资产（动态），从会计平台自动导出资产负债表数据进行核对，或者导出科目余额表数据检查核对。如不平衡说明记账有错，有可能是平行记账会计凭证存在财务会计科目与预算会计科目交叉串用问题，针对不同科目可按差额的二倍数等方法检查找到错误会计凭证后及时修改调整。

（七）预算会计平衡核对

月末，根据预算会计"资金结存＝结转、结余＋预算收入－预算支出"的平衡关系核对；年末收支结转后，资金结存＝结转、结余。检查账务处理的合理性和正确性，可通过导出科目余额表数据，查看全部预算会计科目进行核对，也可通过导出辅助总账、辅助明细账进行核对。

（八）与国库支付系统核对

会计账面预算会计事业支出科目国库资金来源的功能、经济分类要与国库支付系统平台导出的支出数的功能、经济分类核对，以确认国库资金收付与账务处理的正确性。注意同一经济事项的经济分类前后核算口径要一致，检查是否存在本应在甲经济科目下核算的事项误列入乙经济科目的情况。预算会计事业支出明细分类"资本性支出"科目与资产管理系统中相应的发生额、余额进行比对，检查有无漏记错记的情况。

（九）财务会计本年盈余与预算会计预算

结余关系核对新《政府会计制度》记账方式下，一套会计账中同一笔业务，财务会计与预算会计的收入与支出数记录有时是不同的，某一期间或整个年度的收入支出数一般是有差异的，但差异之间又有钩稽对应关系。因此，定期梳理确认财务会计本年盈余与预算会计预算结余的差异，及时发现账务处理中的疏漏、错误，避免问题累积，确保账务处理正确就显得十分重要。正确确认财务会计本年盈余与预算会计预算结余的差异，需要着重注意以下差异和关系。

财务会计中有往来核算科目，而预算会计中没有往来核算科目，当业务中含有往来款核算情况时会产生差异。

财务会计可以形成资产或负债，而预算会计只能形成预算收入或者预算支出，会产生差异。

财务会计存在折旧和摊销，而预算会计不处理折旧和摊销，从而产生差异。

物资领用、资产处置时如果不涉及现金流，预算会计不做处理。

货币资金对外投资，财务会计增加资产，预算会计增加支出。

增值税等税与费引起的差异。取得收入时财务会计是不含税收入、预算会计是含税收入；购置货物或支出费用，财务会计扣除增值税，预算会计不扣除增值税。

所得税费用。年底计算应缴纳企业所得税时，财务会计借记"所得税费用"，预算会计不做处理。

福利等专用基金提取产生的差异。事业单位年中计提职工福利费时，财务会计借记业务活动费用，预算会计可以不处理；支出福利费时，财务会计借记专用基金——职工福利基金，预算会计借记事业支出。月末可以通过编制"本年盈余与预算结余差异表"来厘清和确认财务会计与预算会计的差异，及时发现平行记账中可能存在的核算错误，以便正确对账。

（十）年度预算与实际收支核对

上级单位批复的年度预算是各单位经费开支执行的前提和基础，经费收支执行要以预算为依据。为方便预算执行和查看，将本单位收支情况按年初结转、本年收入、本年支出等以不同资金来源、功能、项目进行分类归纳和汇总。

1. 预算收支一览表

每年预算数据批复下发后，如预算指标系统没有进行经济分类明细数控制，为方便会计人员和单位有关人员随时了解预算详细数据，建议将上级预算批复中的各类明细数据按如上表格格式（各单位可酌情调整补充具体内容）进行整理。

2. 实际收支一览表

年内预算执行过程中的预算会计实际收支，通过会计账面辅助总账或明细账查询取数，按上述格式设置表格整理填制实际收入支出数，方便本单位按实际收入支出数将资金来源、功能、项目与预算批复数进行逐个数据对比，及时发现平时预算执行中的问题，便于单位有关领导较清晰、全面地了解本单位收支总体和明细状况，强化预算执行进度管理。

第二节　配套的会计规章制度不完善

一些事业单位没有结合新政府会计制度完善自身预算会计制度，主要表现为以下几个方面。

一、财政预算与内部控制结合不足

预算管理的落实程度直接影响内部控制的执行情况，其作为内部控制的关键环节之一，具有全面性、准确性的要求，事业单位预算管理存在如下问题。

首先，预算编制方面存在编制不全面、方法不科学、编制粗糙等问题。

其次，预算执行方面存在预算约束力不强，无预算或者超预算现象，补充预算手续不全面等问题。事业单位没有建立完善的预算管理制度，内部的财政资金没有严格地管理和监督，预算执行情况缺乏反馈，对资金使用情况控制力不强。预算管理需要对资金使用进行事前预测、事中控制和事后反馈。然而，在编制预算时没有充分考虑业务部门的用款需求和单位的发展需要，只是对人员经费及工资等编制预算，导致预算编制脱离实际，使得预算不能得到有效执行，致使内部控制失去意义。

二、会计工具在内部控制中运用不足

行政事业内部控制必须结合会计工具进行，适应时代及政策发展，采用会计信息管理方法，建立信息管理系统，以提高内部控制效率，减少人为因素的影响。但是，目前内部控制情况来看，会计工具在内部控制中的应用成果有限，会计工具及内部控制信息化建设均较为落后，无法满足当前要求，严重阻碍了内部控制工作的开展。

在信息化的时代背景下，内部控制和财务管理也应当进行信息化建设，然而有些单

位的内部控制仍处在"信息孤岛"。内部控制未进行信息化管理，也未进行内部控制与财务软件、办公软件的数据联合。这就导致横向而言，重要部门之间缺乏数据共享机制，如职能业务和财务部门无法实现收入、支出信息实时共享，就可能导致收入、支出确认不及时或数据不准确，甚至成为滋生灰色收入的"温床"；纵向而言，上级要求与下级执行不相符，工作效率降低，阻碍整体目标的实现。

三、与政府会计制度结合不足

（一）预算绩效管理亟须

加强不完善的预算绩效管理使得内部控制流于形式，不能准确反映财政资金的使用效率和效果，也不利于为来年的预算编制和执行提出实质性优化建议。有些单位在领导层上缺乏对预算绩效管理的认识，忽视了预算绩效管理对于成本及风险的控制作用，在采取预算绩效管理的项目上，没有按照预算的绩效管理模式进行，错失了预算绩效管理的落实契机。而且预算绩效评估应当具有反馈作用，以其结果，及时对内部控制的环节进行修补，但事实上并没有起到相应的效果，反而增加了工作负担，降低了资金的使用效率。

随着我国政府会计制度的实施，对于预算绩效管理及内部控制结合的研究越来越深入，绩效评价已初具模式，但是由于内部控制中缺乏对于预算绩效管理的相关措施，导致其在进行公共职能时出现许多漏洞。例如，对于项目管理不严格，在项目执行过程中资金不按照预算进行使用，对于风险缺乏事前预防等。此外，根据预算绩效反馈的结果，应当及时调整项目计划及其实施的可行性，最终项目结束后进行绩效评估。对预算绩效管理不到位，直接影响绩效评估的结果，并限制内部控制效果的提升。有些单位预算方面存在着执行差异率偏大的问题，虽然有部分项目进行了预算绩效管理，但是大部分列入预算的项目未进行预算绩效管理。对于部门预算没有进行预算绩效管理，预算与决算在部分项目上差距较大。

（二）内部监督机制需要建立行政事业单位内部控制

由于单位性质等原因内生性动力不足，外部监督频次较低，审计范围有限，加之行政事业单位信息公开机制不健全，社会公众监督意识不强，所起的监督作用也非常有限。因而，加强内部监督对于内部控制的作用尤为重要，但内部监督由于独立性不强、力度不足等原因常常不能发挥应有的作用。有些单位没有设置对内部控制制度监督管理的部门，没有专门监督人员，内部监督机构不独立对于内部制度的实行没有监督到位。

实际上，内部监督程度和频率受督查室主任主观影响较大，督查室主任决定内部监督的程度、频率，内部控制相关文件对这方面没有规定，同时受传统科级制的影响，致使内部监督缺乏对立性。另外，缺乏有关信息沟通、信息公开的机制，难以扩大内部监督的层面。内部监督应包括全体人员在内，由于各种原因导致内部监督只局限于一个科室。

（三）经济业务流程不健全且缺乏风险防控

对事业单位内部来说，对经济业务流程管理和控制方法是其进行高效运用的关键。然而，很难保证它们能够顺利开展相关工作。比如，管理人员应当负责授权审批并承担相应的后果，但在实际中，经常会因为临时事件出现先支付后审批的现象。另外，在岗位设置上存在兼岗等现象，在流程方面本应该有的程序在现实中因各种问题大大减少，导致整个流程出现不合理和不科学的问题。风险评估就是通过科学的手段对可能发生的风险进行分析和辨认，作为风险防控的依据。有些单位虽然成立风险评估小组，但对于风险的评估机制也不健全，在风险认识上遵照传统办事流程，风险识别能力不强，相关工作积极性不高。在风险防控方面仍存在缺陷，风险评估领导小组虽然成立，但是开展工作强度不高，未能对风险评估制度实施起到推动作用，风险评估工作尚待提高。

事业单位作为行政部门，其业务存在特殊性且业务量不断扩展，特别是征地拆迁等涉及资金数额大、社会影响程度高的项目，在资金使用、项目实施等方面风险程度极高，却缺乏有效的风险评估。风险评估机制的不健全致使在经济业务风险防控方面缺乏有针对性的措施，风险防控手段单一，仅依靠经验进行经济业务的内部控制，使得部分经济业务的有关控制效果欠佳。

四、新政府会计制度在S事业单位的应用实例

（一）S事业单位情况概述

1.基本情况

S事业单位是区级事业单位，隶属于当地财政局，成立于2001年，共有40名职工，正主任一名，副主任两名。S单位的人员情况以会计专业居多，包括高级会计师七人，中级会计师三名，中级审核师十人。S事业单位在2019年机构改革前一直是当地行政事业单位的结算中心，负责全区将近200家单位包括基建专户的报账与记账工作。该单位的财务工作一直能以高水平完成，能够对其他行政事业单位处理相关业务起到指导模范的作用。该单位目前资产总计2025824.85元，负债51760元，净资产合计1974064.85元。

S事业单位属于具有公益性服务的全额财政拨款单位，即S单位的全部经费支出中包括了人员经费、公用经费等都是由财政拨款负担。单位的资金来源大致分为财政资金和非财政资金，非财政资金多为单位之间的协调资金，市级或省级等对于单位直接拨款的资金。S单位财务的主要工作有对本单位的财政资金的收入和支出记录和报告。同时财务人员还需要对接财政局的各项任务，对接工资社保的相关工作，对接固定资产的相关工作，对接国库银行的清算工作，以及完成平时的检查、审计等工作。其中，财政局的对接工作是任务量最大也是难度最高的，包括年初的预算，平时的指标计划，绩效评价，内控制度检查，调整预算，年底决算等一系列工作。所以，会计信息的准确性及完

整性是财务人员的工作基础，也是帮助财务人员更快速高效完成工作的重要环节。

2. 财务情况

（1）S事业单位的资产情况

行政事业单位的资产核算指的是资产类科目的会计核算，包括银行存款、应收款项、固定资产等。

在2019年以前，S单位一直按照原事业单位会计制度的要求计量资产，即购入固定资产当时全部列为支出，同时增加单位的非流动资产基金。非流动资产基金的管理属于单位的净资产管理。而非流动资产在过去旧制度下的资产负债表中一直是以原值列示的，S单位固定资产因为不确定折旧年限及折旧方式，从未对单位的固定资产计提过折旧。在S单位的资产负债表中，固定资产累计折旧显示额为0。在新制度的规定中，资产类科目中固定资产的核算属于变动比较大的。财务会计按照权责发生制的要求需要对固定资产按月计提折旧，每月的折旧会作为单位当月的费用反映，不再是旧制度下全部记为当月支出，更加准确地计量了固定资产的成本，将固定资产以净值反映，更有利于报表使用者掌握真实的资产情况。

S单位的其他应收款类别简单，基本是因为单位的日常业务所引起的。S单位于2018年末其他应收款总共80000元，包含替个人垫付部分，预借办公经费以及提前支付部分。在旧制度下，其他应收款的发生时直接以发生金额计入其他应收款和资金账户中，有一些是有支出性质的应收款并没有列为当期支出，因此在年底结转中也不包含其他应收款产生的支出。但在新制度下，预算会计是完全按照收付实现制记录的，只要有预算内资金增加或减少都应计入预算支出。此时，所有属于单位支出的其他应收款发生都应列为预算支出，并作为单位的支出年末结转到预算结余类科目。

S单位的提前预付的应收款10000元，是S单位提前付给石油公司的油卡充值款。因为充值款还不能提供正式发票，所以S单位列为其他应收款。该笔业务在新制度下的会计处理与原来的处理产生差异。具体会计处理如表5-3所示。不同会计处理的结果会影响净资产的展示结果。这也是旧制度与新制度的处理对于单位资产情况的影响，在新旧制度衔接时应当进行调整。

表5-3 其他应收款新旧制度会计处理差异

提前支付充值油卡10000元	新制度	原制度
财务会计	借：其他应收款　　　10000 贷：零余额用款额度　　　1000	借：其他应收款　　　10000 贷：零余额用款额度　　　10000
预算会计	借：事业支出——基本支出——公车 　　运行维护费　　　10000 贷：零余额用款额度　　　10000	

（2）S事业单位负债情况

S单位的负债组成情况单一，只有流动负债其他应付款51760元。其中，流动负债主要包括单位收到的就业中心每月给公益性岗位补贴工资，广告费以及质保金。

对于公益性岗位工资，由于是从外单位获得的具有暂收暂付性质，S单位将其记录到其他应付款科目。等到实际发放该公益性岗位的人员工资时，从其他应付款中下调对应的金额，不作为单位支出处理。这部分的会计处理与新制度相同。对于质保金的部分，旧制度下将还未列支的质保金部分记入其他应付款，等到合同期满，工程竣工验收后，才将最后的质保金付出，记入单位支出。这部分的会计处理在新制度也是一样的。对于广告费，因为是S单位当时已经收到广告公司开具的正式发票，且广告商提供的服务也已完成，但是由于与对方协商未果，最后还有尾款并未付出。S单位将该部分列支，且记入其他应付款，该部分业务在新制度下处理不同，见表5-4。

表 5-4　其他应付款新旧制度会计处理差异表

未支付完成的广告费	新制度	原制度
财务会计	借：业务活动费用　　　　1760 贷：其他应付款　　　　　1760	借：事业支出——基本支出——其他 商品和服务支出　　　1760 贷：其他应付款　　　　　1760
预算会计	不做处理	

因为该笔其他应付款在原制度下是列为支出但没有真正将资金付出去。在新制度下预算会计如果按照收付实现制严格计量，该笔广告费是不会计入预算支出的，因为并没有真的资金流出。而对于支出的不同计量，也会导致在新旧制度下预算结余的计量。

（3）S事业单位净资产情况

在旧制度中，机构单位的净资产是该单位的资产减去负债后的资产情况。S事业单位2018年末的净资产共计1974064.85元。

S单位的净资产中占比最大的是非流动资产基金，也就是S单位购买的固定资产形成的净资产。而财政补助结转占比为43%，该部分净资产主要是单位由财政收入与财政支出的结转后形成的属于单位的资产。非财政结余资金占比最小，仅占3%。该部分是由单位收到预算外的资金，是非项目款，最后作为单位结余款。

在新制度下，单位的财务会计的资产负债之差和收入与费用结转后的差额共同形成累计盈余，而预算会计方面根据预算收入和预算支出结转后的余额会形成预算结余。替代了旧制度的净资产科目。将单位的净资产根据不同的核算原则重新划分为累计盈余和预算结余。与旧制度还有一处不同的是，财务会计的净资产是按照权责发生制得出的结余。在年末会将每期的本期盈余转入至累计盈余，只有累计盈余有余额，显示单位全年的盈余情况。而预算结余是按照收付实现制计量的结果，能更直观地反映单位的财政结转结余情况，不再因为往来款项造成净资产和实际资产不符的情况。但在原制度下的净资产在新旧衔接时需要根据新的科目调整。

（4）S事业单位收入费用情况

S单位作为全额财政的事业单位，是完全的公益服务性质，本身并没有营业性收入，所以，S单位的收入类型以财政收入居多，一些和其他单位的协调资金会记为其他收入。S单位在2018年的收入均为财政拨款收入，共计3373896.8元，用于单位的日常运行和人员经费保障。在旧制度下，单位在收到财政拨款时，只需增加资金结存金额，同时增加收入金额。但在新制度要求下，对于单位收到的拨款收入，财务与预算需要同时记录为收入。在确认收入时，还需考虑确认的时间节点。因为收付实现制的要求是只要收到资金时就应当及时确认为本期收入，而权责发生制需要根据该业务的经济实质分析该收入是否确认为当期收入。

S单位2018年的支出从总的类别上来说包括两类，事业支出类型以及上缴上级支出。总支出共计3387624.4元，事业支出3333624.4元，上缴支出54000元。事业单位的支出是日常业务的一大重点，关乎财政资金是否有正确使用，预算执行是否到位等各种问题。在新制度下，对于支出可能存在确认时点不同的问题，这会影响财务支出与预算支出不同步，对于年底财务结余和预算结余也会产生影响。

（5）S事业单位财务报告情况

2018年年末，S事业单位按照旧制度的要求完成了3份财务报告的编制工作，分别是反映单位资产负债情况的资产负债表，反映单位全部类型的收入与支出表，财政资金的收入支出情况单独编制报表反映。但在实行新制度之际，原报表如何转换为符合新制度要求的新报表，如何验证正确都是S单位需要解决的问题。

（二）S事业单位应用新政府会计制度具体做法

1. S事业单位新旧制度衔接

S单位在2019年年初着手进行新旧账套转换工作时，经过多次制度学习，圆桌会议讨论后，决定以编制科目余额转换表的形式将2018年年末的余额转换为符合新制度的2019年年初的余额。科目转换表是根据新旧制度下科目对应关系所制成，对于没有变化的科目直接录入2018年年底的余额，对于发生变化的会计科目，根据科目之间互相对应的关系填入新的科目。同时，需要对于部分科目进行调整。在预算会计中，因为按照收付实现制调整了其他应收款与其他应付款里的部分款项，对应的财政结转和非财政结转类科目也相应地发生了变化。在预算会计中，是按照调整后的财政补助结转金额转入新账中的预算结余类科目。

（1）按照权责发生制调整往来款项

新政府会计制度的实施要求单位重新厘清自己的家产和账务，因为会计科目以及账务结构都发生了变化，会计科目不再是一一对应的，同时对于按照旧制度完全收付实现制的记账方法，对于一些从实质上来说属于支出型的业务，在新旧账务衔接的时候就需要进行调整。

S事业单位2018年预付充值加油卡款10000元。这笔业务属于充值加油卡的支出，2018年支出的时候因为只有充值票，并没有实际加油的正式发票，S单位将此笔业务作为预付账款处理，当时作出的会计分录为：

借：其他应收款——中国石油公司　　　　　　　　　　10000

　　贷：银行存款　　　　　　　　　　　　　　　　　10000

对于此类已支付但未列支出的往来款项，单位应当梳理清楚，因为这些款项直接影响着新制度下的"资金结存"科目。按照这样的思路，S单位组织财务人员、办公室人员、后勤人员以及单位领导组成资产清查小组，对所有的往来款项逐笔清查，翻看账簿，记账凭证以及原始凭证和票据，检查每一笔往来款项是不是上年已列支未支付、上年应确认收入未确认收入、上年未列支已支付、上年不应确认收入已确认收入四种情况。符合这四种情况的往来款项应作为调整事项。

同时，对于其他往来款项逐笔核对清查。通过2018年年底的单位往来科目明细账，梳理出单位共有往来账务金额总计131760元，其中其他应收款80000元，其他应付款51760元。通过翻看账簿找到经济业务的经办人，联系往来单位，打电话催要，实地上门询问等方式确定坏账程度，汇报领导，根据实际情况决定是否作为坏账核销。对于其他应付款里有一些因为长时间没有人催要，或是联系不上对方收款单位的款项，单位经过资产清查小组的讨论与研究，经过领导的同意与签署后将该部分往来负债转为其他收入，作为单位可支配的资金处理。S单位将其他应付款中13000元经过多方联系，当时的工程质保金因为该工程公司已经注销，质保金无法再支付，同时因为过去时间久远，S单位资产清产小组决定将该笔其他应付款转为其他收入。同时对其他应付款有1760元广告费因为当时已经作为支出反映，现根据新制度预算管理收付实现制的要求，该1760元需要作为上年已列支未支付调整项。

（2）清查固定资产，补提折旧

固定资产是一个单位的重要资产项目，政府部门固定资产的管理更是关联着国有资产管理状况的好坏。政府单位更有义务向社会公众公开固定资产管理情况。因为过去事业单位固定资产经常出现管理漏洞、账实不符的情形，在应用新制度时需要对固定资产进行清查，更正并进行折旧和摊销。

此次清查核对固定资产，S事业单位经过领导会议商讨，考虑到S单位实际中从未计提过折旧，如果想要按照每种固定资产的性质以及参考折旧年限计提折旧的话，操作难度较大，对于类别的划清很难把握，另外参考年限不一，计提起来烦琐复杂。最终S单位决定主要以国有资产系统为准，将系统里的固定资产按类别按明细分别导出。资产清查小组成员实地盘点固定资产，并与系统里的固定资产一一核对，最终发现通用设备里有价值为35620元的破旧打印机是已经不能使用的，经过小组研究与讨论，最后取得领导的签署同意后将该类固定资产统一报废处理。在清查过程中还发现部分固定资产类别与系统的划分并不一致，账务中的固定资产分别是房屋类75254.46元，通用设备类888203.33元，专用设备类42620元，家具用具类21600元，而系统中的固定资产类别分别是房屋类 89601 元，通用设备类 924001.79 元，专用设备类 0 元，家具用具类 41225 元。对于分类不同的固定资产，资产小组将该类固定资产登记在册，与实物一一核对，确认到底属于哪一类别，将错误的类别加以改正，最终确认资产类别数量及金额与国有资产系统记录一致，具体价值与分类如表 5-5 所示。

表 5-5　2019 年初余额表转入固定资产金额

固定资产类别	2018 年年末账面余额	2018 年年末资产系统余额	2019 年年初转入余额
房屋及构筑物	75254.46	89601	89601
通用设备	888203.33	924001.79	924001.79
专用设备	42620	0	0
家具用具装具及动植物	21600	41225	41225

固定资产盘点清楚以后，资产清查小组着手开始对已经核对清楚的固定资产开始补提折旧。由于前边已经将固定资产核对清楚，确定资产系统里的数字准确无误，S 单位决定直接采用资产系统的计提数据，这样可以省去一些麻烦，比人工输入折旧年限再去计算要简单得多。通过资产系统中对各种固定资产的折旧期限的评价和计算，按照平均年限法，得到了 S 单位截至 2018 年年底各项固定资产的累计折旧额，房屋类资产累计折旧补提 86613.72 元，通用设备类补提折旧 556299.71 元，家具用具类补提 13232.37 元。累计折旧额在新旧制度转换中需要作为调整项特别处理。

（3）分析财政补助结转

在旧制度账务处理中，对于收入费用类的经济业务，年末会将余额转入结转类科目。而结转的余额对应新制度是不够准确的。在旧制度的账务模式下，计入往来科目中的资金是不构成总收入支出范畴的，但政府预算会计历来都是按照收付实现制，根据收付实现制的规则，凡是有现金流入的经济业务都应作为当期收入，凡是有现金流出的经济业务都应作为当期支出。但是在旧制度中，有一些特殊情况我们没法选择，只能将其记入往来科目的如预付账款等。而在新体制中，财务会计与预算会计分别记录经济业务，这时因为收付实现制所造成的问题就特别突出。如果现金流出时不计入支出的话，将会是非常明显的错误。

因此，S 单位需要将那些现金流入流出有关的业务从往来科目中调整为当期收支，因为结转中包含部分记入往来科目的资金，他们带来的资金流动并没有体现在收入支出中，那么在年末结转时是无法统计这些资金的，这一部分资金需要按照新制度进行调整，如果现在不做调整的话，会影响今后账务的准确性。同时，这部分资金还会影响 "资金结存" 这个科目，会导致资金结存这个科目是不准确的，没有办法与财务会计的 "货币资金" 相对应。在新旧制度转变时期，需要对 "财政补助结转" 科目里面包含的资金款项和种类逐项数据分析，因为原财政补助结转科目里面不是完全按收付实现制统计出的收入支出结转数，现在在新制度下，需要按收付实现制将原来实际已经支付但并未列为预算支出的部分予以调整，例如，预付账款，根据实际情况是否涉及资金流动确定调整金额，以调整后的金额记录为新账的"财政拨款结转"科目上。因此，S单位将往来款项中涉及已列支未支付、应确认收入未确认收入、未列支已支付、不应确认收入已确认收入的四类情况收入支出进行调整。调整前S单位的财政拨款结转年初数为851806.52元，经过对往来款项的逐笔核对，清查出S单位在2018年有一笔已列支但未支付的其他应付款1760元，还有一笔已经支付但并没有在账务中列为支出的油费10000元。这两笔往来需要调整，将财政拨款结转年初余额851806.52元加上已列支但未支付的1760元，再减去未列支但已支付的10000元，最终得到调整后的财政拨款结转金额为843566.52元。

2. 平行记账法下的会计科目核算

通过对新政府会计制度下会计科目变化的梳理，可以看出，新制度下会计科目的数量增加，使用难度也增加。对此S单位除了提高理论学习、清楚掌握制度的要求外，着重梳理新制度下会计科目之间的关系，作为实际操作的指导标准。

首先S单位梳理出新制度下会计科目与原制度的对应关系。原制度下部分资产与负债科目并没有发生改变，仍然沿用以前的名称及核算方法，如零余额用款额度、应收账款、应付账款等。对于发生变化的会计科目S单位仔细研究每个变化后的会计科目使用方法以及范围。变化较大的科目有存货类科目以及固定资产和折旧科目，分类更细化，更符合现在的国有资产的各种形态。同时，财务会计的结转结余在新制度下会转入本期盈余、累计盈余等科目，不再使用以前的结转类科目。预算类科目总体变化不大，在原有基础上增加了资金结存科目，是描述预算管理下资金总的结存量。

再者S单位梳理清楚新制度下会计科目的种类及范围后。还面临另一个难题是新制度下平行记账法下，如何兼顾财务会计与预算会计的信息。在收付实现制和权责发生制的不同要求影响下，对于涉及资产负债类科目的经济业务，财务会计和预算会计不是同时核算的，而对于涉及收入费用类科目的经济业务财务和预算需要同时核算（表5-6）。

（1）资产类科目的核算规则

表5-6　事业单位财务会计与预算会计资产类科目关联关系

财务会计科目	预算会计科目
库存现金	资金结存——货币资金
银行存款	
其他货币资金	
零余额账户用款额度	资金结存——零余额账户用款额度
财政应返还额度	资金结存——财政应返还额度

表5-6中展示的是资产类财务与预算方面一一对应的科目。在涉及资金类的经济业务时，财务与预算两方面需要同时记账。此时的会计科目是一一对应的。这种对应关系

是恒对等，财务有零余额用款额度的收支，那么预算也需要同时做收支。不论是会计主体的收入、支出还是固定资产的增加都是同时使用以上科目。

此外，对于固定资产相关业务的处理也是财务与预算处理的一大区别点。单位在新增固定资产时，财务会计增加固定资产，而预算会计作为当期支出处理。同时财务会计应从当月开始每月计提折旧，财务列为费用，而预算会计不再做会计处理，因为预算会计已在购入时一次性列为支出。S 事业单位 2019 年的资产总计 1725658.18 元，银行存款共计 530405.96 元，新增预付账款 85000.93 元，新增固定资产 54423.5 元，全年累计折旧 794976.25 元。

（2）负债类科目的核算规则

负债类的会计核算业务，而对于涉及往来科目的经济业务，财务会计和预算会计处理不同。对于一些实质是支出与收入的经济业务，财务会计计量为预付账款、应付职工薪酬等，而预算会计根据是否有预算资金流入或流出计量收入或支出。而对于暂付款或是暂收款，财务会计计入其他应收款或是其他应付款，此时即使有预算资金的流入或流出，预算会计也不作为单位的收入或支出。

S 单位 2019 年发生的负债类业务仅包含其他应付款类别，共计 278666.8 元，分别是个人缴款的养老保险个人部分以及个人的医疗保险。这类暂收暂付的业务在支付资金时不属于单位支出业务，故单位记账时只计入财务会计，预算会计不做处理，但是往来款中涉及实际性质为支出或收入的业务，预算会计需要同时处理。例如，支付质保金时，预算会计需要同时作为支出处理。

（3）收入类科目的核算规则

新制度下的财务会计科目与预算会计收入类科目之间的关联关系，即虽然科目的名称不同，但解释的是用一种经济业务。也就是说，在使用具有关联关系的会计科目时，财务会计和预算会计是同步的，且会计科目是互相对应的。

S 事业单位在 2019 年的收入共计 3385385.76 元，其中财政拨款预算收入总额为 2916913.34 元，非同级财政拨款预算收入 468000 元，利息预算收入 472.42 元，涉及的收入类的经济业务的具体平行记账处理如表 5-7 所示。可以看到，在进行收入的平行记账时，财务与预算对同一经济业务使用向对应的会计科目，这一关系可以用来检查财务与预算会计的会计科目的选用是否正确。

表 5-7　S 事业单位收入业务的会计处理

经济业务类型	财务会计	预算会计
1. 收到财政拨款收入	借：零余额用款额度 贷：财政拨款收入	借：资金结存——零余额用款额度 贷：财政拨款预算收入
2. 收到非同级财政拨款收入	借：银行存款 贷：非同级财政拨款收入	借：资金结存——货币资金 贷：非同级财政拨款预算收入

续表

经济业务类型	财务会计	预算会计
3. 收到利息收入	借：银行存款 　贷：利息收入	借：资金结存——货币资金 　贷：利息预算收入

（4）支出类科目的核算规则

同收入科目相同，表5-8展示了财务与预算支出类科目的互相对应关系，对于一笔经济业务，财务费用科目和预算的支出科目也是互相对应关联的关系。虽然双核算模式对费用支出要素归集科目的名称不同，但对于同一业务，不能使用不同的归集科目。

表5-8　事业单位财务会计与预算会计费用科目关联关系

财务会计科目	预算会计科目
业务活动费用	事业支出
单位管理费用	事业支出
经营费用	经营支出
资产处置费用、所得税费用、其他费用	其他支出
上缴上级费用	上缴上级支出
对附属单位补助费用	对附属单位补助支出

S事业单位2019年的总支出共计3336760.23元，都属于事业性支出，其中基本支出共计2986339.71元，基本支出中工资福利支出2814850.01元，商品和服务支出162217.06元，对个人和家庭的补助支出共计9272.64元，事业支出属于项目支出类型总计支出350420.52元，其中工资福利支出16815元，商品和服务支出共计289445.52元，资本性支出44160元，以上支出业务的具体平行记账处理如表5-9所示。从表中的会计分录中可以得出，对于经济支出类型财务与预算是互相对应的，可以划分为工资福利类、商品服务类、对个人和家庭的补助类、资本性支出类等。通过科目之间互相对应的关系，可以作为财务与预算平行记账的触发规则。同时也是避免财务与预算对同一笔业务做出不同处理的方法。

表5-9　S事业单位支出业务的会计处理

经济业务类型	财务会计	预算会计
1. 基本支出中支工资福利支出	借：业务活动费用——工资福利支出 　贷：零余额用款额度	借：事业支出——基本支出——工资福利支出 　贷：资金结存——零余额用款额度
2. 基本支出中支商品和服务支出	借：业务活动费用——商品和服务支出 　贷：零余额用款额度	借：事业支出——基本支出——商品和服务支出 　贷：资金结存——零余额用款额度
3. 基本支出中支付个人和家庭的补助	借：业务活动费用——对个人和家庭的补助 　贷：零余额用款额度	借：事业支出——基本支出——对个人和家庭的补助 　贷：资金结存——零余额用款额度

经济业务类型	财务会计	预算会计
4.项目支出中支工资福利支出	借：业务活动费用——工资福利支出 贷：零余额用款额度	借：事业支出——项目支出——工资福利支出 贷：资金结存——零余额用款额度
5.项目支出中支商品和服务支出	借：业务活动费用——商品服务支出 贷：零余额用款额度	借：事业支出——项目支出——商品和服务支出 贷：资金结存——零余额用款额度
6.项目支出中支资本性支出	借：业务活动费用——资本性支出 贷：零余额用款额度	借：事业支出——项目支出——资本性支出 贷：资金结存——零余额用款额度

净资产类科目和预算结余类科目是通过会计期末结转而形成的，单位自己操作的部分较少。厘清了会计科目的范围及内在联系，S单位的财务人员根据经济业务的不同类型，对于会计科目的使用有了大致的方向，并能根据科目之间的内部对应关系检查财务会计和预算会计是否记录完整以及准确度。

3.利用资金平衡公式连接双报表

尽管预算和财务分别是按照收付实现制度和权责发生制计算，但是根据新政府会计制度的双核算、双报告的模式具有适度分离又相互连接的特点。利用这一特征，S单位将财务会计工作和预算会计中有联系的科目，加以核实检验。财务会计中的银行存款科目与预算会计中的"资金结存-货币资金"有一定联系，但是数额不完全相等。银行存款是会计主体核算单位实际在商业银行或者一些地方金融机构里管理储蓄存款有关的经济业务。反映的是实时的商业银行储蓄存款的余额，该科目与商业银行储蓄存款的流水单是互相对应的。预算会计中的"货币资金"核算了三类不同形式的资本，现金形式的库存现金、银行存款和其他货币资金形式。二者都是核算单位资金的，但是对于根据权责发生制发生的一些往来科目的收支，预算会计是不做账的，预算会计是不做核算处理的。

（三）S事业单位应用新政府会计制度反映出的问题

1.权责发生制下费用计提待摊不规范

新政府会计制度相比原制度最大的变化就是引入"权责发生制"的财务会计，新增的会计科目"待摊费用""预提费用""坏账准备"等可以体现。这一内容的改变是能够提高行政事业单位的财务信息真实可靠性的重要来源。按照新制度引入"权责发生制"这一概念，在对单位一些长期支出中应当按照当期费用计入当期的思想进行明细化管理。但S事业单位财务人员，在实际工作中由于专业能力的局限性和个人固有思想的因素，没有按时履行。

例如S单位年底发放的"考核奖"按照权责发生制要求应该按月预提计入"应付职工薪酬"，但由于考核奖的发放取决于单位在年底的考评结果，考评结果不同，奖金金额不同，所以该奖金有不确定性，很难准确计提。按照政府会计制度的要求，计提的应付职工薪酬应该能反映单位当月负担的工资福利费用，S单位不规范的计提使得财务会计中的工资福利费用不够准确，没有完全反映该单位的负担工资的情况，不符合新政府会计制度中"权责发生制"规定的要求。

又如，S单位存在报刊费或是印刷费一次性支付的情况，按照制度应先计入"待摊费用"科目，然后按月转为费用支出。但在实际记账时，由于刊物费用的开支多是小额或多次开支，每份刊物的订报费用数额也大多不超过一千元，而且有多种报刊，哪些数额应当作为"待摊费用"？哪些数额应当直接费用化处理？制度并没有明确规定，因为将每一笔小额支出待摊再转费用既烦琐也容易出错，S单位并未按照制度执行。因为对于待摊费用计提的标准并不确定，S单位并未启用待摊费用科目，对于一些全年一次性支出的费用核算不够准确，都作为当期费用一次性列出，无法体现权责发生制的优越性，也对财务信息的真实反映有一定影响，新政府会计制度的优越性也难以显现。

2. 社保资金特殊业务没有执行标准

国库集中支付覆盖到所有行政事业单位，各个单位的经费收支都通过零余额账户管理。而新政府会计制度的要求更符合现行国库集中支付的特点。所有财政性质的资金都要通过零余额账户进行收支处理。按照政府会计制度，所有财政资金的收支活动都应该反映在预算会计中，即财政资金的流动都应作为单位预算收入或支出，但是现实情况中存在一些虽然财政资金流出却没有作为预算支出处理的情况。因为零余额账户的性质，只允许财政资金转入，对于单位一些其他来源的资金，各单位需要设立基本账户以满足核算需求。在零余额账户和基本账户同时运行的情况下，有一些资金是在两个账户之间流动的，对于这部分资金的处理，S单位财务并没有找到明确的规定。例如，单位需要将养老金单位负担部分转入基本户与工资代扣的个人养老部分一起支付税务局。在每月将养老金转入基本户的账务处理S单位无法确认核算标准。从收付实现制的角度来看，该预算资金从国库的转出应该作为预算支出处理，但从权责发生制的角度来看，这部分资金从零余额账户转出，并没有实际支付，只是暂时转入基本账户，不应直接作为支出处理。这类型业务没有执行标准。这类特殊业务的处理和政府会计制度中规定的预算资金遵守收付实现制的要求是不符的。如何解决这些特殊业务，缺乏执行标准，是影响单位不能完全按照政府会计制度规范核算的因素。

3. 缺乏内外部检查监督

S事业单位建立了完整的财务制度和工作流程，更多的是对财务资金的审批流程明文规定，对于账务处理和制度执行情况方面的监督规定欠缺，S单位存在对内控制度认识不到位的情况，导致内控在单位预防财务风险方面很难发挥作用。外部检查形式有审计部门的检查、巡察组的检查以及纪检的检查。但大多数检查都着重检查原始票据的真实性及合理性，资金使用是否存在违法违规行为等，并没有专门针对账务处理、财务报告准确性的检查。外部监督对于财务工作也没有形成正面推进的作用，很多审计检查甚至连账本，记账凭证都不看，这导致大家对财务工作的不重视和怠慢。对于记账工作抱着一种随便只要完成任务就行的态度，导致财务数据错误百出。会计信息质量差，财务报告无法保证真实可靠，新政府会计制度的实施难以显现效果。

第三节　预算绩效管理弱化

随着预算绩效评价工作的深入开展，自上而下的预算绩效评价工作已经由试点到全面展开，各级政府以及预算单位对于预算绩效评价工作的重视程度越来越高，并且工作已经越来越细化。下面分别从制度层面、内容层面、技术层面等进行分析。

一、行政单位预算绩效评价现状

（一）内容层面

1. 评价主体现状

行政单位作为财政全额拨款单位，资金来源主要是本级财政预算内资金和上级转移支付资金，受资金来源的影响，预算绩效评价主体一般是谁安排资金谁评价绩效的原则，再加上预算绩效评价工作由财政部牵头开展，目前，对于预算绩效评价的评价主体涵盖上级主管单位、上级财政部门、本级财政部门。上级主管单位对于往下拨付的转移支付资金，作为本单位预算内资金自评需要同时评价下拨资金的绩效评价情况；根据绩效评价全覆盖，上级财政部门对于通过财政部门下达的上级转移支付资金有预算绩效评价责任；本级财政部门对于本级对各个预算单位安排的预算内资金有绩效评价责任。

2. 预算绩效评价工作现状

预算绩效评价工作的工作流程基本分为五个步骤：事前绩效评估、预算绩效目标设置、预算绩效事中追踪监控、预算绩效自评、结果运用，五个步骤形成闭环管理。事前绩效评估作为项目库管理的前置条件，没通过事前绩效评估的项目就无法纳入预算项目管理；预算绩效目标设置是对项目资金或者部门整体设置预算绩效评价的主要目标；预算绩效事中追踪监控是指对预算执行过程中对于项目预算绩效目标进行追踪监控，用于项目的及时调整；预算绩效自评是预算单位对部门整体和专项资金项目根据年初预算绩效目标根据实际情况进行自我评价；结果运用是根据对预算绩效评价结果调整项目预算安排情况以及对于绩效评价结果进行公开。

3. 预算绩效评价指标体系现状

根据以上所述预算绩效评价工作流程，其中预算绩效目标设置为核心，因为预算绩效目标设置就是整个项目预算评价体系的构建，涵盖选取评价指标、解释说明指标等，是整个绩效评价的基础，也是核心部分。目前，预算绩效评价指标涵盖个性指标和共性指标。从后者来看，是指项目和部门中需要的共性类指标，比如，项目管理、财务管理、资金投入等指标；个性指标是指按照项目或者部门整体职能的不同设置的个性类指标。比如，教育行业设置的提高教学成绩指标、卫生健康行业设置疫苗接种覆盖率指标等个性指标。

（二）技术层面

由于"预算一体化"的要求，将预算绩效评价、预算编制、预算执行、预算项目库、政府采购等涉及财政资金的预算各个环节进行一体化管理，各地各级财政部门都进行预算绩效管理系统的上线以及运行。整体将预算绩效评价工作分为事前绩效评估、预算绩效目标设置、预算绩效项目跟踪评价、预算项目绩效自评、结果运用五个模块。与预算执行平台、政府采购平台、资产管理平台进行数据共享以及对接。

二、预算绩效评价工作与新政府会计制度弱协同现状

新政府会计制度与预算绩效评价制度的理论研究融合性不强。结合我国政府预算绩效管理工作发展可得知，主要是将重心放在建立预算绩效评价体系上，对于政府会计方面的研究成果较少，部分学者对其展开研究，但是课题研究并不深入，其显著成果更是难以寻觅。尤其是立足政府会计视角对政府预算绩效管理改革方面的研究非常少，理论研究不具备良好的融合性，具体体现在以下几个方面。

其一，结合"权责发生制"研究角度进行分析，2001 年之后"权责发生制的引入"成为国内学者开展政府会计改革研究方面的重点，引起广大研究学者的关注和思考。学者认为，政府会计引入权责发生制的一方面因素是政府绩效评价。比如，刘玉廷对政府职能转变、公共财政改革等因素和政府会计改革之间的关系进行研究，认为政府需要慢慢引入权责发生制。但是关于不同权责发生制对政府会计制度的作用方面研究较少，所以无法得到不同权责发生制的优势和劣势，对绩效管理的价值也无从得知。

其二，结合政府工作报告内容进行分析，最早国内研究理论认为，政府财务报告对预算绩效管理方面的价值并不显著，但是伴随国内政府综合财务报告编制试点实行之后，引起了部分学者的关注和思考，成为学者研究的一大方向。殷文玺指出，依托政府综合财务报告中的信息资源可以建立绩效评价指标体系，助力政府开展综合财务绩效、部门整体绩效等评价工作。通过整理和收集研究理论发现，具有一定应用价值的研究成果并不充足。

新政府会计制度与预算绩效评价制度的顶层设计缺乏系统性，虽然政府在近年来多次制定相关制度及政策，用以改善会计制度，但是多项政策之间的协同性较差，无法相互配合，共同致力于优化绩效评价体系，其主要是由于缺乏系统性机制的引导，各项政策存在独立性，不利于互相融入，共同营造良好的政策氛围。随着 2018 年国家相关意见颁布以来，政府绩效管理工作接入正轨，向全方位及全过程的方向持续发展，但是在发展过程中出现诸多问题。

立足政府会计改革制度设计角度进行分析，改革体现出很强的弱协同性。在2014年之前国家政府会计改革没有将政府预算绩效管理分析在内，因此二者之间并不存在一定的协同性。2014年《方案》颁布并实行之后，指出权责发生制政府综合财务报告对建立现代公共财政具有重要显著影响，是满足国家治理现代化发展需求的基本条件。依托政府工作报告信息可以提高政府预算管理水平，也可以帮助资产管理和绩效管理工作稳定落实。权责发生制政府会计改革给传统政府会计改革方式带来显著变化，充分认识到现代公共财政和政府绩效之间的关系，但是对于政府绩效、预算绩效、公共部门管理绩效和政府会计之间的关系并未明确，还存在诸多疑问。结合我国政府会计制度的改革历程展开分析，充分学习和借鉴国外优秀发展经验，以提高政府绩效为目标而开展权责发生制的政府会计改革。在实际改革工作环节中，制度改革没有完备的理论作为基础，导致改革工作面临重重阻力，无法实现改革目标。

伴随理论研究和改革制度设计的弱协同性下，政府预算绩效管理和政府会计改革之间也呈现弱协同性。虽然财政部主要负责政府预算绩效管理工作和会计改革工作，但是二者属于预算司和会计司的管辖范围之内。政府预算绩效管理和政府会计的改革实践较为独立，均具有具体完善的工作计划，各自推进改革工作运行，互不干扰。2018年9月，我国政府预算绩效管理改革工作从预算绩效评价开始向"全方位、全过程、全覆盖"绩效管理进行转变，意味着未来改革工作需要注重结果导向、提高监督问责力度等。

上述工作的有效落实，需要借助公共部门绩效管理改革工作来完成，同时需要政府会计明确自身职能，充分发挥其作用。不难发现，现阶段国内政府会计改革和政府预算绩效管理改革并未实现同步发现，二者的发展水平不相融合。2014年，我国正式实行权责发生制政府会计改革工作，在国家政策的客观引导下，政府部门积极按照上级工作要求开展工作，政府会计改革工作获得一定突破，取得了优异的改革成绩。随着改革工作的不断推进，给政府会计建设任务带来严峻压力和考验。比如，研究推行政府成本会计、建立健全政府财务报告分析应用体系等。通过上述论述，国内政府会计需要和政府预算绩效管理建立良好的协同效应，但是这一过程是漫长的。

三、预算绩效评价工作目前存在的问题

行政单位并不重视预算绩效评价工作。行政单位开展预算绩效评价管理工作起步较晚，初步建立以绩效为导向的管理体制，预算绩效评价工作作为近几年新增加的工作，各级行政预算单位对其重视程度不够，认为只是一个常规的形式性工作，财政部门按照绩效管理的基本要求，出台的管理办法也不够完善，将绩效评价工作固化为绩效目标填报、完成情况填报、生成绩效评价结果简单的填报流程。预算单位按照财政部门的要求进行分项填报，没有形成整体预算绩效评价的通盘性思考。行政单位的运行管理水平与资金使用效益的改变不够明显。

预算绩效评价工作流于形式，虽然财政部门对于行政单位建立类预算绩效评价整体工作体系，但是并没有完全将预算绩效评价结果运用起来，使得预算绩效评价结果流于形式，无法达到预期效果。另外，预算绩效评价工作的主要工作为行政单位对项目预算绩效评价自评工作，行政单位设置项目指标然后自我评价，导致自评工作整体流于形式，自评结果准确度不高，使得行政单位运行效率低下，资源浪费的现象并没有得到改善。

预算绩效评价人员不够专业。预算绩效评价工作其实涉及行政单位工作的方方面面，专项资金项目负责人员作为项目的具体实施人员，对于项目的预算绩效评价目标设置具有主体责任，这部分人员对于预算绩效评价工作了解不足，预算绩效评价目标设置不合理、不全面，直接导致评价结果的有用性不足。

行业特殊性导致定性指标难以考核。行政单位作为同级政府的职能履行单位，主要职能为社会公众提供公共产品和公共服务，公共产品和公共服务评价的重点在于产生的社会效益和影响力。这些服务成果大多是定性指标，很难用量化的指标来衡量，也很难与财务数据相结合。

第四节　内部控制信息化水平不高

在新政府会计制度下，行政事业单位财务信息化建设主要存在三个方面的问题：一是原会计信息系统不能满足平行记账要求；二是原会计信息系统不符合新政府会计制度的科目、账套等；三是原会计信息系统编制报表不符合新会计制度要求。这些问题的存在，对于行政事业单位财务信息化建设造成了一定影响，对行政事业单位的发展也有一定消极影响。

一、原会计信息系统不能满足平行记账要求

在新制度下，不仅要做好会计核算，还要强化预算会计核算。行政事业单位原信息系统只能满足预算会计核算的需要，无法对具体的核算业务进行区分，很难满足平行记账的要求。

（一）责任不清

会计核算要想真正发挥其作用，一定要有规范的程序，全程核算工作必须按照确定的方法和程序进行处理，统一业务的确认原则、时点，以固定科目进行分类登记记录，同样的事项在会计账目中有同样的计量，并且能够在会计报告中得以充分、准确地反映和披露，而在事业单位系统的会计核算中，因为普遍性的责任追究流于形式，工作人员的惰性，以及业务本身的简化，使得财务管理相对不那么严肃，甚至谁都可以做，做得好就多做，做得不好就少做，责任不清，逐渐形成对财务工作缺少敬畏与重视，从上面的调查中也可以看出，该调查单位的工作流程并不明晰，大多数人不清楚流程，或者觉

得流程毫无作用，责任不清，会在很大程度上让会计核算不规范。

（二）容错范围大

会计核算是一个非常严谨的工作过程，一旦会计信息出现基础性错误，它所反映的财务状况、经营成果以及资金变动信息都会产生巨大差异，失之毫厘，谬以千里，对经营活动评价、绩效管理及监督决策都将失去重要依据，而在事业单位系统的会计核算中，由于不涉及经营、成本、利润等关键性生产活动，所以会计信息在应用中被自然弱化，在行政单位，会计信息更多的是反映财务预算执行情况和费用支出合理与否，即使会计核算出现错误，在一定时间内纠正甚至放任，也不会出现很严重的后果，以至于在思想上松懈，在行为上得过且过。

（三）核算模式不合理

从当前阶段来看，各行政事业单位的财务报表普遍存在会计报表不健全的问题，其中一个重要原因就是核算模式的标准化不足，从操作层面的步骤重复，到关键性的数据信息漏洞，不但浪费了时间与人力成本，还导致报表信息无法保证同步，失去了会计核算的核心意义，新制度是为了更好地适应新形势、新环境，核算模式的弊病严重影响了新制度的有效实施，与此获取的会计信息仍不能全面反映单位资产负债实际情况。另外，调整会计模式是一个漫长的过程，搞"一刀切"有很大的可能会适得其反，如果在会计模式调整过程中执行新制度，对新制度的内容把握不够准确，加之核算模式的调整，双重思维与模式的转换，容易导致工作人员应接不暇，故而盲目地改变核算模式的现象，这不仅会影响会计人员的正常工作，也会由于不能适应新的会计模式而容易发生核算差错，同时，会计人员的固有思维和操作方式也不利于促进会计核算工作的推进。

二、原会计信息系统不符合新政府会计制度的科目、账套等

新政府会计制度规定，各级各类行政事业单位不再遵循原来独立的准则，应统一纳入新政府会计制度适用范围。各级各类行政事业单位对基本建设投资不再单独建账，纳入单位统一核算。

行政事业单位需要统一执行新政府会计制度规定的会计科目和会计科目编号，填制符合新制度的会计凭证，登记账簿，实现信息化管理。行政事业单位原会计信息系统的会计科目设置、账套范围、会计凭证生成及账簿登记都不能满足新政府会计制度的要求，需要各单位从新政府会计制度的要求出发，更新会计信息系统，确保会计核算符合新政府会计制度的规定和要求。

（一）新会计科目理解偏差

新旧制度的衔接，最基本的就是会计科目的转换，预算科目的增加和调整使得在转换时容易出现是否转换不确定、转换成哪个科目不明确等情况，比如，预算科目中分收入、支出、结余，而结余类科目有年初余额的，需要以其年末数为基础进行调整后，才

能列入新的科目，也就是说要根据原账净资产与新账预算结余口径不一致的事项进行分析确认，得出差额与原年末数合并调整，最后在新科目中体现，如果是资产负债类往来科目及长期借款等科目，就要结合新制度预算会计记账原则，分析业务内涵，转换信息表达形式，在新账的结余、结存科目中进行调整，而其他应收、应付等暂存暂付类科目，因在以后实现收回或支付时不计入预算收支，所以在衔接转换时不需要调整。由于业务属性原因，事业单位系统实际工作中应用到的会计科目相对偏少，以至于普遍存在会计工作人员不需要多么专业的错误认知，也因为现实工作状况，财务工作人员本身也容易慢慢忽略专业知识的学习与研究，局限在工作中能用到的小范围知识，以至于接受工作变化、学习新知识的能力偏弱。

新制度新设置了"资金结存"科目，其用途是全面反映财政预算资金的使用情况，看似简单的一个科目，却不仅仅包含静态的资金结余信息，还包含了资金流入、流出、调整等动态信息，原制度中的一级科目"零余额账户用款额度""财政应返还额度"等，在新制度中成了"资金结存"的明细科目，可见，新会计科目不但数量上变得更多，其内容也变得更加丰富复杂，用原来的定性思维很难理解科目的新定义；新制度还对收入和费用的内容进行了优化，增加了一些原制度中缺少的细化科目，方便体现收支业务的具体来源和走向，还有一些科目虽然在名称上与原科目相似，但其核算内容和范围是有变化的，如"财政拨款预算收入"看似是收入的一级科目，在与财务会计中的收入科目对应时却发现其并不包括所有财政拨款收入，更不包含预拨款项、暂付款项等内容，所以在新会计制度实施过程中，如果想当然地理解会计科目含义，想当然地选择使用科目，不同的人可能会选择不同的科目，出现错误的可能性很高。在实际工作中，财务工作人员往往没有那么多时间，也没有强烈的主动性去学习和研究会计科目的实质内涵、究其根源，往往可以找到一种可用的方法，就会经验式的一直机械地使用，即使因为理解偏差用错科目，短时间内也不会发现和纠正。

（二）审批支付记账信息不同步、不互通

新制度要求实行平行记账，两种模式核算基础不同，对同一项业务的确认原则和确认信息也不同，这就会导致两种记账模式下记录的会计信息不一致，形成暂时或者永久的核算差异，而且新制度扩大了资产和负责的核算范围，细化报表附注披露的内容，综合财务报表的编制也更具难度。系统在支付资金时，用内部网络安装的网络版财务软件——资金监控模块进行支付指令发送，再由互联网登录的网上银行进行审批支付，记账时主要使用网络版财务软件，辅助使用资产管理软件，审批支付系统可以准确反映和查询银行存款的收支流向，但和记账系统没有任何关联，所以在一定程度上，相当于手工记账，并且需要人工核对银行存款与实际支付是否一致、记账科目与支付用途是否相吻合、辅助核算明细的选择与支付来源是否对应，包括现阶段支付使用的项目、金额是否符合预算内容及预算进度，为了提高准确率往往需要反复核对，工作效率大打折扣。

及时准确的记账信息迫切且必要，而财务信息系统的建设滞后，会计信息化水平不足，导致无法通过信息系统自动生成会计凭证，在很大程度上增加了平行记账模式的出错率，审批支付记账信息不同步、不互通也给会计核算增加难度，对于新制度的有效实施，更是显而易见的障碍，如果所使用的审批支付系统和会计核算系统能够自动匹配信息，并生成会计报告，不但能够节约时间，还能提高信息的准确率，尤其在新旧制度的衔接初期，能在很大程度上避免因工作人员理解偏差和业务不熟练导致的账务多记或者漏记，系统完成基础工作，人员再进行核对与完善，提高工作效率的同时，财务工作人员也能有更多探讨学习和提升自己的空间。

（三）具体操作缺少普遍权威的指导

新政府会计制度转变了会计核算模式，将原来的收付实现制改革为双基础核算体系，现金收支业务不仅要记财务会计分录，同时也要进行预算会计记账，也就是一直说的平行记账法，这样的改革会增强会计功能，但在实际操作中却增加了难度，因为双分录的处理方法客观上比单分录更复杂，工作人员不但要懂得两种账分别怎么记，单就工作量来说，也无疑是增加甚至是翻倍的。对于事业单位系统来说，恰逢机构改革初期，在同一时间，既要完成两个机构的账目合并，又要适应和完成会计制度的转换，面对两种重大变革，可以说对事业单位系统的财务部门来说，工作量和复杂程度都是非常少见的，但时间紧任务重，工作人员必须在一定时期内完成工作的转换，两次做出调整和衔接，确实是很大的挑战，而面对新的制度创新的模式，细化的问题理解有差异是常见现象，这就需要更多指导与协调，但由于在制度改革初期，各方缺乏经验与细化准则以及专业人员观念、技术水平暂时无法跟上变革等问题，基层缺少普遍权威的指导。

三、原会计信息系统编制报表不符合新会计制度要求

在新制度下，各个单位应该在期末编制预算报表、财务报表。在财务报表中，主要包括会计报表、附注两部分内容，在编制时要以权责发生制作为基础，结合收付实现制，详细编制各项数据。各个单位应该根据新制度落实编制工作，不能随便对编制基础、依据、原则和方法进行更改，也不能更改各项数据，要保障会计信息的真实准确。单位信息系统中涉及的编制基础、依据、方法、数据口径都已经不符合新制度，应该进行更新和改进。

（一）财务核算系统功能落后

财务核算系统是信息化背景下社会发展的产物，它们的应用和开发有效地提升了财务工作的效率，但是与企业相比较，行政事业单位的财务核算系统还相对落后，部分功能尚待挖掘。行政事业单位虽然基础性的财务工作可以由系统软件来完成，但是软件并没有发挥关键性作用，依然以人工输出为主，财务软件的功能也仅仅替代财务人员手工记账，这就使得财务工作发展缓慢。另外，在新政府会计制度下，行政事业单位开始实行以双功能、双基础、双分录、双报告的核算模式开展工作，这对于单位财务人员来说

又是一项不小的挑战。软件系统的功能落后，更新不及时，势必会影响单位日常财务工作，所以加强对财务系统的开发和应用十分重要。

（二）财务信息化建设缺乏有效整合

目前，我国许多行政事业单位都在积极地加入信息化建设中，财务预算、财务核算以及报表编制、财务分析等工作都开始进行信息化的建设和探索，但是通过实践发现，目前很多行政事业单位各项工作并没有做好衔接工作，各个模块和系统之间处于半封闭的状态，各业务系统各自为政，数据不联动，业务不畅通，信息孤岛化情况严重。比如，预算不能生成指标，报销和事前申请属于两个系统，合同和报销属于两个系统，工资数据需要几个部门数据汇总。各个模块的功能建设仍然需要加强和完善。行政事业单位内部系统沟通不畅通很容易造成"信息孤岛"现象存在，制约了政府会计信息化的建设，难以迅速且全面地反映行政事业单位财政状况。

（三）财务人员信息化水平有限

人的意识是指导行为的重要条件，有什么样的意识往往会产生什么样的行为表现，对于行政事业单位财务工作来说也是如此，只有具备先进的管理理念和管理经验，才能融入信息化时代背景中进行信息化建设。但是，当前一部分行政事业单位财务管理理念落后，对现代财务管理系统应用程度不高，这在很大程度上降低了财务管理的质量和水平。在传统会计制度管理模式下，行政事业单位财务管理工作内容相对简单，对于财务工作要求也相对较低，这就使得一部分行政事业单位往往将财务部门作为不重要部门看待，难以发挥财务部门应有的工作职能，降低了工作效率。另外，财务人员的专业素质和专业能力也影响着行政事业单位财务信息化建设水平。当前，行政事业单位部分财务人员信息化相关知识不够，不能充分运用现代信息系统开展日常工作，难以满足新政府会计制度对信息化建设的要求。

（四）内部控制建设薄弱

加强内部控制建设是促进行政事业单位长期稳定发展的重要保障，虽然很多行政事业单位也将内控工作放在突出位置来抓，并根据国家相关的法规制度全面地开展内控建设，但是效果并不理想。

导致内控建设收效甚微的因素有很多，其中一方面是因为各个环节没有做好衔接工作，另一方面是部分管理人员并没有意识到内控建设对当今行政事业单位发展所起的积极作用，所以一部分单位进行内控建设停留在表面，并没有为强化财务管理，控制经济活动风险提供应有的保障。

第五节　会计工作人员的综合素质有待提升

新政府会计制度实现了预算会计和财务会计适度分离，对于事业单位会计人员来说，增加了会计工作量，提高了会计业务处理难度。但部分事业单位的会计人员综合素质偏低，知识结构滞后，所掌握的知识仍然停留在旧政府会计制度层面，部分会计人员由于年龄较大，对新政府会计制度相关内容的学习较为吃力，不利于顺利推进政府预算会计工作。同时，部分事业单位并没有定期组织一些继续教育培训活动，针对新政府会计制度内容对会计人员进行培训，促进其了解和掌握最新会计业务处理程序和办法。此外，还有一些事业单位没有建立完善的预算绩效考核机制，没有通过业务能力考核评定会计人员的绩效，间接对事业单位预算会计工作顺利开展产生不良影响。

一、事业单位会计人员现状及困境

目前，我国行政事业单位会计人员处于组织机构不健全、人员素质不高、广泛借助外力的局面。

（一）岗位设置及人员力量不均衡

行政事业单位的会计人员岗位设置缺乏规范。除了人数较多的政府机关以及高校、医院等业务复杂的事业单位设置完备的会计机构外，许多行政事业单位都没设置独立的会计机构，有的在综合部门下设会计岗位，有的在后勤部门下设会计岗位。以某部委为例，其多数事业单位并没有设置专门财务处，均在办公室（综合处）设置1~2个会计岗位。同时，从事会计工作的人员数量不足。不是会计人员兼职其他岗位的工作，就是其他岗位的人员兼职做会计，内部控制要求的不相容岗位有效分离的原则在很多基层行政事业单位无法得到有效落实，存在潜在的财务风险。除了一般会计人员缺乏外，很多单位的会计负责人也并非科班出身，在企业已经成为标配的"总会计师"岗位在行政事业单位尚未形成气候，存在"外行领导内行"的现象。

（二）会计人员自身素质不高，业务能力有限

我国长期会计行业发展中对行政事业单位的会计工作重视程度不够，造成很多人觉得"行政事业单位会计简单，一收一支，收支两条线"，不需要太高深的理论水平，致使很多行政事业单位财务人员学历不高，有些甚至是非会计专业出身。近年来，随着行政事业单位新录用人员考试制度的不断完善，这一状况得到一定程度上的缓解。但是由于人员编制有限，近年来会计人员工作任务不断增加，很多财务人员把大量时间和精力用于应付日常琐碎的报销、核算，而无精力在顶层设计及政策把握上深入研究，对新知识、新制度的学习不够，对新情况、新问题的思考不足，造成会计人员适应现有工作的业务能力有限。此外，行政事业单位会计人员学习主动性不够。会计行业本身就是一个"干到老，学到老"的行业，加上近年来财税体制改革不断深入，各项改革措施不断推陈出新，需要学习的新知识不断。但是，现实中大部分行政事业单位的会计人员由于工作相对稳定，职业晋升又和专业能力不挂钩，职称评审在行政单位尚属真空区域，因此这部分会计人员主动学习的动力不足。

（三）广泛借用的"外脑"水平参差不齐

一方面是会计工作任务不断增加，另一方面是会计人员不足，专业能力跟不上，为应对这种情况，很多行政事业单位都采用借助"外脑"完成工作任务。或是聘请高校教师承担课题破解工作难题，或是聘请会计师事务所等中介机构完成审核、审查等专业技术含量较高的工作任务。从目前我国大学本科会计学教育的课程设置和各类会计类职称考试或者执业资格考试的课程设置均可以看出，不论是高校教师还是中介机构对行政事业单位会计工作的了解都很有限，对相关会计业务的研究也远不如企业，因此这些"外脑"承接工作任务的水平也参差不齐，有些时候反而适得其反。

二、事业单位会计工作困境原因分析

造成上述行政事业单位会计工作困境的原因是多方面的，笔者认为，应从顶层设计、学科建设、职称体系、会计服务市场以及会计人员自身查找原因。

从顶层设计看，对行政事业单位会计工作重视不够。从《会计改革与发展"十四五"规划纲要（征求意见稿）》中可以看出，关于行政事业单位会计工作的内容远不及企业会计，很多高端、前沿的会计改革都针对企业会计工作。这种"重企业，轻行政事业"的局面带来的直接问题就是行政事业单位的会计机构、会计岗位设置不规范，领导重视不够，会计人员队伍建设存在短板。

从学科建设来看，目前我国大多数开设会计学本科教育的高校，在课程设置上偏重企业会计，设置会计学基础、中级会计学、财务管理、管理会计、税务会计、高级会计学等课程，对行政事业单位会计内容很少涉及。财政学专业这样的相关课程也很少开设。因此，一个会计学科班出身的新进人员进入行政事业单位从事会计工作时，对行政事业单位会计其实知之甚少，对预算、国库集中支付、政府采购等业务知识基本从零开始。因为课程设置原因，造成广大会计学教育工作者的教学重心也是企业会计，研究行政事业单位会计的科研人员也不多，较难形成有水平的科研成果。

从会计学职称考试和执业资格考试来看，目前我国设置的初级、中级、高级会计学职称考试中以企业会计为主，行政事业单位会计少量涉及，比例不高。而备受从业人员追捧的注册会计师考试对行政事业单位会计也鲜有涉及。

从会计服务市场来看，目前我国的会计服务市场份额也以企业为主，近年来由于行政事业单位会计工作任务的加大，才逐渐吸引了很多中介力量介入，这些中介力量面对行政事业单位业务时显得力不从心。

从会计人员发展空间来看，行政事业单位会计人员的职业晋升通道狭窄，论资排辈现象突出，特别是行政单位会计人员不可以参加职称评定，大大降低了会计人员的积极性。多数事业单位会计人员虽可以参加职称评定，但是现实中灵活度不够。在管理岗位和技术岗位必须二选一的硬性规定下，很多会计人员很难通过技术岗位实现自我价值，这都造成会计人员学习的主观能动性不足。

第六章　新政府会计制度下事业单位预算管理的应对策略

第一节　提升对预算会计工作重要性的认识

一、明确分工责任

新制度的实施具有重要的现实意义，然而其具体实践过程是复杂且滞碍的，因为它极大地冲击了原来会计工作的思维与方法，给从业人员带来了巨大的挑战，同时新制度很大程度提升了政府会计工作的广度与深度，不仅涵盖了财务会计与预算会计的全部内容，资产、费用等信息，也更加细化，以至于在会计信息更具价值的同时，财务数据的数量也数倍于前期，这样一来原有的工作模式无法适应新的工作，财会人员必须迅速转变状态、快速进入角色，否则会因工作人员的能力因素导致会计工作质量不过关，进而导致新制度实施受到影响，因此行政单位工作流程优化的关键之一是内部力量的重塑，尤其基层单位，要积极了解新形势、新需求，从自身角度出发，认真领会、努力提升，积极做出调整与改变。

首先，分工要合理，每名财务工作人员都要有相应的工作内容，不能有能力、有时间的工作负担重，能力不足、懒惰的反而工作量少，虽然能者多劳，但分工上要尽量协调，要给能力强的员工深入研究、将工作做优做细的空间，也要给能力不足的员工锻炼学习的机会，促使每一位工作人员都能挖掘潜能，通过提升自己来更好地完成工作任务。

其次，责任要明确，要进一步细分岗位职责，属于谁的工作必须担负起责任，可以寻求领导、同事的帮助，通过学习、取经逐步提升本领，但不能因为不会而回避工作，岗位履职是基本能力，每位员工应该也必须具备这种能力，杜绝等、靠思想，做到各司其职，将责任落实到人。

最后，监督要到位，责任落实监督是关键，既然有分工就要去完成，有责任就是去承担，在考核指标的设置上可以充分考虑工作的性质，能量化地进行量化，不能量化的尽可能落实员工努力程度、付出程度，倾向协作与工作态度考核，起到激励作用。

二、加强成果应用

因为过去固有的思维模式和工作模式，大多数人觉得财务工作就是负责报销、支付、记账，似乎和其他部门关联性很小，而实际上财务工作不但和每一名职工都息息相关，更能为管理者提供有价值的管理决策参考依据，只是很多基层单位信息提供的不及时不精准，而慢慢忽视了它的作用。新制度的实施恰好可以作为一个契机，基层单位可以根据自身实际情况，从岗位职能、人员配置、工作模式等方面加以调整完善，适应新制度、新内容的同时，提高工作人员履职尽责的能力，不断转变工作作风，提高工作效率，真正适应并充分利用新会计核算模式的有利基础，将新会计制度的优势发挥出来，并充分挖掘创新工作模式，争取在会计模式进行改革的同时，工作氛围与工作效果也能得到进一步提升，从而展现新模式下人员的合理配置，岗位职能的高效发挥以及工作成果的完美呈现，使会计工作流程更加科学规范，会计信息更加及时、真实、全面，以此形成的会计报表更加规范完整，更具现实指导意义。

一方面，管理者可以通过会计报表了解本单位资产负债及货币结余情况，了解本单位的资产动态，在日常管理中可以做出更合理的使用规划，提高使用率，降低成本，也可以在一定程度上限制腐败滋生，促进干部廉洁自律，而对于主要领导岗位经常轮换岗位的情况，及时准确的信息也可以让管理者迅速掌握本单位历史情况，如长期借款、个别账实不符等敏感内容，有利于管理者第一时间了解情况，做到有所掌握并在今后的工作中，科学正确地处理。

另一方面，管理者及时清晰地看到当期指标与预算指标的比较，了解预算执行进度，可以在做出重大事项决策部署时，掌握合理预算，有利于下一步工作计划的有效开展，不至于工作布置了，面临经费不足的尴尬，或者有些预算项目不能按期执行，影响绩效考核，另外，对当年预算情况的掌握也有利于下一年及更远规划的预算管理，根据实际情况合理编制部门预算，依规做好部门决算，保证经费充足，也保证预算能按计划执行，强化自我管理，促进廉政建设，为将来的发展和工作开展奠定坚实基础。

三、优化环境配备

财务信息的及时准确有着不可替代的重要作用，所以应同样重视财务工作人员的工作环境与设备配置，人员方面要充足，要保证专人专岗，财务工作不同于其他日常工作，有其专业性和保密性，应选用品质好、综合能力强的员工，在工作分工上，要注意风险工作内容的分离，尤其是人力资源的相关工作，不能与财务工作相混合，也要保证财务工作人员的时间和空间，这样才更有利于财务工作的高效开展。

办公设备方面需要注意配置，因为财务工作要用到较多管理系统和软件，不同的软件要求的环境不同，应尽量安装使用高配置的计算机，并且保证其安全性，在设备和系统维护上要及时，本单位设备管理部门应按照工作需求，合理分配不同配置的计算机及配套硬件设备，要有一定技术能力的工作人员负责设备的维护，保证工作时间内设备的正常运行。

指导培训方面要注意时效性，特别是新政策的实施，要第一时间协调工作，给予财务工作人员充分接受培训的时间，并沟通上级部门及专家学者，给予及时指导，使工作人员尽快适应新内容，以最高的效率完成工作任务。当岗位分工合理，工作环境适宜，工作内容有价值体现，工作人员会自然获得认同感，提升工作热情，有利于工作能力、工作效率的进一步提升。

第二节　优化单位预算会计规章制度

预算管理工作的调整，需要以有效的预算管理制度作为基础，尤其是在当前新旧会计工作衔接的特殊时期，预算管理制度完善，能够帮助事业单位更好地安排日常工作，避免由于工作内容转变而对日常经营带来不利影响。基于此，在事业单位内部，应当根据实际工作需求，对预算管理制度内容进行优化，尤其是对于新增工作内容如固定资产的计提折旧等方面，应当在预算管理制度中加以强调，确保新增工作内容可以有具体的工作制度作为依据，确保工作的顺利落实，为预算管理工作人员的工作提供便利。在预算管理制度中，事业单位还应当注重责任的划分，对于预算管理人员以及其他工作人员的责任重新梳理，在新的工作形式下，预算管理工作覆盖面更加广泛，因此在实际工作中，应当对于涉及的工作内容做好量化处理，并将责任落实到具体个人，在制度中进行专门的明确，确保预算管理工作可以顺利推进。在制度当中还应当建立动态的调整机制。事业单位内部工作内容调整必然伴随着一系列问题，因此引入动态调整机制，可以对制度实施中存在的问题及时整改，保证整体工作的科学性。

一、完善内部控制制度及体系

有效提高干部职工的内控意识是保证内部控制制度在行政事业单位中顺利开展的前提条件。内部控制意识有效提高，需要单位从实际情况出发，定期对领导层及职工进行内部控制培训，培养内部控制意识，从思想上认识到内部控制的重要性，提升内部控制水平。另外，对内部控制的宣传工作也应同步进行，鼓励职工落实内部控制相关工作要求，营造内部控制实施的良好环境，明确落实不相容岗位分离制度，推进内部控制制度落实到位。内部控制活动需要依照规定进行有序的开展，因而内部控制体系作为其行动指导，显得尤为重要，有了规章制度的保障，内部控制实施才有了依据。要提高内部控制体系建设，就需要从内部控制管理意识上下功夫。

内部控制的牵头部门应该综合考虑单位内部情况，建立符合单位发展的内部控制管理体系，推动单位公共管理能力的提高。在体系构建的初期，相关部门就应当积极配合，将自己的情况反映给内部控制建立的牵头部门，对自己的工作职责进行区分，特别是工作中的阻碍，联合有关部门找到问题所在，是由于制度上的缺陷，还是资金上的不足，还是其他问题，使得内部控制没有在本部门落实。内部控制体系在解决这些已知问题的基础上建立，才能更好地保证内部控制发挥作用。

内部控制规章制度是内部控制环境中的筋骨，有了规章才能做到有据可依。有针对地分析以往工作中的不足，结合现在社会发展的方向以及实际发展的需求来调整相关规章制度，健全完善相应的规章制度。进一步强化单位管理层的内部控制意识，以自上而下的形式动员各部门积极开展内部控制建设，把内部控制建设融入日常管理，贯穿自申请到支付及监督的各个方面，保证内部控制对单位经济活动的全面管制。还要优化控制体系，将内部控制体系扩大到相关决策管理制度、人事管理制度等，从制度上保证内部控制体系的全面性，为内部控制执行扫除障碍。在严格执行政府会计制度的基础上，根据单位实际情况制定相关内部控制制度细则，明确指出范围和支出标准，严控"三公经费"，规避审计风险。科学设置内部控制关键岗位，在制约与协作的原则下，保证单位经济活动进行，对关键岗位进行轮岗，严控财务风险。加快内部控制信息化建设，提高会计核算电算化水平，把审核标准嵌入信息系统，实现审核标准由"人控"转向"机控"，达到审核标准严格执行的效果。将合同及固定资产管理嵌入信息系统，用信息系统强化合同及固定资产管理。定期召开内部控制管理讨论会，总结内部控制取得的成效，找出存在的漏洞及不足，改进和完善内部控制相关工作。

二、健全组织构架和工作机制

组织构架是内部控制落实的基础，行政事业单位应当在权责分明的基础上构建符合自身业务性质及工作需求的组织构架。在不同岗位建立不同的职能，区分岗位的权限和职责，建立不相容岗位制度，避免一人多岗的问题，特别是避免不相容岗位兼任问题，形成岗位间的制约与监督机制，以此保障内部控制实施及单位的职能运作，避免贪污舞弊现象发生。科学衡量权与责的分配，将责任落实到岗位负责人，建立与内部控制相融合的组织构架。此外，结合内部控制目标，在部门职责、业务流程等组织结构制定上遵循制衡性原则，形成互相制约、互相监督的局面，特别是对经济业务，应从决策、执行、监督三个方面入手，有效分离相关职责，保证资金合理使用，防范各类违法违纪时间发生。单位应单独设置内部控制职能部门或确定牵头部门，建立健全重大事项集体决策和会签制度，适度引进专家论证及专业技术咨询，确定权责对等的内控流程，对重大经济事项的决定采取领导班子集体研究的方式，避免"一言堂"或"一支笔"造成的决策风险。梳理经济活动业务流程，确立风险点，合理设置内控关键岗位并明确职责权限，确保不相容岗位相分离，并实行定期轮岗制度，防止因为长期从事同一工作岗位而降低风险意识，滋生腐败。对经济业务活动实行归口管理，统一管理、统一监督，防止不同部门互相推诿，推卸责任，从组织架构上堵住内控漏洞。

沟通机制的建立也是十分必要的，有效的沟通机制不仅可以促进部门之间的信息交流，而且可以降低工作成本，保证内部控制制度的有效落实。有效的沟通机制，需要各个部门进行配合，以此提高工作效率，保证职工间能够互相支持，为更好地落实内部控制提供了保障，能够提高职工的工作热情，增强单位的工作效果，推动单位的持续高效发展。落实内部控制，提高单位服务水平，增强单位财政效益，推动单位可持续发展。

构建高效合理的内部控制组织架构和工作机制。对内控工作中的各个工作环节进行明确，对各个管理环节的风险点进行认真探讨，进行风险评估模式的完善，建立对内部控制过程中存在问题能够第一时间内进行处理的组织架构。每年定期安排内部控制业务交流学习，在单位内部营造学习业务、提高素质的氛围。从工作实际情况出发，从全局出发建立相应的工作机制，发挥内部监督的效能，确保内部控制的高效运转。内部控制执行不仅需要各个部门相互配合，而且需要有效地监督和反馈机制，从整体的组织结构及工作机制上加强环节与环节的对接，配合内部监督，形成顺畅的流程。与此同时，监督检查的负责部门，应努力建立全方位的督察体系，协调相关部门承担相应责任，及时进行督促整改，确保内控工作的执行到位。另外，受监督的其他人员，应当加强对自身的行为约束，学习并自觉遵守相关规定，配合内部监督部门的工作。人员之间彼此监督，从源头上杜绝违规现象发生，建立全面的监督方法。

三、培养内部控制人才及建立考核机制

人才建设是内部控制长期发展的重要环节，贯穿整个内部控制建设的全过程。在内部控制建设过程中，虽然可以借助外部专业人士的帮助，但是其能力发挥作用主要实在内部控制建设的早期，内部控制要长远发展还是要看单位内部人员的素质。可以通过专业人士的指导建立人才培养计划，确定内部控制专业人员的培养模式及人才储备规模，保证单位内部人员能够适应内部控制动态化发展的特性，以此来推动内部控制的持续发展和建设的常态化。但是，长期依赖外部人员来解决内部控制存在问题的行为是不可取的。

内部控制的质量受行政事业单位内部控制管理人员的业务素质高低的影响。因此，事业单位有必要对人员素质和专业能力进行培养。制定定期或者规定学时的内部控制学习计划，提高内部控制的相关认识，增强内部控制的人才质量，以此推动内部控制执行效果的提升。其中财务部门更要注重提升人员素质，一方面吸收思想与能力都符合相关要求的高素质人才，增强财务管理能力；另一方面加强对会计人员的岗前培训和专业能力培训，提高专业胜任能力。财务部门内部要实行定期轮岗制度，促使人员全面发展，

防范违法行为。同时，进一步完善财务制度，统一会计处理方法，确保经济事项依法依规、财务信息真实完整，在报表编制工作中配备有经验的专业人员，提高行政事业单位财务报告质量，以此保证内部控制的反馈真实可靠。

每个工作人员作为内部控制活动的最终执行者，如何激发其工作积极性是内部控制活动发展的关键，建立明确的目标及奖励，对调动全员的工作主动性及形成有利工作氛围有积极影响。对员工绩效的考核，将各内部控制执行情况与个人薪酬挂钩。定期对员工的工作进行考核，检查其是否完成任务，并对员工的工作质量进行评价。将人员年度考核与内部控制执行情况挂钩，对于不合格的工作人员进行调岗或者采取惩戒措施，提高内部控制的执行效率。单位要保证其专业职能与内控管理均顺利实施，就必须录用优秀人才，提高成员的专业素养，保证相关人员能够胜任岗位职责。对于绩效评分较高的员工应予以奖励，评分较低的员工给予相应处分，并与职务升降、职称评定挂钩。为调动领导层的积极性，将内控建设与成果纳入其业绩考核的指标中，以此提升内部控制的运行效率。

四、结合会计制度，改革优化内部控制活动

（一）加强财政预算与内部控制结合

内部控制的重要环节之一就是预算管理，通过履行其职能归纳分析经济活动中存在的问题，找出问题突破口，为完善和发展内部控制提供助力，矫正内部控制的偏差行为。利用预算执行过程进行动态纠错，形成及时的反馈机制，解决预算目标偏离的问题，提升内部控制及单位管理的手段，充分发挥预算管理体系的作用。同时，为确保会计提供信息真实可靠，积极配合政府财政部门对本单位预算情况进行管控审查。会计制度改革对权责发生制的引入使得单纯对预算资金合规性进行控制的已不符合当前要求，为进一步加强对经济业务的控制，需要建立健全相关制度，对预算资金使用效果进行绩效评价。及时分析预算执行进度，结合资产债务情况对单位费用支出进行分析，逐步建立成本管理控制。科学衔接预算管理与内部控制，形成反映单位本年度资金使用情况的综合财务报告及年度内部控制报告。具体来说：首先，内部控制设计应包含内部控制目标及各个部门经济业务的实际需求，内部控制活动符合实际情况，保证工作开展梳理。例如，使用资金时，对资金达到的使用目的、需支付的金额、支付方式等进行归类，结合预算情况对比分析，按照可行性程度进行使用，确保资金使用合理，整个资金使用过程全面监管，专款必须专用，对于使用后的资金进行及时评价。其次，避免不必要的因素干扰内部控制活动实施。对于内部审查工作，可以聘用外部专业人员进行，特别是账目审核，既能减少内部干扰因素，又能为本单位专业提供可能的建议。除此之外，在预算控制上结合组织机制，提高其控制水平，保证能对预算实施形成控制。对预算管理制度从编制原则、方式、执行监督等方面进行完善，单位应将财务收支全部纳入预算管理中，特别

是将收支业务纳入预算管理，提高预算管理的影响力。在预算的控制力和约束力加强上，运用内部控制的监督与评价，提高控制水平。应用内部控制的牵制岗位设置，强化财务管理，重视会计工作，完善预算管理在经济业务中的应用，防范内部舞弊行为，提高单位整体的管理水平。

单位财务部门进行预算编报时应当具备预算编报的相关能力，从整体出发落实预算编报细节，汇总分析各业务科室本期预算的执行情况，结合下期工作进展及工作目标，测算资金需求及支付额度，形成部门预算，按照预算情况制定预算绩效目标。财务部门作为预算和决算的编制部门，结合内部控制相关规定及执行情况，提出预算管理与内部控制结合的工作建议和措施，监督预算执行。各业务部门应及时对其工作相关项目预算进行申报，加强日常跟踪管理及绩效评价等工作，按照预算的批复情况执行预算，自觉接受监督。预算收入编制时，应将全部收入纳入预算，保证预算收入真实反映单位收入情况。

在单位收支业务上加强预算管理控制，规范相关申请和审批流程，保证支出审批手续完备，提高资金使用效率，强化资金风险防控机制。按照部门预算编制月度用款计划，保证经费支出在年度部门预算范围内进行支付，确保各项目支出按照合同进度及预算额度进行正常支出。所有支出按照内部控制审批流程，由单位负责人"一支笔"签批。所有支出项目按照类别、风险等级设置内部控制流程，明确款项的使用性质，按照先申报后支出的流程进行。❶ 比如，支出额度低于 1000 元，由用款人向财务科申报并由财务科审核，经单位负责人签字后支付；支付额度在 1000 元（含）到 5000元的，由用款科室说明用途并填写用款审批单，经分管业务领导签字，报财务科审核；10000 元（含）以上的支出，由用款科室说明用途并提供相关材料，填写用款计划审批单，单位分管业务领导审批和财务审核后，递交内部控制领导小组会议审议后支付。出差等报销凭证应当符合其用途并且附有相关出差证明材料，填写出差审批单，由经办人及所在科室领导签字，后交科室负责人审批，由财务科审核汇总，报主要负责人签批同意后报销。各项支出按照内部控制流程审核批准后，支付款项并形成相关凭据，以此进行会计核算，核算时应按照实际情况信息登记，录入科目符合相关规定。会计核算作为支付业务的最后一项，应进行票据真实性的审查，纠正审批手续不规范等现象。

（二）加强会计工具在内部控制中运用

会计工具对于内部控制的应用环境、系统建设、信息化及报告形成具有不可替代的作用。加强对于会计基础工作的强化，严格执行会计规范、会计制度，结合内部控制规定的各项业务程序，全面优化内部控制的环境，提升内部控制的执行力。在事业单位的日常业务中，会计工具应用不全面，限制了财务收支情况的及时记录，造成很多情况下

---

❶ 杨静 . 浅谈行政事业单位内部控制建设的思路建议 [J]. 时代经贸，2020（7）：72-73.

内部控制流程因为临时情况改变，这给最终核算造成了很大麻烦，因而要想改变这种现状必须增强会计基础性工作，设立不相容及监督策略，保证会计信息的完整可靠。

提高内部控制整体水平，必须加强内部控制和会计的信息化建设。通过对内部信息化控制，有效改善行政事业单位内部控制管理机制，还能提高内部控制效率。硬件设施是内部控制和会计工具信息化建设的前提条件，是会计工具使用的前提条件，保证内部控制工作的开展，确保内部控制监督评价及最终内部控制报告的准确。例如，提供配置高的计算机硬件设施，建立专门内部控制系统。此外，该单位还应保证信息系统的日常维护由专业人员负责，保证财务信息安全。

加强相关人员对会计信息系统的应用熟练程度，提供相关培训，提高其信息化能力，为会计工具应用于内部控制提供支出。加快行政事业单位信息化建设有利于实现内部管理规范化、常态化，避免信息壁垒造成效率低下和沟通障碍。打通沟通渠道，让重要指示及时下达，重要请示及时反馈，部门之间信息共享、互相监督。完善信息公开和沟通机制，统一对外公布信息的内容、形式以及频次，确保信息的真实性、重要性和可理解性。

（三）结合政府会计制度开展规范有效的内部控制活动

政府会计制度实施保证了预算会计的独立性，在预算编制及决算数据方面能够形成更加准确的数据，方便结合工作性质及实际情况，编制预算绩效管理方案，全面优化预算管理制度，保证内部控制实施。预算绩效管理制度与内部控制有效结合，才能保证单位的经济业务活动开展顺利。为保证对个部门和工作的有效控制，单位需将预算绩效管理活动穿插于各个环节，方便内部控制的管控活动，加强预算绩效的定期核查及调节工作，从岗位设置等方面配合预算绩效管理，创新预算管理方法，确保内部控制最终目标实现。

在编制预算的同时，相关工作人员就要针对不同业务设计管理措施，结合内部控制有关业务的控制措施，保证预算绩效管理工作开展，提高工作效率和工作质量。事业单位应当在"以预算管理为主线，以资金管控为核心"的预算管理体系基础上进行预算绩效管理，强化对经济活动的预算约束。改进预算编制机制，从单位实际情况出发，充分考虑各业务部门的资金需求，结合单位目标和发展趋势，采取不同预算编制方式，如增量或者零基，预期资金分配及使用情况；控制预算执行过程，细化预算管理目标，落实各个部门的主体责任，由责任人做好资金支出进度安排，并实时跟进监督，适时调整支付计划；完善绩效评价机制，任何管理都应该有评价和反馈机制，否则无法对管理效果进行评定，可将业务部门自评汇总形成整体绩效评价报告，经有关部门审核后依据评价结果实施奖惩，根据整改要求调整资金支付和来年预算。

预算执行偏差问题应当使得单位领导对于预算管理高度重视，事业单位应当在政府会计制度的约束下，加强预算的执行管理，在提高预算编制科学性基础上严格规范预算追加行为。只有将绩效管理贯穿整个预算执行过程，才能加强预算控制力度。以预算内部控制的主要内容和各个环节为基础，制定全面实施预算绩效管理的办法和实施细则，建立健全定量和定性相结合的共性绩效指标体系，明确预算绩效管理责任。通过信息手段进行预算绩效体系建设，制定衡量标准，注重对预算运行进行相应的监督，继而形成健全的预算绩效评估机制。加强对重大项目和重大支出的前置审核，尤其是抓好项目可行性研究报告审核，对重点项目进行事前绩效评估，以评估结果作为申请预算的必要条件，促使预算切合实际，强化成本效益。

加强预算绩效管理，设立相关岗位，并对人员进行培训，保证预算绩效相关理论与内部控制执行相结合，减少或者避免预算执行偏差现象。对预算绩效管理工作进行全面落实，控制预算执行情况，结合单位自身情况，对经济业务活动进行阶段区分，设置阶段性绩效标准，以此保证预算资金在整个经济活动中的使用合理有效，以此推动各项业务顺利发展。另外，以内部控制与预算绩效管理来约束和提高单位的决策能力，决策水平得以提高，才能保证最终形成的决算数据与预算数据的贴合，更能保证资金的合理使用。

第三节　优化预算管理的编制、执行、绩效评价、监督等全过程性管理

部分事业单位预算会计制度细则不完善，与新政府会计制度要求相脱节。基于此，事业单位应当充分结合新政府会计制度对单位相关规章制度进行优化，具体可以从以下几个方面进行。

一、预算编制优化

预算编制是单位预算管理工作的重要环节，预算编制反映单位的收支情况，要求包含单位的所有收入和支出，而且收支达到平衡。准确编制预算对单位的运行管理具有重要意义，只有科学编制预算，预算资金才能得到合理分配，将资金安排在最需要的地方，提高资金的使用效益，促进单位的事业发展。反之，预算编制不准确，将反作用于单位的事业发展。

（一）预算编制的概念和内容

1. 预算编制的概念

预算编制是指预算单位按照国家法律法规的要求，根据本单位的资金结存、收入和支出预测情况，综合考虑单位的主责主业、事业发展目标、重点工作等，统筹安排本单位的所有收入和支出的资金计划活动。

2. 预算编制的内容

预算编制可以分为收入预算的编制和支出预算的编制。收入预算编制包括一般公共预算管理的非税收入、政府性基金收入、国有资本经营预算收入、纳入财政专户管理的收入和未纳入财政专户管理的收入。支出预算编制包括基本支出的编制和项目支出的编制。基本支出分为人员经费支出和公用经费支出，按照人员、车辆编制数额和定额标准编制。人员经费支出包括人员工资、福利、社会保险等，公用经费支出包括办公费，水电费，差旅费，培训费，会议费，车辆运行维护费、接待费等；项目支出根据本单位的具体业务和工作职责，按照具体的内容、用途、金额进行细化编制。

（二）事业单位预算编制的特点和流程

1. 事业单位预算编制的特点

（1）细化编制预算

细化编制，为了预算地审核、执行和监督管理需要，每个收入支出项目都明细到最小标准单元，列出具体数量，细化编制还有利于预算精细化管理，防止预算资金的浪费。

（2）预算编制体现单位的工作职责

预算的项目设置必须是围绕单位的工作职责展开的，有什么样的工作职责就安排什么样的工作经费，预算安排与有理有据，体现单位工作内容和特点。

（3）实行预算绩效管理

"花钱必问效，无效必问责"在预算编制的同时要编制预算绩效。预算绩效即预算安排资金通过预算单位执行后所产生的效益。预算绩效强调预算投入与产出的效益，是预算管理的一种方式，预算绩效管理要求预算编制单位充分考虑预算资金的投入产出结果。花最少的钱，办最多的事，使预算资金发挥更大的作用。预算绩效指标一般分为产出指标、效益指标和满意度指标。产出指标可分为数量指标、质量指标、时效指标、成本指标；效益指标可分为经济效益指标、社会效益指标、环境效益指标、可持续指标；满意度指标一般是指受益群体满意度。

2. 预算编制的流程

预算编制实行"两上""两下"的程序。具体是：财政部门下发预算通知——单位收到通知制定预算编制方案——下发预算编制通知——单位各部门编制本部门预算——财务部门汇总整理——提交单位进行集体决策——将"一上"数据报送财政部门——财政部门下达"一下"控制数——单位按照控制数调整预算编制数据——提交单位再次进行集体决策——将"二上"数据报送财政部门——财政部门将各部门预算送同级人大会议审议——财政部门下达"二下"预算。

（三）预算编制的法律要求

预算编制是预算管理的重要组成部分，《预算法》第四章中与事业单位有关的规定主要有以下几点：一是由国务院财政部门安排预算编制的时间；二是预算编制应结合经济发展情况、宏观调控情况和收支预测编制，并根据履行的职能、事业发展需求、资金结存情况及绩效目标等合理安排；三是预算编制要以国务院财政部门制定的科目来编制；四是所有政府收入均须列入预算，不得有缺漏；五是预算编制应以勤俭节约为原则，统筹安排；六是结转资金连续两年未使用完毕的，列入结余资金管理。

（四）事业单位预算编制质量的优化

1.加大对预算编制人员的培训力度

单位应积极对预算编制参与人员进行培训，不仅包括财务部门负责预算编制的人员，也要包括业务部门人员；不单是对预算软件系统填报的培训，更多应该是关于单位业务内容、战略规划、单位主责主业的培训，要提高预算编制人员的思想站位，预见性，打开预算编制的思路。预算编制是一个整体性强的工作，需要加强统筹协调，上下一盘棋，使单位预算不重复编制也不出现"三不管"地带漏编预算出现预算应缺口。

2.预算编制要实现业财融合

预算编制要打破财务人员关起门来自己编预算的现状，财务预算编制人员应深入业务部门，了解业务部门工作的现状，特点，要点，充分沟通预算的可行性、充分性、全面性等。预算编制既要保证好业务部门的预算资金需要，也要防止预算资金浪费，提高资金的使用效益。预算编制要为单位的基本支出和日常运转服务，统筹安排预算资金，优先考虑重点工作和重点项目。

3.提高预算信息化编制水平

要搭建预算编制的信息系统，一是单位内部各部门在系统上完成预算编制，审核，提交。财务部门审核把关后，在系统上反馈修改意见，申报部门进行修改。二是预算信息系统与固定资产管理系统、财务系统、决算系统等其他信息系统实现信息共享，信息系统实现历年的预算数据、决算数据共享，并形成数据分析图表和预测数据供预算编制人员参考使用，提高预算编制的准确性和效率。三是预算信息化系统还应能够提供历年预算编制存在问题的数据与案例，使新的预算编制避免类似问题，促进预算编制的规范性。

4.提高整个单位对预算编制的意识

应加强宣传，通过官方网站、宣传栏、各类大小会议等进行宣传，使单位上下认识预算编制的重要意义，并宣传预算法律法规，让员工对预算编制有正确的认识。预算编制是单位上下都应参与的工作，并不是财务部门一家任务，所有部门和员工都应配合预算编制工作。

5.重视预算编制工作，成立预算编制管理委员会

把预算编制提升为单位重要的工作任务，领导重视，各部门积极配合。预算编制要站在单位战略和事业发展的高度，紧密联系业务工作，细化业务工作并使之与预算编制

相结合和对应。预算编制做到真实有据，重视预算的刚性约束，不能随意调整预算。二是成立预算管理委员会。预算管理委员会领导单位的预算编制工作，由单位主要领导任组长、各分管领导任副组长、各部门负责人为组员，负责审核批准单位的预算编制草案；财务部门具体负责统筹协调、组织汇总预算编制并提交预算管理委员会审议。各部门参与到预算编制工作中，编制本部门的预算，对本部门编制的预算草案负责。

6. 将预算编制和决算编制进行衔接

由于事业单位的预算和决算需要按照财政部门统一的表格编制，不能自行调整上报格式。为了加强事业单位预算编制管理，单位内部可以编制预算报表和决算报表的衔接表，将预算和决算报表的指标口径进行衔接对应。在年度终了，及时分析决算数据和预算数据之间的偏差，探究产生偏差的原因，找寻存在问题，用于指导以后年度的预算编制，不断提高预算编制水平，也为预算执行考核和预算绩效考核提供有价值的数据支持。

7. 做好预算绩效的编制

近年来，财政部门对编制部门预算同时编制预算绩效的要求越来越高，从试点编制预算绩效、一定金额的预算项目或特定内容的预算项目需要同时编制预算绩效，到要求全预算绩效管理。每个预算项目都应设置好指标值、绩效值。预算绩效指标值的设定要贯穿项目实施前、实施中和实施后，定期考核预算项目预算绩效完成情况。将考核结果和项目管理部门和负责人员的绩效相挂钩，建立责任追究机制，促进项目管理部门和人员重视预算绩效的编制。另外，对上一年度预算绩效考核不达标的部门，相应扣减该部门下一年度的预算额度。

8. 完善预算编制管理制度，做好预算编制的监督工作

预算编制在某种意义上是在分配单位有限的资金资源。加强预算资金分配的均衡性，预算资金服务于单位层面的发展，保障单位的重点工作的开展，在资金有限的情况下，按照项目开展轻重缓急进行安排。加强预算内控管理，制定预算编制管理制度、轮岗机制、不相容岗位相分离等，对预算编制原则、程序、方法进行明确。做好预算编制也是防范腐败的重要举措，因此要加大预算编制的公开力度，公开透明地编制预算，接受社会监督、审计监督和纪检部门监督。

二、细化预算绩效评价指标

（一）预算绩效评价现行指标体系

政府部门及其下属单位的预算绩效评价主要包括部门整体支出绩效评价，财政支出综合绩效评价和政府债务绩效评价三个方面，对于大部分事业单位来说，暂不涉及财政支出综合绩效评价和政府债务绩效评价。在全面预算绩效管理的发展过程中，财政部出台了《预算绩效评价共性指标体系框架》如表 6-1 所示。

表 6-1　部门整体支出绩效评价共性指标体系框架

一级指标	二级指标	三级指标
投入	目标设定	绩效目标合理性
		绩效指标明确性
	预算配置	在职人员控制率
		"三公"经费变动率
		重点支出安排率
过程	预算执行	预算完成率
		预算调整率
		支付进度率
		结转结余率
		结转结余变动率
		公用经费控制率
		"三公"经费控制率
		政府采购执行率
	预算管理	管理制度健全性
		资金使用合规性
		预决算信息公开性
		基础信息完善性
	资产管理	管理制度健全性
		资产管理安全性
		固定资产利用率
产出	职责履行	实际完成率
		完成及时率
		质量达标率
		重点工作办结率
效果	履职效益	经济效益
		社会效益
		生态效益
		社会公众或服务对象满意度

目前，我国事业单位的部门整体支出绩效评价以上述体系框架为参照，按照其中的指标进行评价，但由于共性指标框架的指标涉及的范围较为广泛，故在指标设计上并不细化，这会造成一些指标在实际操作时存在一定的不适应性，评价出来的结果也并不理想，所以在具体部门的预算绩效自评价中，往往会加入一些较为适合评价单位的个性指标，事业单位也不例外，主要从共性指标体系框架和具体指标进行分析。

1.共性指标体系框架分析

根据我国全面预算绩效管理的要求，对于部门和单位的预算绩效管理需要全方位、全过程、全覆盖。预算绩效评价作为预算绩效管理中最为重要的部分，也应当遵循这个原则。从部门整体支出绩效评价共性指标体系框架分析，目前的政府预算绩效评价体系主要包括投入、过程、产出、效益四大方面，具体如图 6-1 所示。

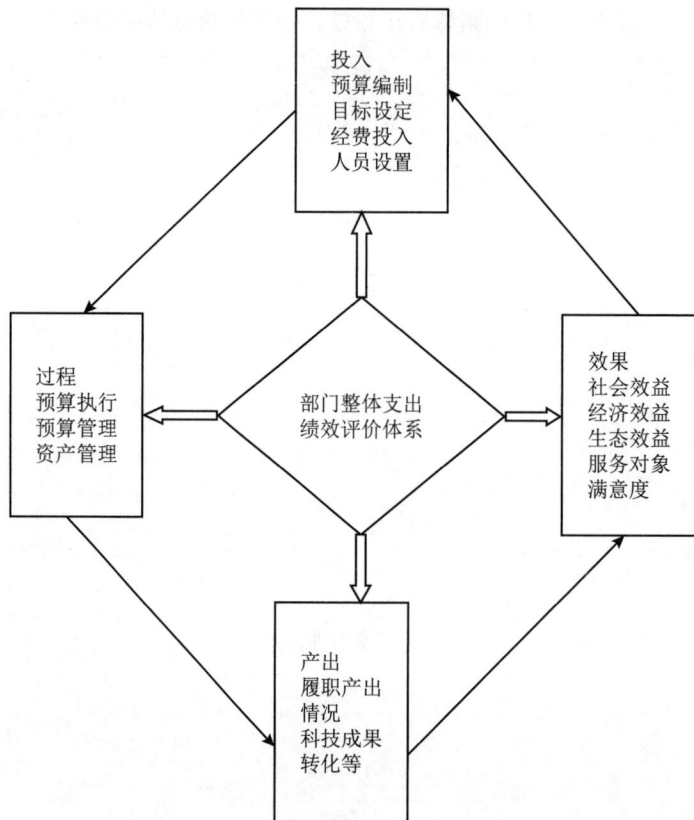

图 6-1 整体支出绩效指标基本框架

图 6-1 中所示的四大方面，涵盖了政府部门经济活动的所有方面，从事前、事中、事后对预算绩效进行评价，满足全面预算绩效管理的要求，二级指标的设置也是基于政府部门工作的开展而设计的。在投入方面，政府部门在某一年度终了之前，根据本年度单位的运行情况，对次年的工作进行统筹，即预算编制，预算编制过程中需要考虑下一年度的发展目标、经费和人员的配置问题；在过程方面，政府部门在取得财政资金后，需要按照资金性质进行支出，同时履行单位职责，这就涉及预算的执行和资金的管理；产出方面，政府部门经过一年的运行，需要根据单位在年初设定的目标和计划，考核其所承担的政府职责的完成情况和取得的成果；而效果方面，则是反映了投入与产出之间的钩稽关系及目标是否完成，完成情况如何，产出成果的质量是否与年初目标相符等。框架的设计上遵循了中共中央、国务院《关于全面实施预算绩效管理的意见》提出基本要求。

但与此同时，一些问题也能被发现。单位在运行过程中，会产生各种各样的信息，如财务信息、内部控制信息、发展战略及单位创新等信息。单位在运用共性指标框架进行考核时，仅需要对单位的基本状况进行描述，就可以完成大部分评价工作，这对单位实际运行情况的反应是远远不够的。事业单位每年都会进行预决算工作、单位内部控制评价工作，经济业务的会计核算和审计抽查，纪检部门的各类检查，目前的共性框架与这一系列工作的结合并不紧密，这与预算绩效管理的"全方位、全覆盖"原则有一定程度上的差距。

2. 指标设计分析

部门整体支出绩效评价共性指标体系框架中的指标设计，从财务角度上来说分为财务指标和非财务指标两大类。从表6-1中三级指标可以看出，非财务指标基本上是合规性指标，且在投入、过程、产出、效果四个方面均有分布，覆盖了预算绩效评价的全过程，符合公共受托责任中的合规性受托责任要求；而财务指标主要包括资金支付进度类指标、资金使用类指标、结转结余类指标和固定资产类指标，这些指标考核的目的也主要以合规性为主，绩效性考核指标基本未涉及。

相对企业来说，事业单位目前使用的预算绩效评价体系对于财务指标的应用可以说利用率非常低，基本的财务指标占比都非常小。虽然说事业单位相比企业，并不注重经济效益类指标，而是更为注重社会效益指标，但是，从宏观的国家层面来说，事业单位的社会效益指标就是其为国家创造的经济指标。政府拨付经费给事业单位以项目形式进行科学研究，同时保障科研人员的各类待遇，其目的是希望这些国家投资的项目能够转化为实际的科研成果，并且能够推动技术进步以改善人民的生活，造福社会。

由公共受托责任理论可以看出，合规性受托责任是基础责任，所以在预算绩效评价的指标设计上偏向合规性考核，符合我国政府对资金管理的要求。但是，资金使用满足合规要求就够了吗？从我国积极推行全面预算绩效管理的一系列政策出台来看，显然不是，为了适应国际和国内经济环境的变迁，政府对绩效性受托责任的重视程度在逐渐加深。而现行的预算绩效评价体系仅提出了对于事业单位资金使用的合规、合理性的要求，对于绩效性的要求则并没有过多涉及，这与政府改革是相悖的，重投入而不重效果，会导致因没有过多的监管手段而造成国家资源浪费，通俗来说就是，国家花了钱，但事情办得怎么样，国家政府却没有底。所以，加入效益性的财务指标考核，可以在一定程度上弥补评价体系上的空缺，故以下从共性指标框架中的财务指标进行分析。

（1）资金支付进度类指标

资金支付进度指标，如预算完成率、支付进度率、政府采购执行率等，主要考核单位对于预算批复资金的执行进度，包含政府采购预算。财政设置资金支付进度类指标的主要目的在于监控预算执行的全过程，资金支付进度情况能够一定程度上反映出单位存在的问题：预算编制是否合理、财务管理工作是否到位等会直接影响预算的完成率、资金的支付进度等方面。

通俗来说，财政设置进度类指标的目的在于"钱要花完"，为此，财政部还发布了关于预算执行考核的要求，并督促各省完善各级预算执行管理工作考核办法，设定分季度的序时考核节点。但从预算绩效评价的指标来看，进度类指标仅设置了年度考核，并未涉及月度或季度的细化指标，这会导致进度类指标所反映的单位状况有局限性，不全面。

（2）资金使用类指标

资金使用类指标，如预算调整率、公用经费控制率、"三公"经费相关指标等，主要考核单位经费使用的合理性、规范性。以预算调整率指标为例，预算调整主要涉及预算追加、追减或结构调整，可以从侧面反映单位预算编制的合理性、单位资金使用的合规性，但从预算调整率指标的说明中，预算调整率 =（预算调整数 / 预算数）× 100%，可以看出，这个指标仅为汇总指标，并未能反映预算追加、追减及结构调整的具体情况，当政府以这样的指标评价单位时，并不能直观指出单位的问题所在，增加了该指标的不适用性。

（3）结转结余类指标

资金的结转和结余从另一个角度诠释了单位预算资金支出的情况以及其完成年度任务目标的情况。以项目结转结余资金为例，单位在争取项目前，需要对项目的可行性进行论证，同时对项目实施期进行规划，对项目所需的投入资金量进行估计，同时对项目经费使用做出预算，资金怎么用、用在哪些方面、需要达成什么目标、产出什么成果、取得什么成效，这些都是需要进行事前计划的。在项目实施过程中，需要根据实际情况对资金使用进行必要的调整。如果出现项目资金结转量过大或结转时间过长的情况，就说明项目预算或项目实施有问题。资金结转结余类指标设置的初衷亦基于此，但从指标说明中可以看出，对于结转结余的考核，目前的指标设置仅考核单位年末结转结余与本年度支出的比率关系，并没有分项进行考核，这样的考核结果无法分析造成结转结余的原因，难以反映单位实际情况，指标实用性较低。

（4）固定资产类指标

固定资产类指标主要反映单位的固定资产购置、使用、管理、处置等情况，反映了单位的国有资产占用情况及其合规、合理性。由于侧重合规性考核，所以固定资产类指标并未对单位固定资产的具体情况进行考核，比如，固定资产的折旧情况、使用率及出租出借情况、设备维护情况、存量与增量是否合理等。这会造成评价结果对单位资产情况反映存在偏差，不公允、不合理的情况出现。通过对指标的分析可见，目前的各项具体评价指标并不能真实、完整地反映单位运行情况，需要加入更为明确的量化指标。而量化指标如何获取？从企业绩效评价的经验中可知，会计信息是量化指标的重要数据支撑，而与预算绩效管理改革工作同步进行的政府会计制度改革或许能够为指标的量化提供思路。

（二）政府会计信息与预算绩效评价指标的相关性分析

通过对事业单位现行预算绩效评价体系的分析，可以发现随着政府会计信息的丰富以及质量的提升，能够对事业单位预算绩效评价体系提供数据支撑，针对现行评价体系中绩效性指标较少的缺陷，利用一些合理的财务指标对现行指标加以完善和优化。

1. 投入指标

现行的部门整体支出绩效评价体系中，投入指标主要从目标设定和预算配置两个方面进行考核，从指标解释上来看，目标设定指标为合规性指标，使用的是单位的非财务信息，而预算配置指标使用到了单位的财务信息，但从指标的含义来看，"三公"经费变动率考核的仍然是合规性；在职人员控制率指标主要用于反映事业单位对人员成本的控制程度，但其指标设置确实单位在职人数与编制数的占比，在职人数小于或等于编制数，同样是单位人员配置的合规性指标，而并未反映人员成本，也无从看出对人员成本的控制程度。在政府会计核算中，单位通过"应付职工薪酬"科目对单位的人员经费支出进行核算，政府会计制度改革后，对"应付职工薪酬"科目的核算要求更为全面，对人员成本的反应也更为准确，故而可以使用政府会计中针对人员经费支出的数据对人员指标进行补充；单位的重点支出安排率指标，是对资金投入的考核，众所周知，目前大部分事业单位的职责履行依托项目的实施来实现，单位的重点支出即为与本单位职责履行关系密切，具有明显的经济和社会效益且关注度较高的项目任务，然而通过对事业单位预算批复公开数据的分析，年初预算安排并不是单位全年收支的真实反应，单位通过预算调整和年中追加的项目经费数量很大，所以，单位使用年初安排的支出预算数来考核重点支出安排率会造成评价结果非常不准确，为提高指标质量，需要对指标计算公式进行重塑。

2. 过程指标

过程指标分为预算执行、预算管理和资产管理三大类，预算执行中涉及的三级指标基本为财务指标，而预算管理和资产管理指标主要是非财务指标。影响单位预算执行的因素主要有预算编制的合理性、项目实施计划的合理性、单位财务管理、资金支付的效率等方面。而在预算执行过程中，由于预算编制仅为年初估计数，执行期间难免有各类突发状况出现，所以年初预算数与单位实际运行情况必然会出现一定程度上的偏差，所以预算调整成为单位预算执行过程作中的普遍现象，就一定会造成单位实际完成的预算数与批复预算数存在偏差。由此可以看出，预算执行率和预算调整率指标考核的目的不应仅限于反映比率关系，更重要的是考核这样的差异是否合理合规，这样一来，引入更为具体的预算执行进度指标就显得很有必要。政府会计的核算就是序时的对单位的资金收支情况进行反映，可以考虑将其运用到预算执行进度考核中。同时，目前的预算执行主要考核的是资金使用的及时性和合规性，对于资金安排的合理性和效率性并没有进行考核。新政府会计制度实施后，将单位日常性的费用支出分为业务活动费和管理费进行核算，对比二者的比例关系能够对单位经费的使用效率有所体现，可以对预算执行中资金效率的考核加以完善。

3. 产出指标

现行评价体系中的产出指标主要是与绩效目标相对应的对照型指标，实际完成或产出数量大于等于计划数，则任务完成，且产出效果较好。但是这样的评价方式是存在缺陷的，抛开投入谈成果，是没有意义的。通俗来说，同样的实验用了5瓶试剂就成功，和用了 10 瓶试剂才成功，其中的效率是不一样的。所以对于产出指标，应当加入投入产出比，才能更为真实和准确地反映其效率性，政府会计信息中对费用进行了归集和核算，提供了资金投入量数据，为核算投入产出的配比关系提供了依据和支撑。

4. 效果指标

效果类的指标反映投入与产出指标之间的钩稽关系，但从现行指标来看，对于效果的考察比较宏观，且评价标准较低，仅满足于任务是否已完成。企业会计中对于效果类指标的考核相较事业单位更为充分并符合实际情况，对效果的影响范围和影响深度分析也更为明晰，政府会计制度改革借鉴了很多企业实践经验，为单位提供了一系列财务运行绩效类的指标，可以对目前的效果指标内容进行丰富和完善。

综上所述，政府会计信息的加入，能够对预算绩效评价指标进行细化、完善、补充和优化，为量化指标的丰富和创新提供数据支撑。结合政府会计信息所提供的各类财务指标，是预算绩效评价优化的一个重要路径。

（三）新政府会计制度对预算绩效评价影响路径分析

在新预算法实施的背景下，预算单位的预算绩效评价工作也必须要与新政府会计制度有机统一起来。

1. 新政府会计制度通过会计基础变革对行政单位绩效评价的影响

会计制度是政府财务核算的基础，财务核算结果影响预算单位绩效评价结果。随着预算绩效评价工作深入及细致的开展，传统预算单位运行的会计制度将无法满足实际工作发现需求，需要及时立足实情对其进行改革，确保可以满足预算绩效评价的要求。新政府会计制度也对预算绩效评价主体产生了深远影响。在新政府会计制度改革工作推进下，新制度开始引入预算会计，二者具有不同的重点，同时也实现良好结合，能够从不同维度来分析单位的财务状况和执行预算情况。新制度执行双分录记账模式，该方法具有一定的优势，可以更加清晰地认识单位预算执行情况。而财务会计也可以展现单位财务状况，帮助管理者全方位认识实际情况，进而开展监测、评价等工作。此外，该方法可以同时处于预算会计、财务会计不同体系内，各自体现预算执行的结果，客观认知单位财务情况，提升预算决策的有效性。

2. 新政府会计制度通过会计科目调整对行政单位绩效评价的影响

（1）新制度健全了会计核算核心要素

由于新制度存在财务会计和预算会计特征，传统会计核算核心要素发展为资产、负债、收入等。建立出更加全面具体的指标体系，评价指标也更加科学、客观，能够结合具体情况选择合适的因子和变量，开展评价工作。其中，尤其是引入成本费用的概念，在新政府会计制度以权责发生制为会计基础情况下，政府的产出为政府向社会公众提供的公共产品和服务，如教育、卫生健康、乡村振兴等政策项目输出。政府的投入为财政资金投入以及政府履职过程成产生的管理费用总和。政府会计可以展现各项成本和支出情况，对政府投入情况进行分类计量，确保反映投入产出的比例的准确度，客观认识政府预算单位的履职情况，提高预算绩效评价的精准程度。

（2）新制度可以如实反映单位资产整体情况

财政预算单位现在普遍存在固定资产管理意识淡薄，使用效率低下，固定资产管理混乱。现有预算绩效评价体系中关于单位固定资产情况的预算绩效评价目标很少或缺失。新政府会计制度针对行政单位的固定资产和无形资产的核算建立新的标准，新政府会计制度提出固定资产计提折旧，并且按照用途计入不同成本中，为政府部门评价固定资产的使用效率提供了支持。这对于在预算绩效评价中增加关于单位固定资产相关的预算绩效评价目标也提供了数据支撑。新政府会计制度的实施，财政预算单位的资产核算难度逐渐加大。但也实现了固定资产管理与财务管理结合起来，折旧纳入单位运行成本，优化资产管理体系，助力单位建立科学合理的资产管理模式，提高国有资产的利用率，充分体现国有资产的价值和作用。

（3）帮助建立评价财务风险的预算绩效评价指标

政府部门承担维护社会稳定和经济发展的重要责任，如何控制政府部门本身的财务风险尤为重要，尤其是我国近年来对于化解债务，优化政府资产负债结构，政府部门应该尽量规避财务风险。

在新政府会计制度实行的前提下，可以采用财务会计和预算会计双报告中的会计信息来分析财政资产负债结构、税收情况等，进而建立预算绩效评价指标，分析政府的财务风险范围，及时采取有效的风险防范措施。此外，还可以如实反映社会捐赠等部门的收入情况，与财政收入统筹考虑，有助于各级政府部门精准评估应对重大突发情况等公共危机的能力。

3. 新政府会计制度通过"双报告"体系对行政单位绩效评价的影响

以往的会计制度存诸多短板和不足，其首要问题是财务会计核算数据较单一，无法客观认识财政预算单位的资产负债情况、收入费用情况等，直接影响绩效评价工作发展，数据保障难以实现，而且原来各个行政单位执行的会计制度不同，会计信息缺少可比性。无法将预算绩效评价结果进行横向对比，不利于反映不同行业部门的预算绩效。新政府会计制度下财务可以提供更高质量、更全面的会计信息。

主要是：

其一，新制度统一了不同行业预算单位的会计制度，可以获得统一的会计信息，提升了行业间会计信息的可比性，推动预算单位绩效评价结果对比工作落实。

其二，新制度要求行政单位编制政府会计报告、决算报告和财务报告能够实现相互比对、参考、补充，能够客观代表单位财务工作发展情况，给予使用者丰富的信息资源，充分体现会计信息的价值。

4.新政府会计制度通过信息公开要求对行政单位绩效评价的影响

根据国家公共管理水平的进一步提高的要求，政府部门需要像企业一样定期向社会公众公开资产负债，成本收入等政府财务报告情况，正因为新政府会计制度的实行使得这些财务报告才能系统地披露出来。在这样会计制度基础下开展的预算绩效评价的慢慢将社会公众或者政府服务对象纳入预算绩效评价主体中来，反映了政府部门对人民负责的要求，提高了服务型政府的综合治理水平。

三、建立内部监督机制

在内部控制体系中，内部监督部门是一个具有监察和保障作用的部门，是行政事业单位加强内部控制的关键，任何合理科学的制度都需要一定部门和制度进行定期检查，将内部监督制度联合起来，才能保证内部控制体系持续保持活力。建立健全内部监督制度，应充分发挥内审和纪检部门的监督作用，设置独立职能部门，加强相关人员岗位培训，提升监督部门独立性，定期或不定期检查制度执行情况，发现问题及时提出并督促整改。

对于单位的内部监督人员，必须从提高其思想认识、专业水平及道德素养入手，使其能够按照内部控制标准，行使职责。在此基础上，必须建立相关检查机制，及时督促、指导其完成内部控制的监督职责。

具体来说，首先，要从内部监督部门的建设入手，人员上配备专业人员，制度上保证其独立性，能够进行对单位内部控制的监督和检查，避免内部徇私现象，建立完善的内部监督机制。

其次，积极利用外部第三方进行审计及指导内部控制建设，利用专业人员的能力，分析本单位内部控制的缺陷，及时弥补，保证内部控制执行的有效性。

最后，借助信息化的手段，加强技术性的监督效率，降低人为因素的干扰，提升内部控制建设水平。内控体系建设是一项深远而长期的工作，其所处环境的变化影响着内部监督机制，根据内控环境的不同，增加新内容，去除不合时宜的内容，进一步建立和优化内部监督机制，将内部监督覆盖各个业务工作的全过程。应用信息化技术可以有效减少业务处理中的人为因素的影响，信息化程度决定着内部控制实施的效率和成效，更有助于内部信息传播，推动内部监督融合各个业务流程。加大信息化建设的投入，针对内部控制的特殊性，考虑内部监督机制的顺利执行，建立相关程序。避免人为因素干扰的前提下，与财务软件等相结合，使得内部监督可以通过科技手段进行。借助政府会计制度实施的契机，提升经济业务数据质量，为内部监督提供数据支撑。进一步保证内部监督岗位的独立性，建立相应的岗位保护机制，结合组织结构等方面，保证内部监督工作开展不局限行政权限约束。

四、优化经济业务流程

加强风险防控内部控制在经济业务流程方面的控制方法一般有：岗位设置上分离不相容岗位、经济业务审批流程建设等。只有针对不同经济活动建立不同的内部控制方法，才能保证内部控制执行力的提升。例如，收入相关业务上加强票据管理，实行登记及复审六尺。对于内部控制制定重点关注经济业务的风险控制，针对各个经济业务环节的风险不同，建立不同控制手段。例如，资产管理业务中，有区分地对固定资产、无形资产进行管理，定期核查，做到账实相符；在资产采购业务方面，符合相关政府采购流程或者参照政府采购流程进行；出纳人员不参与会计档案的保管及会计相关记账等登记工作；银行账户的开立、使用及时报备，按照有关规定及时撤销银行账户，避免资金监管漏洞；加强票据和印章管理，严格执行审批流程；加强库存现金管理，按照严要求减少现金使用，推行公务卡结算；固定资产加强申购制度，进行政府采购控制，取得后及时入账管理；加强办公耗材日常管控，建立日常使用台账，定期盘点清查；加强处置环节的控制；建设项目立项控制；勘察设计与概预算控制；建设项目招投标控制；建设项目施工管理控制；建设项目竣工控制等。

行政事业单位的运转过程虽然各不相同，但是所面对的风险是类似的。当前行政事业单位同时面对着市场经济迅速发展的环境及廉洁执政的约束，对于加强内部控制的管理需求日益增加，但是由于内部控制管理长久以来一直较为松散，导致对于内部控制抱有抵制的思想，风险的防控意识较差，形成了一种不良的内部控制环境。缺乏风险意识就导致内部控制的实践活动缺乏主动性，职员不会主动参与防范风险，因而内部控制风险建设就极为重要，通过风险评估，明确风险的等级及岗位风险的防范措施，指导职工保持风险防控意识，主动落实内部控制管理。结合实际情况，事业单位应该注重风险评估制度建设，对自身业务流程、项目活动进行详细梳理，找出风险点及对应的等级，加强对于经济业务的风险防控。

第四节　提升单位内部控制信息化水平

当前是"互联网＋"时代，各项信息技术被广泛应用。在新政府会计制度实施的今天，对事业单位的信息化进程提出了更高的要求。由于单位内部财务管理人员专业素质不强，导致了很多账目在实际应用当中无法合理计算，甚至导致项目的遗漏和疏忽，所以单位应从实际情况立足，对本单位实行的信息系统进行改革，大力建设新的信息系统，与新会计制度相配合，形成统一的报表，切实保障财务核算的可靠性。

一、更新、升级会计核算软件

新制度下，单位必须要进行信息系统软件的升级和更新，使系统具有更强大的平行记账功能，促进各个功能模块的优化完善，同时对科目体系进行重新设置，并且对科目余额、核算基础进行调整等。建立平行记账模块可以满足编制记账的需求，使会计人员有更详细的凭证依据。如果现金收支业务被纳入单位预算管理的范畴内，在财务会计凭证编制的过程中，会计凭证可以由核算软件自动生成，对相同的经济业务，可以进行双功能核算，满足财务会计和预算会计两项工作需求。

在报表编制的过程中，软件将具体的编制原则作为基础，同时结合会计数据，可以实现自动化报表编制，极大地提升报表编制的效率和精准性。对会计科目体系进行创新改进，可以参照新制度内容进行创新，同时分析单位的业务内容、工作特点，根据具体的要求进行科目编号，保障各个单位的会计科目在名称与编号两个方面实现统一。

财务数据应该从原本的信息系统中进行平滑，逐步写入新系统中，为日常工作的查询、调用提供便利。同时，也要对财务核算系统进行调整和优化，针对费用类的管理费用、业务活动资金等，应该结合新制度的要求，逐步融入会计制度中。因为在会计制度政策中，每年都会对财务管理做出不同的要求，所以，应该根据往期收支情况进行调整。单位应该根据一级科目要求对原本的会计科目进行调整。具体来说，可以围绕总账构建系统，包括会计科目账、功能分类账、经济分类账三个方面，具有工资管理、出纳管理、电子报表管理、固定资产管理等多项功能，由主管部门、职能部门进行具体操作，可以促进各个部门之间的信息交流，满足双重复式支出核算的要求，可以实现预算、核算、决算一体化以及新旧收支分类数据并行运行。

二、健全会计内控制度

为了促进信息化建设，也可以从内控制度入手，结合新制度的要求，分析具体的变化内容，并且制定相应的管理对策，使工作落实更加规范。与新制度的要求相结合，优化管理岗位，促进分离政策的落实，降低岗位的兼容性，实现专人专岗，明确各岗位工作人员的职责。同时要构建完善的绩效考核机制，不仅要考核新时期财务工作落实情况，还应该结合工作人员的工作绩效，根据考核结果调整岗位或薪资，使工作人员有更高的工作积极性。应该构建双重预算体系，发挥信息技术的优势作用，积极与各种软件企业进行合作，使信息化管理平台更加完善，明确具体的工作指标，使会计凭证可以自动生成，并且实现数据的实施监督，满足各项工作的要求，使工作效率有所提升。要促进财务信息一体化，可以加强云计算、大数据等信息技术的应用，对接银行、支付、资产管理等信息系统，提升会计信息处理的时效性、规范性和便捷性。同时，促进财务管理职能转型，转变财务人员的思维模式和工作理念，侧重于财务分析、预测、全面预算管理、风险控制等信息采集工作，摆脱传统大量的数据核对与整理工作，逐步向价值管理转化，促进管理职能的提升。

（一）构建多维度会计科目体系

1. 政府会计制度对会计核算科目体系的影响

直接影响——增加会计科目。会计科目体系是会计制度的核心内容之一，也是会计信息系统按会计制度实现核算和报告的基础。新政府会计制度要求高等学校会计核算应当具备财务会计与预算会计双重功能，全面、清晰地反映单位财务信息和预算执行信息。政府会计制度在会计科目设置上进行了创新，在原有 5 类科目基础上增加了 3 类预算会计科目，原高等学校会计制度下，5 类会计科目分别是：资产、负债、净资产、收入和支出，为实现"双功能、双基础、双报告"，政府会计制度下会计科目设为 8 类，分别为：资产、负债、净资产、收入、费用、预算收入、预算支出和预算结余。

间接影响——数据冗余加大，必须改变科目体系架构。原高等学校会计信息系统中科目体系为一维平行的科目体系，明细科目重复度高，导致数据冗余度很高。如原系统中支出类科目，按照部门或项目分为教育事业支出、科研事业支出、行政管理支出、后勤保障支出、离退休支出及经营支出，除经营支出外，其他五类一级支出科目下设的二级三级四级直到末级科目都相似，如教育事业支出——财政补助支出——基本支出——商品服务支出——办公费，对于每一类一级科目都会下设相同的下级科目，从而造成了大量数据冗余，这个问题在高等学校会计制度改革前后特别明显，会计信息的数据量增加了四倍甚至更多。

新政府会计制度下，引入了财务会计核算，一级会计科目增加 3 个，并增加了业务活动费、单位管理费这一级次，如果按照一维科目体系设置，在明细科目级次不变的情况下，将导致数据至少再增加 1 倍，这一问题对于会计人员来说影响不大，但数据冗余过大将导致系统运行效率低，造成系统运行缓慢，甚至系统崩溃、死机等问题。

2. 解决方案——设计多维科目体系，提高系统运行效率

为了解决数据冗余问题，在此次新政府会计制度改革中，会计信息系统可以采取增加会计科目维度的方法来设计科目体系，提高系统运行效率，同时对于财务会计人员记账和报告的使用不会产生明显影响。

会计科目在原来一维的基础上增加两个维度，实现三维科目体系，从三个维度共同控制，并最终形成统一的核算科目体系。

首先，按照新政府会计制度，精简原会计科目的级次，一般可以只设两级科目，如 5001 业务活动费，下设 5001.1 教育费用和 5001.2 科研费用，对应的预算类科目可以设相应的两级，如 7201 事业支出，7201.1 教育支出。

其次，对财务报告和决算报告需要的基本支出和项目支出、财政补助支出和非财政补助支出等信息通过项目资金来源核算。

再次，对报告中需要的支出明细信息，可以按经济分类科目设置。实现会计科目、经济分类科目和项目资金来源三个维度共同核算某项业务。

最后，需要注意的是，各高校可以根据资金量、业务量的实际，确定符合自己的科目维度，如果资金量较小，也可以设置二维科目体系，可以将财政补助支出和非财政补助支出、项目支出和基本支出增加到三级、四级明细科目中，如果资金量和业务量较大，则建议通过项目资金来源这一维度控制；会计信息系统需要增强多维度交叉查询、汇总和报告生成的功能，必须符合财务人员记账和报告生成、填报工作的需要。

（二）政府会计制度下设计实施会计信息系统的核心——平行记账

1. 政府会计制度对平行记账核算的要求

政府会计制度创新性地全面引入了权责发生制为基础的财务会计核算体系，对纳入部门预算管理的现金收支业务，在采用财务会计核算的同时进行预算会计核算，即平行记账，对于其他业务仅需进行财务会计核算。

按照新制度要求，平行记账不是简单地将财务会计与预算会计一一对应，而是需要对不同的业务进行分析，对满足平行记账条件的业务在系统中进行财务会计和预算会计的平行记账，这增加了会计信息系统处理业务的复杂性，如何实现系统平行记账的自动化、智能化，成为会计信息系统需要解决的核心问题，也是实现会计信息系统的关键。

2. 平行记账的两种思路

实现平行记账有以下两种思路可供参考。

第一种思路是：根据财务会计自动生成预算会计。由于按照新制度，对于每笔业务都需要进行财务会计核算，而只对部分符合条件的业务同时要进行预算会计核算，所以，目前多数高校选择由财务会计自动生成预算会计，但是因为并不是所有财务会计分录都要生成预算会计分录，所以需要对财务会计核算科目按照新制度设置触发条件，当满足触发条件时，会计人员录入财务会计分录同时自动生成预算会计分录，实现平行记账。这种思路对会计信息系统软件要求较高，实现起来比较复杂。

第二种思路是：由预算会计自动生成财务会计。这种思路首先由会计人员判断是否记录预算会计，如果需要就编制预算会计分录，同时系统自动生成财务会计分录，如果会计人员判读不需要记录预算会计，则计入财务会计，这种思路对财务会计人员的专业判断能力要求较高。

两种思路对会计人员来说工作量相当，所有业务都需要也只需要做一遍，有所不同的是，第二种思路对会计人员掌握新制度的要求高，存在人为误操作的可能。建议最好在初始阶段使用第二种思路，一方面可以促进会计人员学习新制度，提高专业水平；另一方面，会计信息系统实现起来较为简单。但是，在运行一段时间后，应该考虑转换用第一种解决方案。目前多数高校是一步到位，由软件公司结合财务专家的意见将需要计入预算会计的业务进行分析并预设到系统中，会计人员按照权责发生制录入财务会计分录，系统自动生成预算会计凭证。

3. 实现平行记账的方法和流程

按照由财务会计自动生成预算会计的平行记账思路，当录入财务会计科目后，系统需要判断是否符合"纳入部门预算管理的现金收支业务"的触发条件，即是否"纳入预算管理"，是否"涉及现金收支"，然后按照设定的规则自动确定平行记账。

在上述多维度会计科目体系的构建方案中，高校的财务核算体系一般由会计科目、经济分类科目及项目资金来源三维科目体系组成。其中会计科目为首要数据信息，适合作为判断平行记账的触发信息。即通过录入的财务会计科目判断是否符合"纳入预算管理"和"涉及现金收支"这两个触发条件。实现平行记账的基本流程如图6-2所示。从财务会计自动生成预算会计的关键就是要对财务会计科目进行判断，按"纳入部门预算管理"和"现金收支业务"两个条件分别进行相应的处理，主要包括以下几种情况和流程。

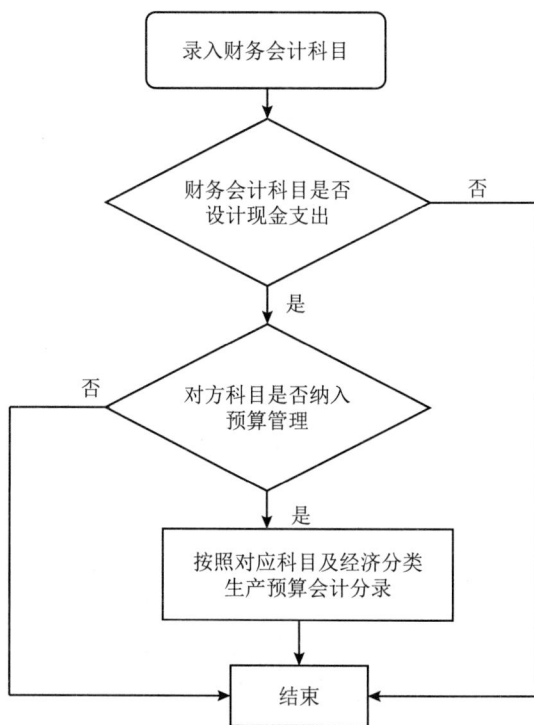

图6-2　平行记账的基本流程图

第一，首先判断财务会计科目中是否涉及现金收支，由于高校的财政资金必然纳入了预算管理，所以财务会计中只要涉及财政资金科目，就必然需要计入预算会计。即对于涉及1011零余额账户用款额度、1201财政应返还额度以及1001库存现金——零余额现金等科目时，必然需要生成预算会计分录，相应的预算科目为资金结存。

第二，如果不涉及现金收支，即不涉及1001库存现金、1002银行存款、1011零余额账户用款额度以及1201财政应返还额度等科目的情况，必然不能满足"纳入部门预算管理的现金收支业务"的条件，可以确定不需要触发预算会计。如1602累计折旧、1702

无形资产摊销、1902 待处理财产损溢等。

第三，对于涉及现金收支业务，但属于学校非零余额基本户现金和银行存款的科目，如 1001 中基本户库存现金和 1002 银行存款的情况，需要进一步判断是否符合"纳入预算管理"的条件，需要对财务会计中上述现金收支的对方科目进行分析。

第四，涉及现金收支业务，且对方科目为一般的费用类科目（5 开头）的情况，一般为纳入预算管理，在此情况下，应该生成预算会计分录。

第五，涉及现金收支业务，但对方科目为往来科目或者基金类，可能涉及不同资金来源，所对应的预算会计科目也不相同。比如，其他应收款、其他应付款、专用基金等。这种情况的对应关系较为复杂，实际操作中可以通过增加项目辅助核算等方式来进行区分，这类情况将在下一个问题中进一步探讨。

第六，涉及现金收支业务，但对方科目为 1891 受托代理资产、2901 受托代理负债、2103 应缴财政款（如学费等），则不符合"纳入部门预算管理"的条件，不需计入预算会计 ❶。

4. 记账的注意事项

会计的科目首先需要与财务会计科目进行匹配，即只要财务会计录入的科目中出现了预算会计匹配的科目就触发生成预算会计科目，明细科目由经济分类科目生成，项目资金来源与财务会计相同。

对于极少部分特殊业务，难以设置统一的触发规则，如科研管理费的提取业务，可以通过单独设置模板，实现平行记账。

计信息系统平行记账处于初步运行阶段，需要会计人员大量试验，将所有业务进行测试，发现与新制度不相符的操作应及时调整。

（三）双基础条件下财务会计和预算会计不能同步记账的处理

1. 双基础条件下财务会计和预算会计不能同步记账的问题

平行记账的实现是新政府会计制度实施的核心，平行记账可以解决绝大部分双基础条件下的业务情况，但是由于收付实现制和权责发生制记账基础在确认时间上的不同步，即判断是否"涉及现金收支"和判断对方科目是否符合"纳入预算管理"不在同一会计期间，不在同一会计凭证中，会出现财务会计和预算会计不能同步记账的问题。例如：应交税金、应付职工薪酬、应付公务卡报销及应付零星报销款等应缴应付类业务，大多是预先从不同项目的不同费用中计提出来，待将来再一次性支付或缴纳。对于此类业务，根据预算会计收付实现制的核算基础，在计算时不应确认预算会计支出，在实际支付或缴纳时才确认预算会计支出。但是，如果这些应缴应付类业务不通过具体项目核算以及支出类型经济分类科目核算的话，在实际支付或缴纳时，预算支出对应的项目与经济分类科目则无法确定，从而无法自动生成预算会计分录。

---

❶ 陈隽. 基于 SDBPM 方法构建政府会计制度信息系统 [J]. 中国总会计师，2018（11）：65-67.

2.解决措施——设置归集支付中间辅助核算

在实际操作中，可以考虑通过增加项目辅助核算或者增加归集支付核算的方式来实现财务会计和预算会计的不同步"平行记账"。

方法一：对应缴待付科目增加项目核算。例如，在核算薪酬时，只进行财务会计核算，不进行预算会计核算，应缴个人所得税和应付职工薪酬单独计入新设的项目B和C中，项目B和C只用来核算应缴应付，预算会计科目发生不计入项目余额，核算工资时，财务会计：借记"业务活动费——教育费用（项目A）"科目，贷记"应缴个人所得税（项目B）""应付职工薪酬（项目C）"科目。次月实际交税时，从项目B和C中生成预算会计分录，财务会计：借记"应缴个人所得税（项目B）"科目，贷记"银行存款"科目。预算会计：借记"事业支出（项目B）"科目，贷记"资金结存"科目。

通过增加虚拟项目的方法可以实现部分不需严格区分项目来源的情况，缺点是：设置虚拟项目过多，不能真实反映项目的实际意义。

方法二：可以考虑增加归集支付功能，即对应缴应付类科目，增加一个归集标记，并设置其归集的经济分类科目，该类科目发生时系统记录对方科目及项目。当实际支付时，贷方为现金收付，判断对方科目为归集科目时，就需要生成预算会计，而且根据归集的项目和财务会计科目确定预算会计的项目和科目，预算会计的明细科目根据该类科目设置归集的经济科目分类确定。如其他应交税费科目可以设置归集支出分类经济科目30240——税金及附加；个人所得税等可以设置归集经济科目301——工资福利支出或者30226——劳务费等；应付职工薪酬可以按照对应的子科目设置相应归集经济科目301——工资福利支出。相对应的应交个人所得税、应付职工薪酬等科目可以按照实际发放的支出分类设置子科目，如工资、劳务、其他个人收入等。

总之，在政府会计制度下设计实施会计信息系统，需要解决三个关键问题，其中科学设置会计科目体系是实现会计信息系统的基础，对业务进行分类、确定平行记账的触发规则是实现平行记账智能化的核心，对因为记账基础不同导致财务会计和预算会计不能同步记账的特殊业务，通过归集支付等办法解决是实现会计信息化的必要功能。这三个关键问题的解决需要高校财务人员与软件工程师加强新政府会计制度的学习，提高业务水平，财务人员不能依赖会计软件自动化、智能化实现记账，应该主动学习新政府会计制度，不断解决业务工作中的新问题。由于各高校实施政府会计制度中存在的问题相似度高，使用的会计软件相似，所以有很多共同之处，需要发挥财务会计专业人员和软件工程师的专业优势，避免各自为战，可以通过分工合作，在系统实际运行中，分工测试，提高效率，及时调整更新系统，共同促进政府会计制度下会计信息系统的完善，保证政府会计制度改革的顺利实施。

三、规范工作流程

在信息化建设的过程中，要明确具体的工作流程，并且进行有效的规范管理。要实现财务与预算一体化。在软件升级之后，可以获取更为全面的数据信息，以此为基础改善财务管理工作，充分发挥信息系统的积极作用。

（一）会计信息化可行性分析

1.会计信息化的可行性分析

会计信息化的可行性分析包括组织、技术和经济三个方面的分析，是对开展会计信息化工作的经济性和可能性的分析。组织可行性是指分析会计主体内外环境是否具备了实施会计信息化的必要条件；技术可行性是指分析会计主体是否能组织保证会计信息化正常开展的技术力量；经济可行性是指对会计信息化所能带来的效益与成本的分析比较。

可行性分析可以按照以下 6 个步骤进行。

（1）开展初步调查

初步调查包括对会计主体的组织架构、行业特点、信息需求及其会计工作流程和模式的调查，还包括对可选会计软件的类型、特点和相关使用情况等会计信息化方面的调查。

（2）对调查进行总结

根据初步调查的结果，总结会计主体的需求，确定实施目标和所要解决的问题。

（3）确定影响因素

在调查总结的基础上，确定在组织上、技术上和经济上对会计信息化的影响因素。

（4）确定可选方案

收集各种方案的信息，确定可选方案。

（5）对可选方案进行评价

通过研究各种方案在组织上、技术上和经济上的可行性，对各可选方案进行可行性评价。

（6）推荐确定的实施方案

进行可行性分析后，应立即组织成立专门的项目小组，制订日程计划，开展会计信息化系统的设计与实现的相关工作。

2.会计信息需求分析

会计信息化平台构建的过程是解决会计主体对会计信息需求的过程，与企业相比，政府部门对会计信息的需求有其特殊性，因此，对集中核算模式下政府部门的会计信息需求进行分析研究，是构建符合行政事业单位特点和切实需要的会计信息化平台的第一步。分析会计信息需求，可以从会计主体外部和内部两方面的需求入手，分析总结出会计信息化平台的流程和结构需求。

（1）分析集中核算模式下行政事业单位外部的会计信息需求

分析财政部门对单位信息的需求。包括预算编制系统、预算执行系统、决算分析系统、报表管理系统和政府采购管理系统等的信息需求。

分析上级主管部门对单位信息的需求。结合管理需求，通过运用信息技术，建立统一的网络系统平台，增强会计信息的准确性和时效性，打破信息沟通的壁垒，避免单位与上级主管部门之间出现"信息孤岛"。

分析单位外部其他对单位信息的需求。例如，审计部门对单位财务信息的审计需求、统计部门对单位定期报送的报表数据需求以及税务部门对所得税的征管信息需求等。

（2）分析集中核算模式下行政事业单位内部的会计信息需求

虽然实行会计集中核算后，各单位的账务处理工作统一集中在会计核算中心进行，但是各单位的工资统发、车辆管理、住房公积金缴存和报税等业务工作还需要单位内部各业务科室具体操作完成。因此，要分析日常账务处理软件、车辆管理软件、工资统发软件和税务软件等相关系统对单位会计信息的需求。

日常账务处理系统。通过账务处理软件实现财务报账、凭证录入、明细账和总账的登记、报表生成和项目查询等功能。

车辆管理系统。车辆管理系统可以对单位车辆信息进行综合查询，包括车辆编制、维修、加油和保险等信息的管理等。

工资统发系统。目前，我国的行政事业普遍实行工资统发政策，人力资源和财政部门有专门的工资统发系统用于各单位报送、记录和查询人员工资信息。

税务软件。通过税务软件可以实现计税、网上报税以及发票真伪查询等功能。

（3）信息系统选型

构建会计信息化平台就是要建立适合会计主体实际情况的会计信息化系统，综合相关的研究分析，我国信息系统的实现途径主要有以下几种。

组织自身的技术力量自行研发。依靠本单位的力量开发信息系统软件，并建立会计信息化系统。这一方法使研发更适应自身需求，培养了单位自己的系统性队伍，对日后会计信息化系统的维护管理提供了方便和保障。但往往开发工作量大、历史周期长、成本高、系统功能受到单位技术人员水平和经验的限制。

购买市场中成熟的商业软件。购买成熟的商业软件有系统实施时间短、见效快，软件水平高、能避免系统的低水平重复开发等优点，但是可能存在软件功能与实际需求不能一致，需要进行二次开发的缺点，特别是一些非开放式系统，对系统原有功能进行调整比较困难。

购买商业软件和自行研发相结合。该方法结合了前两种方法的优势，可以建立更符合实际需求的系统平台，充分发挥信息系统的作用。但是这一方法对单位自身的技术力量有一定要求，研发成本也较高。

软件是配置能适应使用需求的系统的关键，选择商业软件可以通过以下步骤进行。

考察同行业用户同行业的会计主体在信息需求、管理条件和业务特点上比较相近，可以通过深入了解和参照同行业其他用户所用的软件系统，选择满足自己需求的软件。在考察时，不但要调查技术实现的问题，还要重视对考察对象管理和实施经验的分析和借鉴。

考察软件产品不同软件公司的产品，有不同的特点和功能定位，各有优势和不足。根据自身特点和需求，可以筛选 3~5 家软件公司进行重点考察。在考察软件产品时，应注意不能仅仅从宣传样本上了解软件，一定要观摩软件演示。观摩软件演示前应准备好调查提纲，带着需要解决的问题观摩演示，考察软件的功能是如何解决相关问题的。

同时，要重点考察软件的性能特点。

考察软件的安全性和稳定性。考察软件的安全保障措施是否完善，安全保障措施是否有效、软件运行是否稳定可靠。

考察软件的操作实用性。考察软件界面是否友好，是否真的便于操作等细节问题。

考察软件的集成性和扩展性。注意考察软件功能模块之间信息数据的集成性以及软件与其他信息系统进行数据交换或进行二次开发的可扩展性。

对备选软件进行性价比分析。根据系统构建的预算标准，对备选软件方案的性能、服务和价格等要素进行比较分析，最终选择适应单位需求并具有较高性价比的方案。

（二）会计信息化的前期准备

会计信息化平台的构建和实现，需要进行一系列的前期准备工作，建立包括会计软件运行的硬件平台和软件平台在内的会计信息化系统的运行平台。

1. 会计信息化系统硬件平台的构建

随着信息技术的不断发展，会计信息系统的数据技术实现模式主要有文件服务器模式（F/S）、主机系统模式（host）、客户机 / 服务器模式（C/S）和浏览器 / 服务器模式（B/S）四种模式。系统硬件平台的构建应遵循以下几个原则进行。

（1）实用性

以信息使用者的需求为目标，提供易于操作的实用功能。

（2）安全性

健全对会计信息化系统的安全防范措施，建立综合的多层次的安全保障体系，建立用户权限的授权体系，确保系统内部的管理安全和系统的网络安全。

（3）可靠性

保证系统能稳定可靠地运行。

（4）开放性

系统应具备良好的开放性，实现与其他系统的数据共享。

（5）经济性

在功能完备、运转可靠和安全实用的基础上，应尽可能地降低系统的构建成本和日常的维护费用。

在会计信息化系统硬件平台构建的过程中，网络设计是核心环节。设计系统网络环境时需要考虑业务处理流程和信息使用需求等因素，一般需要配置的网络硬件平台如下：

网络服务器：网络服务器是网络硬件平台的核心，配合相应的操作系统可以实现网络资源共享和数据处理等功能。

工作站：工作站是连接在网络系统的一般计算机，通过网卡和网络连接软件实现对网络服务器的访问。

网络适配器：指网卡，它可以实现网络服务器和工作站的互通。

集线器：集线器是连接网络的主干，通过集线器实现信号的转发。

传输介质：可以使用双绞线与基带同轴电缆、宽带同轴电缆和光纤等传输介质实现网络连通。将相关硬件设备和其他的辅助硬件：如打印机、不间断电源（UPS）、移动硬盘等系统化地相互连接，就可构建会计信息化系统的硬件平台。

2. 会计信息化系统软件平台的构建

会计信息系统的软件平台主要是由系统软件和会计软件组成的。

系统软件包括操作系统、浏览器软件和数据库管理系统等。

操作系统。会计信息化软件平台操作系统的构建分为服务器操作系统和终端机操作系统。网络服务器分为数据库服务器、Wed 服务器、应用服务器和通信服务器等，在信息化建设时，应根据需要选择网络服务器和服务器操作系统。目前，选用 Windows 系统或 Unix 操作系统较多。终端机操作系统主要根据软件运行平台的要求来进行选择，目前，选用 Windows 系列操作系统较多。

浏览器软件。如果会计信息化软件平台选择了浏览器 / 服务器（B/S）结构软件，则还应考虑对 Wed 浏览器软件的选择。目前，政府部门信息化建设中运用 Windows 操作系统较多，浏览器软件可以选择免费的并具有较强集成性的 IE 软件。

数据库管理系统。数据库系统分为服务器数据库系统和桌面数据库系统。集中核算模式下的会计信息数据处理量比传统的会计核算模式大很多，而且对服务器的数据安全性和一致性控制方面的要求也更高。因此，集中核算模式下政府部门的会计信息化软件平台应选择服务器数据库系统为好。服务器数据库主要有 SQL Server、Oracle、Sybase ASE、Unify、Informix 和 DB2 等。

会计软件是依托系统软件运行的可以对会计数据进行信息化处理的软件，会计软件和系统软件稳定和兼容的安全运转才能形成完整的会计信息化系统软件平台。

（三）集中核算模式下政府部门会计信息化的具体实施

1. 会计信息系统的初始化

会计信息化系统报账管理系统、账务处理系统、报表管理系统、工资管理系统和固定资产管理系统等多个子系统组成。尽管各个子系统的功能结构都不相同，但是它们的初始设置流程是相似的。

（1）系统环境的设置

系统运行环境设置可以在会计软件安装时进行，也可以在会计软件安装后进行设置和修改。为了满足不同的使用需求，商品化的会计软件一般都有初始设置的模块，在初始设置模块可以设置会计科目级别、会计科目余额方向（借方或贷方）、会计记账凭证类型、账簿类别等内容，同时还应设置相关的报表格式、计算公式以及操作人员的账号、操作密码和操作权限等。

（2）账套设置

账套设置包括对所使用会计软件的会计制度类型、会计期间范围和总账科目位数等内容的设置。在会计集中核算模式下，会计信息系统可以使用一套软件同时为多个核算单位进行账务处理，每个核算单位独立设置一个账套，每个账套可以独立进行建立代码、凭证录入和报表输出等工作。进行账套设置时，需要设置核算单位的账套名称、简称、编号、会计科目代码结构及级次、会计主管、起始会计期间和本位币设定等内容。账套名称和简称一般为核算单位的名称和简称；账套编号是为了方便信息处理使用的，可以用来区分不同账套并据此建立相应的数据文件夹和数据库等；会计主管一般是会计核算系统主管的姓名，以便对其进行系统操作权限的授权；起始会计期间是会计软件开始进行会计核算的时间区间设置，需要在系统中录入开始核算的时间节点的期初余额，还要录入部分科目此前月份的累计发生额，一般最好从年初开始，账套设置的流程如图6-3所示。

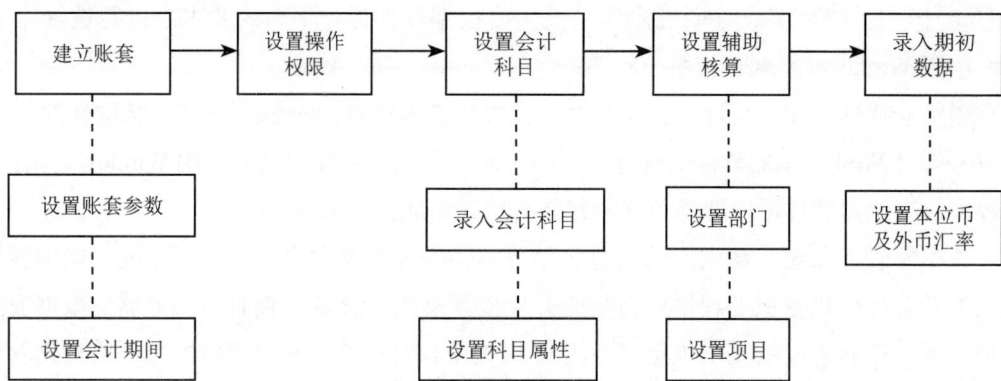

图6-3 账套设置流程图

2. 操作人员的权限设置

为了保证会计信息化系统和财务数据的安全和保密，应该对系统的操作人员的操作和访问权限进行设置。操作人员的权限设置包括设置系统的操作人员账户、操作人员的操作权限和对会计岗位或业务分组的设置等。在进行权限设置时，应注意操作人员的岗位分工和相互牵制的原则，例如，不能设置同一个操作人员同时具有会计凭证的制单和审核权限；对系统管理的权限一般应授权予信息系统的负责人；与账务处理有关模块的使用权限一般不设置给出纳人员等。

3. 编码设置

编码设置是对会计软件中需要使用到的所有编码进行初始设置和修改的过程。编码设置需要对会计信息化系统中的凭证、账表、固定资产登记卡片和工资表单等各种单据的类型和参数进行相关设置，同时，还需要定义好单位编码、部门编码、员工编码、固定资产类别编码、会计科目编码和项目编码等。

在进行编码设置时，需要注意以下原则。

（1）系统性

如会计科目代码的设置，财政部制定的会计制度已系统划定了总账科目和部分二级科目的名称编码，在实际的操作中必须按照有关规定系统地进行编码设置。

（2）简明性

编码应力求简明扼要，以便数据的输入和处理。

（3）唯一性

要保证各个编码在系统中是唯一，不能有重复的编码和科目名称，以避免系统数据处理的混乱。

（4）可扩充性

如对会计总账科目编码的设置，一般是3~4位，有些单位因为业务的需要，部分明细科目会达到上百个，为了避免在实际使用过程中产生混乱，可以通过对明细科目进行分类，按分类设置二级甚至三级科目编码或者引入辅助核算科目编码设置进行扩充。

4. 财务数据的期初录入

会计软件需要对会计期间的各类数据进行汇总统计，形成某一会计期间的各种汇总表，如三栏明细账、科目余额表和月报表等。对有期初数据的汇总表在开始使用系统的第一个会计期间，一般需要通过软件的"初始余额录入"功能对相关期初数据进行手工录入。对会计软件年初余额及发生额的设定，需要录入账套建立起始会计年度的期初余额，并录入从该会计年度的一月份起至系统启用月份的发生额，以保证该会计年度的会计报表的数据准确生成。在录入各会计科目的期初余额时，如果该会计科目设置了辅助分类，应选择按"辅助分类"项目进行期初余额录入。对于非明细科目，一般软件是不允许直接录入科目期初余额的，这是因为对于总账科目或二级科目，系统会自动根据它下面的明细科目的余额进行汇总。

最后，对期初财务数据录入的准确性校验可以通过会计软件的余额平衡检查等功能实现。

5. 系统使用人员的培训

会计信息化建设对财务人员提出了更高要求，既要求财务人员掌握一定会计专业知识，又要掌握相关的计算机、财务软件的操作以及相关设备的保养和维护知识。为了让会计信息化系统的相关使用人员能适应系统构建后在工作流程、业务处理方式和思维方式上的转变，更顺利地完成好自己的岗位职责，可以通过有计划、分层次地培训，提高会计信息化相关人员的业务能力，主要做好以下几个方面的培训。

（1）对会计信息化系统的技术管理人员的培训

会计信息化系统的技术管理人员是系统硬件和软件的管理员，对系统各个技术层面的业务技能都必须熟悉。做好技术管理人员的培训，能够保证会计信息化系统安全稳定地运行。在对技术管理人员进行培训时，可以邀请商业软件公司的相关工程师担任培训讲师，这样可以更有针对性地开展培训。

（2）对财务会计人员的培训

在会计集中核算模式下，账务处理工作由核算中心的主办会计完成，各单位的报账和相关财务管理工作由报账员完成。会计信息化系统平台构建后，主办会计和报账员是系统的主要使用者。会计信息化系统解放了主办会计和报账员的重复人工劳动，也要求主办会计和报账员更多地依赖系统的使用，因此对主办会计和报账员的岗位培训是重中之重。针对不同岗位的职责和所要操作的系统模块，要开展有针对性的软件培训，对财务会计人员的培训建议可以邀请商业软件公司的培训师进行。

（3）对其他系统使用者的培训

安装多功能财务软件（包括预算管理、账务处理、资产管理和决算分析等软件）后，各单位的领导者和相关部门的系统使用者可以通过网络授权获取本单位财务信息。通过对信息的分类、计算、汇总和分析等操作，会计信息的使用者能够准确、及时做出管理决策。审计部门可以运用相关软件，通过网络授权获取被审计单位的财务信息，对被审计单位基于网络的会计信息的真实性、合法性进行远程审计。在明确系统的访问和操作权限的基础上，为了使其他的系统使用者更有效率地利用会计信息化系统开展相关业务工作，可以有针对性地对相关人员进行财务专业知识、信息化管理理念、计算机应用、会计信息化系统操作方法和操作技能等方面知识的教育培训工作，进一步提高会计信息化应用水平。

6. 会计信息系统的测试

系统测试是通过建立测试环境，模拟现实业务的系统流程操作，检测会计信息化系统的正确性和稳定性，并在测试中发现问题并及时改进。扎实的系统测试是系统顺畅工作的保证。

（1）日常会计核算业务处理的测试

日常的会计核算业务包括原始凭证的处理、会计账表的查询打印和其他辅助功能的操作。在对日常会计核算业务处理进行测试时，要测试系统的凭证录入、修改、删除、复核、登账、查询和汇总计算等模块的功能。正常的凭证处理流程是主办会计将每个月的凭证录入到账务处理软件，会计主管复核登账后，再通过月末结转进入下一个会计期间，同时，相关的会计账表是在记账后的凭证的基础上汇总生成的。我们可以通过模拟数据的处理对相关流程进行测试，逐个检验凭证处理模块、会计账表处理模块和辅助功能模块的正确性和稳定性。

（2）期末会计核算的测试

期末会计核算包括期末数据汇总计算、期末结转凭证生成和期末结账。期末核算是一个批处理的过程，主要被账务处理系统使用，对期末会计核算进行测试可以按以下流程进行。

对模拟数据录入的凭证进行审核和登账，测试凭证审核记账功能。

编制结转凭证，结转凭证可以手工录入也可以系统自动生成，这里主要测试自动生成结转凭证的正确性。

对期末结转后的会计账表进行检查，主要进行试算平衡对账检查，如果发现不平衡的情况，应检测是系统数据被破坏还是系统设置存在问题或人为操作造成的，及时修正。

进行期末数据备份检测，可以在数据备份后，再录入一批新凭证，然后恢复备份数据，检验备份功能的效果。

（3）破坏性测试

除了对正常会计核算处理流程的测试，还应该对系统进行破坏性测试等检验，例如在日期处输入 1 月 32 日等一些不合理或错误的信息，检测系统是否进行错误报告等。会计信息系统的测试是单位系统操作人员和软件开发人员合作检验系统的流程设置合理性、核算处理正确性和系统运行稳定性的过程，在测试中找出问题并对加以系统改进。

7. 会计信息系统的试运行

会计信息系统经过测试后，就可以进入试运行阶段。在试运行阶段，单位可以选择直接单独使用会计信息化系统处理日常业务，也可以选择新的会计信息系统与旧系统或传统手工账并行的模式开展系统的试运行。会计信息系统试运行的目的是要进一步检测软件运行的正确性和稳定性，同时，也是要进一步理顺工作流程和加强系统操作人员的业务熟练度。试运行是系统操作人员和内部流程适应新系统的必要过程，发现问题后要及时调整系统的流程设置和功能设置，确保会计信息化平台能安全和稳定地实行。系统试运行完成后，可以宣告会计信息化系统平台构建的实现。

第五节 提升会计人员的综合素质

新政府会计制度较旧政府会计制度来说，制度内容上发生了巨大变化，预算会计与财务会计并行直接加大了事业单位会计人员会计业务的处理难度和工作量。在这种情况下，提升会计人员的综合素质能够帮助企业高效处理会计业务。因此，事业单位应提升会计人员的综合素质，主要从以下几个方面进行。

一、会计人员选聘方面

事业单位应当提升会计人员选聘标准，在对会计人才进行考核过程中，不仅要考核理论知识掌握情况以及事务处理水平，还应考核其政策制度学习情况，在进行综合评定后，选择一些综合能力较强的人员担任相应职务，提升会计队伍的整体素质。

会计人员的能力与水平决定着执行单位对新政府会计制度实施的效果，如果会计人员的能力足够，那么新制度就能够在基层执行单位中发挥更有效的积极作用，如果会计人员的水平不足，即便实施了新制度也无法取得良好的效果，要实现新制度的有效开展，基层执行单位应选用具备灵活应变能力和学习能力的人员充实财务管理队伍，能够迅速调整思维和方式方法，接受新的知识和工作模式，以更好地适应新制度新内容，按照新制度的实施标准，会计人员还应具备一定的系统逻辑思维和知识拓展技能，不但能举一反三，掌握新会计制度的核算要点和深刻内涵，将财务、会计相关的专业知识融会贯通，应用于工作实际，还应能熟练运用包括支付审批环节的资金监控系统、登记记账环节的财务管理系统、资产管理系统等各类计算机软件，胜任新形势下的岗位能力要求，更好地完成会计核算工作。

二、会计人员培训方面

事业单位要积极组织会计人员继续教育培训工作，培训内容应呈现多元化趋势，不仅要针对新制度、新法规进行培训，还应加入一些计算机、管理学、法学等相关知识，优化知识结构。此外，事业单位可以通过邀请专家下到单位进行针对性的培训方式以及去其他同类型单位学习的方式明确自身会计业务处理办法，进而间接推进单位预算会计工作顺利开展。

学习方面，要注重传达和宣传新政府会计制度实施的重要现实意义以及政府会计制度改革在我国改革开放事业方面具备的深远影响，从思想上调动财务相关工作人员的学习主动性，管理者应带头发挥模范作用，并做好环境保障工作，营造良好的学习氛围，使会计工作人员能及时、认真学习新制度的各项内容和规定，深刻理解会计制度内涵，及时转变工作态度，强化责任心与能动性，从主观上更努力地适应新制度新方式、新工作，并且要及时了解新制度在实施中产生的新问题、新情况，勤请示，多沟通，多角度分析研究解决问题的对策，确保新制度的有效执行。

培训方面，应保证培训的时效性和指导性，避免一些形式化、模式化的宣讲类教育培训，要从工作实际出发，着重解决新制度实施可能会遇到的共性问题以及在实践中遇到的具体问题，新制度相较原政府会计制度，不论是会计核算基础还是核算模式大都有很大的改动，工作人员的实际操作能力在很大程度决定了新制度的实施效果，基于这种情况，基层单位不但要组织好财务会计方面的专业知识培训，而且需要重视工作人员的实际操作能力培养，可以参考学术交流的形式，邀请专家学者参与座谈，集中进行难点问题的探讨与经验的交流，更直接地解决实际问题，使财务人员的理论知识得到更新，专业知识水平得以提升，在提升整体素质的基础上掌握更多专业知识与专业技能，从而更好地投入工作中。

三、会计人才建设方面

人才建设在任何领域都有着举足轻重的地位，大到一个国家一个地区，小到一个企业一个项目，人才是最终的核心力量，如长城的基石、大厦的栋梁、人才的培养与建设，是保障各项工作顺利开展的基础，也是拓展创新思维的源泉，更是保持长久生命力的关键因素，事业单位系统因长期保持传统的工作模式，主要完成上级主管机构分配的工作任务，在人才培养方面，也多根据上一级的安排部署进行配合，缺乏主动性和创新性，此次新会计制度的实施，既是考验也是契机，新的工作挑战凸显了人才培养的重要性，从现阶段来看，事业单位系统财务相关岗位上的工作人员更适合传统的工作模式，在面对新形势新挑战时，不能完全满足新的工作需要。一来专业能力有限，对新制度的内涵理解很难深入和融会贯通；二来学习能力退化，多年来都不需努力钻研的内容，短时间内需要转变思维并领会更高层次，研究能力不足，更谈不上创新分析能力，这也又一角度体现了人才储备、人才培养、人才建设的现实意义。

首先在人员招录方面，基层单位不要盲目报数量，要根据现有人员的年龄结构、知识结构，在编制允许范围内着力招录填补专业短缺的人员，财务方面可以择优招录注册会计师等优秀人才来补充和提高财务管理工作的力量。

其次在人才培养方面，在日常业务培训的同时，还应该注意专业性及更高层次的培养，事业单位系统有过与大专院校联合办学模式培养人才的经验，可以更好地发挥培养效果，例如引入高校财经专业学生到单位实践教学，给工作岗位带来更新的思维和更专业的理论知识，还能提升学生的专业实践水平，为单位储备更具综合素质和更高专业水平的精英人才，保持新鲜血液，精益求精，不断进取，为今后财务管理工作的良性长足发展奠定基础。

参考文献

[1] 吴小欢. 浅谈新政府会计制度实施对基层医疗卫生机构会计核算的影响 [J]. 行政事业资产与财务, 2019（18）: 58-59.

[2] 张茜. 政府会计制度对高校会计核算的影响 [J]. 中外企业家, 2019（26）: 2.

[3] 王文斌. 论新政府会计制度对事业单位会计核算的影响 [J]. 财会学习, 2019（26）: 120-121.

[4] 张水仙. 论新《政府会计制度》对事业单位会计核算的影响 [J]. 财会学习, 2019（26）: 138.

[5] 刘敏. 政府预算会计权责发生制改革问题及策略探讨 [J]. 经济师, 2017（22）: 127-129.

[6] 孙磊. 我国政府会计确认基础引入权责发生制的研究 [J]. 中国集体经济, 2018（21）: 133-135.

[7] 黎海. 政府预算会计权责发生制改革问题及策略探讨 [J]. 财会学习, 2017（6）: 121-123.

[8] 厉国威, 李连华, 黄志雄. 习近平新时代中国特色政府会计的改革与创新——第九届"政府会计改革理论与实务研讨会"综述 [J]. 会计研究, 2018（6）: 94-96.

[9] 肖红英. 政府会计改革研究述评与未来展望 [J]. 会计之友, 2021（3）: 29-34.

[10] 郭彦. 新公共管理视角下我国政府会计改革问题研究 [J]. 财会通讯, 2020（7）: 160-163.

[11] 刘东利. 新形势下政府会计制度改革思考 [J]. 行政事业资产与财务, 2019（2）: 11-13.

[12] 耿晨菲. 科研单位政府会计制度实施中存在的问题 [J]. 中国总会计师, 2020（1）: 61-63.

[13] 姜宏青, 宋晓晴. 双轨制政府会计改革引发政府财务管理理论重构 [J]. 中国海洋大学学报, 2017（3）: 23-30.

[14] 陈志斌, 刘子怡. 政府会计准则的驱动研究 [J]. 会计研究, 2016（6）: 8-14.

[15] 刘雅静. 浅谈政府会计改革对高校财务管理的影响 [J]. 中国集体经济, 2019（1）:

33-38.

[16] 吴迎新，衡斌. 我国政府会计改革对地方政府债务管理的影响——基于省级层面数据的 DID 模型研究 [J]. 会计之友，2019（12）：35-37.

[17] 李良，王洁. 政府会计制度与医院会计制度对比探析 [J]. 中国总会计师，2017（11）：54-56.

[18] 佟文霞. 浅析实施新政府会计制度对事业单位的影响 [J]. 时代金融，2018（5）：32-34.

[19] 王京京，屈昊，朱琳，隋德才. 政府会计准则——基本准则的实施对科研事业单位财务管理的影响 [J]. 农业科研经济管理，2017（2）：6-8，12.

[20] 杨文静，谢春红. 政府会计制度下高校科研经费风险防范——基于内部控制视角 [J]. 商业会计，2020（2）：64-65.

[21] 冯欣，徐力新. 对公立医院实施《政府会计制度》的思考 [J]. 财会通讯，2018（5）：43-45.

[22] 应唯，张娟，杨海峰. 政府会计准则体系建设中的相关问题及研究视角 [J]. 会计研究，2016（6）：3-7.

[23] 伦宗健. 高校科研项目经费核算难点及对策 [J]. 财会月刊，2020（16）：82-86.

[24] 谭新艳，桂雪萍，李慧娟. 科研事业单位执行新政府会计制度影响初探 [J]. 会计之友，2020（6）：18-23.

[25] 孙晓红，肖颖，孙百原. 基于科研资金管理需求的政府会计改革研究 [J]. 黑龙江社会科学，2017（6）：66-70.

[26] 阎瑞凤. 浅析政府会计制度改革及其对事业单位财务管理的影响 [J]. 中国集体经济，2020（1）：144-145.

[27] 王霞. 新政府会计制度下预算管理的变化及应对策略 [J]. 财会学习，2020（9）：118-119.

[28] 宋秀芹. 简述政府会计制度改革对事业单位财务管理的影响 [J]. 中国集体经济，2019（11）：148-149.

[29] 郝志红. 新《政府会计制度》对事业单位预算管理的影响 [J]. 会计师，2019（24）：46-47.

[30] 中共中央. 中共中央、国务院关于全面实施预算绩效管理的意见（中发〔2018〕34号），2018-1.

[31] 国务院. 国务院关于深化预算管理制度改革的决定（国发〔2014〕45号），2014.

[32] 财政部. 关于批转财政部权责发生制政府综合财务报告制度改革方案的通知（国发〔2014〕63号），2014.

[33] 财政部. 关于印发《事业单位成本核算基本指引》的通知（财会〔2019〕25号），

2019.

[34] 财政部 . 预算绩效评价共性指标体系框架（财预〔2013〕53 号），2013.

[35] 财政部 . 政府会计制度——行政事业单位会计科目和报表（财会〔2017〕25 号），2017.

[36] 财政部 . 政府会计准则第 1 号——存货（财会〔2016〕12 号），2016.

[37] 财政部 . 政府会计准则——基本准则（中华人民共和国财政部令第 78 号），2015.

[38] 包国宪，董静 . 政府绩效评价结果管理问题的几点思考 [J]. 中国行政管理，2006（8）：23-26.

[39] 陈凯，肖鹏 . 预算绩效目标管理的国际比较与启示——基于目标设置理论的研究视角 [J]. 经济研究参考，2019（12）：68-78.

[40] 郭菲 . 实施政府会计制度对行政事业单位的影响及应对措施 [J]. 经贸实践，2018（6）：53-54.

[41] 黄彩虹 .BSC——绩效棱柱视角下行政事业单位预算绩效评价体系设计 [J]. 行政事业资产与财务，2020（22）：21-22.

[42] 赖萍华 . 行政事业单位绩效评价体系的不足与改进措施 [J]. 行政事业资产与财务，2020（12）：23-24.

[43] 李海南 . 预算绩效管理是适应我国国情的现实选择 [J]. 财政研究，2014（3）：46-49.

[44] 李纪文 . 对政府会计改革两个问题的看法 [J]. 预算管理与会计，2005（10）：31-32.

[45] 李军 . 绩效评价的方式与方法研究 [J]. 中国财政，2019（10）：32-35.

[46] 李敏 . 政府会计——行政事业核算新模式 [M]. 上海：上海财经大学出版社，2018.

[47] 师娜 . 行政事业单位专项资金绩效评价体系建设研究 [J]. 大众投资指南，2020（18）：60-61.

[48] 宋洁 . 差额拨款事业单位预算管理及其绩效评价研究 [D]. 北京：中国矿业大学，2020.

[49] 王潞 .A 高校预算绩效管理优化研究 [D]. 郑州：河南财经政法大学，2020.

[50] 王淑慧，周昭，胡景男，等 . 绩效预算的财政项目支出绩效评价指标体系构建 [J]. 财政研究，2011（5）：18-21.

[51] 王泽彩，胡志勇 . 政府预算绩效管理与政府会计改革的协同性研究 [J]. 经济纵横，2019（11）：82-90.

[52] 王泽彩 . 预算绩效管理：新时代全面实施绩效管理的实现路径 [J]. 中国行政管理，2018（4）：6-12.

[53] 王泽彩 . 政府预算绩效评价指南——基于绩效评价方法、工具和流程 [M]. 北京：经济科学出版社，2019.

[54] 汤玉婷 . 行政事业单位预算绩效评价研究 [J]. 合作经济与科技，2022（12）：

126-128.

[55] 周奇杰，唐万宏，高正.财政性高等教育经费绩效评价模型建构初探 [J]. 会计之友，
2022（10）：141-147.

[56] 王兴湘.战略目标导向下高校预算绩效评价体系优化研究——以湖南省 C 高校为例
[J]. 中阿科技论坛（中英文），2022（4）：159-163.

[57] 张鼎，王辉，薄媚月.高校预算绩效评价指标体系构建——基于高校使命的视角 [J].
商业会计，2022（6）：80-83.

[58] 孙玉栋，席毓.全覆盖预算绩效管理的内容建构和路径探讨 [J]. 中国行政管理，2020
（2）：9-15.

[59] 马蔡琛，桂梓椋.全面预算绩效管理视域下的政府会计准则体系构建——基于国际
比较视野的考察 [J]. 河北学刊，2020，40（3）：8-12.

[60] 洪源，陈丽，曹越.地方竞争是否阻碍了地方政府债务绩效的提升——理论框架及
空间计量研究 [J]. 金融研究，2020（4）：21-24.

[61] 马蔡琛，赵笛.大数据时代全过程预算绩效管理体系建设研究 [J]. 经济纵横，2020(7)：
9-13.

[62] 吴进.数值型财政规则及其财政绩效：国际经验与启示 [J]. 经济社会体制比较，2020
（2）：9-15.

[63] 马蔡琛，朱旭阳.论绩效审计与预算绩效管理的衔接机制 [J]. 经济与管理研究，2020
（6）：108-118.

[64] 尚虎平，刘俊腾.提升我国政府全面绩效的结构性因素探讨——一个面向预算运行
与绩效生成过程的协同分析 [J]. 中国行政管理，2021（7）：10-17.

[65] 王红梅，李佳鹏，曹堂哲.中西方政府预算绩效管理体系的共性与差异——基于
1990—2018 年的文献考察 [J]. 中央财经大学学报，2020（4）：11-19.

[66] 何文盛，蔡泽山.中国地方政府预算绩效管理改革的组织机制重构——基于 CGRs 理
论的分析 [J]. 行政论坛，2020，27（2）：8-15.

[67] 王振宇，司亚伟，寇明风.国库暂付款，支出结构与地方财政预算执行进度 [J]. 财贸
经济，2020，41（11）：15-19.

[68] 何文盛，蔡泽山.地方政府预算绩效管理改革的关键要素与持续路径：一项定性比
较分析 [J]. 中国行政管理，2020（6）：7-12.

[69] 何文盛，包睿男.后疫情时代地方政府深化预算绩效管理改革的目标，特征与对策 [J].
上海行政学院学报，2020，21（6）：10-17.

[70] 陈思霏，张树秀.新政府会计制度下财务会计与预算会计核算差异的分析研究 [J]. 消
费导刊，2021（3）：233,235.

[71] 张楠.政府会计制度下财务会计和预算会计记账的差异分析 [J]. 财经界，2020（22）：2.

[72] 陈争艳.新政府会计制度下财务会计和预算会计记账差异的应用分析 [J].大众投资指南，2020（3）：2.

[73] 沈彦军.新政府会计制度下财务会计和预算会计记账差异的应用分析 [J].消费导刊，2019（1）.

[74] 谢岗.新政府会计制度下财务会计和预算会计记账差异的应用探讨 [J].财经界，2019（25）：3.

[75] 傅中琰.新政府会计制度对高校会计核算的影响及对策 [J].中国总会计师，2020(3)：3.

[76] 胡洪安，汪兰.新政府会计制度下高职院校财务管理风险防控与措施探讨 [C].劳动保障研究会议论文集（六），2020.

[77] 陈燕.政府会计准则制度新旧衔接探析 [J].纳税，2019，13（25）：76，79.

[78] 代伟，苑雪芳.谈《政府会计制度》的实施难点及简化核算 [J].财会月刊，2019（15）：78–82.

[79] 赵青.《政府会计制度——行政事业单位会计科目和报表》对会计核算的影响 [J].财会通讯，2018（10）：107–110.

[80] 邱艳萍.《政府会计制度》中平行记账的原理与实务 [J].中国乡镇企业会计，2019(9)：23–25.

[81] 高冉.政府会计改革对事业单位财务管理的影响研究 [J].经贸实践，2018（21）：105.

[82] 肖永贤.浅析政府会计制度改革及其对事业单位财务管理的影响 [J].财经界，2018（23）：97.

[83] 吴允.政府会计制度改革对政府预算审计的影响分析 [J].现代经济信息，2017（30）：148，150.

[84] 邓淑玲.新形势下我国政府会计制度改革问题研究 [J].现代营销，2019（4）：252-253.

[85] 郭维维.新政府会计制度对事业单位的影响分析 [J].财会学习，2019（9）：138-139.

[86] 郭子仪.基于新会计制度下的事业单位财务会计管理探讨 [J].现代营销，2018（12）：178.

[87] 许丽娜.实施新政府会计制度对事业单位的影响分析 [J].中国乡镇企业会计，2018（12）：17-18.

[88] 杨威.新《政府会计制度》对医院预算的影响探究 [J].会计师，2018（16）:76-77.

[89] 刘欣洋.新预算法下预算会计制度改革对行政事业单位会计的影响 [J].中国经贸，2016（17）：229-230.

[90] 岳胜明.浅析事业单位实施新政府会计制度面临的困难及应对策略 [J].中国乡镇企业

会计，2018（12）:14-15.

[91] 徐维明.新政府会计制度下行政事业单位财务信息化建设研究[J].大众投资指南，2020（12）：128-129.

[92] 马洪达，柳文娟.新时代下行政事业单位财务信息化平台建设研究基于内部控制建设和政府会计制度施行双重影响的财务信息化建设思考[J].中国集体经济，2020(2)：130-132.

[93] 陈艳.浅谈政府会计制度对行政事业单位财务管理信息化建设的推动[J].财会学习，2020（1）：107，109.

[94] 周颖慧.新形势下科研事业单位财务信息化建设的思考[J].经营者，2020（5）：204-205.

[95] 孙雪梅.新政府会计制度下行政事业单位会计信息化建设研究[J].山西农经，2019（21）：146-147.

[96] 付黎莉.新政府会计制度对行政事业单位财务信息化建设的影响研究[J].中国乡镇企业会计，2020（5）：228-229.